危機の指導者　チャーチル

冨田浩司

新潮選書

危機の指導者　チャーチル

目次

危機の指導者　チャーチル

序にかえて

終の日の風景

ハイドパーク・ゲートは、ロンドンの中心にある広大な公園ハイドパークの南東、表通りから突き当りまで五十メートルほどの袋小路である。

その二十八番地はチョコレート色のレンガ造りで、玄関ポーチ部分が三角屋根となっている以外何の変哲もない建物である。建物の由来を記した青く丸いプレートがなければ、誰もここが二十世紀最大の政治家の終の棲家であるとは気がつかないであろう。

一九六五年一月二十四日朝、ウィンストン・チャーチルは妻のクレメンティーンはじめ家族に看取られながらこの家で息を引き取った。不思議な巡り合わせで、この日は父ランドルフの命日でもあった。

前年の十一月には、九十歳の誕生日を祝ったばかりであったが、数年来健康の衰えは隠せなかった。一月十一日に重度の発作に襲われて昏睡状態に陥り、最後は眠るように逝った。末娘のメアリーの記憶では、発作の日に「何もかも飽き飽きしてしまったよ」とつぶやいたのが、最後の言葉であった。

これより七年前、女王エリザベス二世は、当時の首相ハロルド・マクミランに対して、チャーチル逝去の暁には国葬を行う意向を伝えていた。平民の政治家の国葬がロンドンで行われるのは、一八九八年にウィリアム・グラッドストンの葬儀が行われて以来のことである。奇しくもその時も女帝の御世であったが、ヴィクトリア女王とグラッドストンの関係は冷ややかなものであり、彼女は皇太子エドワードが葬儀で棺の担ぎ手となったことに腹を立て、一体いかなる前例によるものかと詰問する電報を本人に送った。

チャーチルとエリザベス女王との関係には、これとは対照的に暖かいものがあった。首相辞任の前夜、女王を招いて首相官邸で催した晩餐会の写真が残っているが、ガーター勲章を佩用《はいよう》し、正装のチャーチルが女王の手をとり別れを告げている姿から、お互いの深い敬愛の気持ちが伝わってくる。

チャーチルの遺体は、二十六日夜、ハイドパーク・ゲートから議会議事堂の一部であるウェストミンスター・ホールに移送され、安置された。ホールは翌二十七日から三日間、一般市民による弔問のため開放され、三十万人の人が別れを告げた。

三十日の国葬はシティにあるセントポール大聖堂で行われたが、女王が臣下の葬儀に参列するのは前例のないことである。ウェストミンスターを出たチャーチルの棺は、彼が政治家人生の半分近くを過ごした官庁街ホワイトホールを抜け、ストランド、フリート街を経由してセントポール大聖堂に向かう。

極寒の日で、馬車で棺に続いたメアリーは、座席に毛布と湯たんぽが準備してあったことに女王の配慮を感じた。沿道は市民の人垣で埋まり、彼女は、「追憶に浸り、厳粛さや悲しみに打たれた人々の表情が如何に高貴なものか（中略）深く印象付けられた」と回想している。

葬儀には、エリザベス女王、エジンバラ公の他、三千人が参列した。外国の要人の中では、周囲より頭一つ抜け出した長身のシャルル・ド・ゴールと一市民として平服で列席したアイゼンハワーの姿が目立った。棺はユニオン・ジャックで覆われ、ガーター勲章で飾られていた。堂には、チャーチルが生前お気に入りだった賛美歌が響いた。

国葬が終わると、棺はランチでテムズ河を渡り、対岸のウォータールー駅に運ばれる。そこからは、特別列車で先祖代々の墓所があるロング・ハンバラを目指す。沿線にもチャーチルとの別れを惜しむ人の姿が数多く見られた。元秘書官のジョン・コルヴィルが車窓から目撃した忘れがたい光景は、古びた英国空軍の制服を着用し、屋根の上で直立不動のまま見送る元軍人と、牧草地にただ一人立ちつくし、頭《こうべ》を垂れて祈りを捧げる農夫の姿であった。

ロング・ハンバラに着くと、ブレードンの教会に向かう。教会は、チャーチルの本家で、生地でもあるブレナム宮殿の外れにあり、彼の両親と弟のジャックもここに眠っていた。埋葬の儀式は簡素なもので、報道陣も取材を遠慮した。参列したのは近親と本当に親しかった知人、そして国葬を取り仕切ったノーフォーク公爵だけであった。

チャーチルが埋葬された墓所には花輪が二つ供えられた。

ばら、カーネーション、チューリップを束ねた花輪は妻クレメンティーンからで、「私のダーリン、ウィンストンへ。クレミー」と書いたカードが添えられていた。

もう一つの花輪に添えられたカードには、手書きで次のメッセージが書かれていた。

「国民と英連邦の人々より。感謝に満ちた追憶を込めて。エリザベス」(1)

人の評価というものは、棺を閉じると定まるのが通常であるが、チャーチルの場合、死後四十年以上経った今も完全に定まったとは言えない。むしろ、葬儀の頃には、「神格化」されていた彼の業績は、年月が経つにつれ、再評価、再々評価の対象となってきた。特に、この二十年位は、公文書の公開が進んだことと、戦時体験を共有しない若手の学者が客観的な立場から研究を進めてきたことから、チャーチルを理解する数々の新しい視点が拓かれてきた。

実際、チャーチルほど書き尽くされた政治家は稀有であろう。

長男ランドルフが着手し、マーティン・ギルバートが引き継いだ公式の伝記は、全八巻、完成までに二十年かかった。伝記のもとになった膨大な史料は、同じくギルバートにより「コンパニオン・ボリューム（副読本）」として編纂され、これまで五巻が出版されているが、まだ一九三九年までしかカバーされていない。

公式の伝記以外にチャーチルについて書かれた本は、文字通り数え切れない。驚くべきことは、少なくとも母国英国においては、今日に至っても毎年と言っていいほど評伝や研究書の刊行が続いていることである。近年出版された本格的な伝記を拾ってみても、ギルバート（公式伝記とは別の評伝。一九九二年）、アディソン（同）、ロビンス（同）、チャームリー（九三年）、ポンティング（九四年）、ローズ（同）、ブレーク（九八年）、スチュワート（九九年）、ジェンキンズ（〇一年）、ベスト（同）といった具合である。

これらに加えて、チャーチル自身の膨大な著書がある。特に、全五巻の第一次大戦回想録と全六巻の第二次大戦回想録は、実質的には自伝と呼んで良い。これらをすべて合わせると、成人してから死ぬまでの殆ど全ての日に彼が何をしていたか把握できると言っても言い過ぎではない。

不幸なことに、日本におけるチャーチルへの関心は近年相当低下してきている。彼に関して書かれた著書の多くは執筆後相当の年月が経っており、今となっては時代遅れの感もある。チャーチル自身の著書も、わずかに第二次大戦回想録が文庫化されているものの、残念ながらダイジェスト版からの訳出であり、原作の全貌は伝えていない。

こうした状況の中で、筆者が本書を世に問う主たる理由は、右に述べたような近年の研究成果を踏まえながら、チャーチルの多面的な人物像を紹介することにある。

筆者は、職業外交官として英国の政治を分析・評価することを一つの課題としてきた。しかし、本書は、仕事の傍ら書き綴った「日曜研究家」の拙作であり、学術的な意味で何か新しい発見を試みるものではない。また、いずれにしても、チャーチルの人生は余りにも長く、濃密で、一つの著書でその全貌を伝えることは不可能である。むしろ、ここでは、彼の人生のいくつかの側面に光をあてることで、人物像の輪郭が浮かび上がってくることを期待している。

同時に、筆者は、このような作業から、政治指導者のあり方に関する、より普遍的な示唆が得られることも期待している。

筆者の見るところ、政治には、平時における政治と危機におけるそれとの二つがある。

平時の指導者に求められる最も重要な資質は、資源配分の技術である。この面におけるチャーチルの技量は、上の下か、中の上といったところであろうか。しかし、危機の政治においては、彼は疑いなく超一級品であった。

何よりも、チャーチルにとって危機において国家を指導することは、常に人生の目的であり、運命であるとすら考えていた。彼は、第二次大戦回想録において、一九四〇年五月、首相に就任した夜、「これまでの人生すべてがこの時、この試練のための準備に過ぎなかったかのように感じた」と回顧しているが、これは決して誇張ではない。

もっともこうした資質を備えていても、政治の成功が常に約束されるわけではない。第二次大戦で勝利の美酒に酔ったチャーチルも、第一次大戦では更迭の悲哀を味わった。

また、危機は同じ形では二度と現れない。その意味で危機は常に「想定外」である。チャーチルが生きた英国と、二十一世紀の日本が直面する危機は自ずと異なる。チャーチルが今日の日本に現れたとしても、政治指導者として成功する保証はない。

それでも、筆者は、現在日本がおかれた状況を考えると、常に危機の指導者たらんことを目指した彼の生きかたには、我々の将来を考える手がかりが潜んでいると考える。

以上のことを念頭に、本書は、通常の評伝のように時系列的にチャーチルの足取りを追うスタイルはとらず、むしろ政治指導者としてのチャーチルを理解するためいくつかの切り口を特定し、掘り下げた考察を加えることとしている。

具体的には、第一章から第三章において、青年期、政治信条、家庭といった、指導者としての人格を形づくった要素を吟味した上で、第四章以下で、第一次大戦中、戦間期、第二次大戦中のそれぞれの時期において、彼がどのように実際の危機に取り組んだかを詳述し、最後に危機における政治指導者のあり方について筆者の考察を示した。

また、執筆に当たり参考にした史料は、殆ど日本では刊行されていないので、直接の引用部分は、特に断りのない限り、筆者自身の翻訳による。

前述の通り、本書は時系列的な評伝としては書かれていないが、最後まで読み通して頂ければチャーチルの人生の大まかな流れは把握できるよう工夫した積もりである。しかし、チャーチルの人生はこの本に書ききれないドラマで満ち溢れている。機会があれば、ぜひ他の文献も手にされることをお勧めしたい。必ず新しい発見がある。

第一章　生き急ぐ若者

運命観と野心

ウィンストン・チャーチルの父親、ランドルフは十九世紀後半の英国政界を駆け巡った彗星で、その輝きは一瞬であった。

一八八六年七月、当時の首相、ソールズベリー卿は第二次内閣の組閣に当たり、保守党内で若手の論客として売り出し中であったランドルフ・チャーチルを大蔵大臣に抜擢する。時に三十七歳、十九世紀後半における最年少の大蔵大臣であった。

ランドルフは「売り出し中」ではあったが、オックスフォード大学の学生時代から、ギャンブル、深酒、浪費の放蕩で知られ、政治家としても、「寸鉄、人を刺す」舌鋒で大向こうをうならせることはあっても、その言動は常に不安定だった。写真に残るランドルフは、少し飛び出し気味の目と黒々とした口髭が特徴的で、当時の風刺漫画家が最も好んだ素材と言われるのも不思議ではない。また、チャーチルの瞳が常にユーモアを湛えているように見えるのに対して、父親のそれは焦点が定まらず、空虚に見える。

大蔵大臣に就任したランドルフは、閣内の殆どの同僚と喧嘩をする一方で、予算編成には特異な才能を示し、翌年の四月に提出すべき予算案を十二月の初めにまとめ上げてしまう。これは、官僚も驚く一種の快挙ではあったが、期限の四ヶ月も前に予算案を閣議に出せば、他の閣僚から巻き返しの動きが出てくるのは当然であり、その辺を見通せないところにランドルフの政治判断の甘さがあった。そしてほんの数週間の内に、同じ判断の甘さから彼の政治生命は事実上終わりを告げる。

十二月二十二日、予算案に対する同僚の不満に業を煮やしたランドルフは、ソールズベリー卿に辞表を提出する。この際のランドルフの心境を説明する史料は残されていないが、慰留されることを見越したスタンドプレーであった可能性が高い。

ただ、ランドルフの動機が何であれ、ソールズベリー卿には、問題児のランドルフを閣内に留める気持ちはさらさらなく、淡々と辞表を受理してしまう。大蔵大臣在任わずか半年、ランドルフはその後下院のフロントベンチ[1]（政府閣僚席）に二度と戻ることはなく、八年後の一八九五年には脳病のためにこの世を去る。

チャーチルは、出生から政界入りまでの半生を綴った自伝、『我が半生（*My Early Life*）』の中で、父親の死を迎えた心境について「父親の同志となり、傍らで、父親を支えながら議会に登院する夢は途絶えた」と記している[2]。さらに後年、チャーチルは、上下二巻からなるランドルフの伝記を執筆し、その名誉の回復に努めた。実際、ランドルフが単なる奇人ではなく、英国政治史に一定の位置を占める人物として記憶されているのは、チャーチルの努力によるところが大きい。

一方で、チャーチルのランドルフへの敬愛は、多分に抽象的なものであって、血の通ったものであったようには見えない。

父ランドルフ・チャーチル

チャーチルの息子のランドルフの証言によれば、ある晩親子で夕食をとった後、チャーチルは、「今晩お前と一緒に話をした時間は、父親が生きている間に自分が話をした時間の合計より長かった」と述懐したとされる(3)。

ヴィクトリア朝の上流階級では、親子の間に一定の距離を置くことは珍しいことではない。しかし、ランドルフとチャーチルの関係は、その基準に照らしてもとりわけ疎遠なものであったように見える。

従って、ランドルフがチャーチルに与えた影響についてはなかなか評価が難しい。

例えば、チャーチルの政治観に与えた影響について言えば、一九〇〇年、チャーチルが二十五歳で下院に初当選し、政治家としての道を歩み出した頃、ランドルフの存在は眩しく、大きなものであったに違いない。下院での処女演説を行った際、チャーチルはわざわざランドルフがかつて座っていた席から発言を求め、その結びにおいて、多くの議員が父親に対して「素晴らしい思い出」を留めていることに謝意を述べている。また、この頃チャーチルが自らの政治信条を表現する言葉として使った、「保守党流民主主義（トーリー・デモクラシー）」は、まさにランドルフのキャッチフレーズであった。

しかし、後述する通り、チャーチルの（第一回目の）保守党での活動は短命に終わり、一九〇四年には自由党に鞍替えする。その四年後に商務長官として初入閣以降、チャーチルは内務大臣、海軍大臣の要職を歴任し、政治家としての地歩を固める。そして以後様々なドラマを経て、半世紀を越す政治家としてのキャリアを全うするのであるが、この間彼の生きかたにどれくらいランドルフの影がうかがえるかというと、ほとんど感じられないというのが率直な印象である。

チャーチルが「ランドルフの長男」として知られた時期はごく短期間であり、その後はランドルフの方が「チャーチルの父」として人々の記憶に留められたというのが実情であろう。

一方、父親の劇的な生きかたは、青年期のチャーチルの人生観に決定的と言っても良い影響を与えた。

二、三十代のチャーチルは、四十五歳で早世した父親と同様、自分自身も早死にするかもしれないという、強迫観念にかられていた。こうした運命観と、生来の野心が結びつく時、彼の一挙手一投足は強烈なエネルギーによって駆り立てられることとなる。その意味で、ジェンキンズが最近の伝記において示した次の観察は正鵠を得ている。

「彼（ランドルフ）が長男に遺した主たる遺産（中略）は、名を成したい、との願望であり、この願望は、自分自身も早死にしそうであり、そうであるならば名を成すのは早い方が良い、という確信を伴っていた[4]」

ランドルフは、キャッチフレーズ造りが巧みな政治家であったが、その作品の一つにグラッドストンを評した「生き急ぐ老人（old man in a hurry）」という言葉がある。これは、八十代の高齢にも拘らず、アイルランドへの自治権付与という、大博打に打って出た老宰相を揶揄したものであるが、青年期のチャーチルには「生き急ぐ若者（young man in a hurry）」という言葉がぴったりくる。

「将星」への確信と国政進出の夢

「生き急ぐ」チャーチルの特色が最もよく現れているのは、一八九五年に陸軍士官学校を卒業して任官後、一九〇〇年に下院に初当選するまでの約五年間であろう。この間のチャーチルの生きかたは、今日の感覚では破天荒と言っても良い位であるが、時代背景についても注意を払う必要がある。

ヴィクトリア朝後半の十九世紀末、大英帝国は絶頂期を迎えていた。一日に喩えれば、正午であり、落日は予想より早くやって来るのであるが、国全体は大きな自信に満ち溢れていた。

英国は、疑いなく、この時点で世界の最先進国に位置していたが、その社会構造は近代性とアナクロニズムが交錯する不思議な世界であった。産業革命以降、産業・金融資本の勃興には著しいものがあったとはいえ、支配構造の中心に位置するのは、依然として数世紀にわたり政治の実権を握ってきた貴族階級であった。

チャーチルが任官した年に第三次内閣を組閣したソールズベリー卿は、エリザベス一世とジェームズ一世の宰相を務めたロバート・セシルの末裔であり、伯爵家の創設は一六〇五年に遡る。閣内においても、枢密院議長のデヴォンシャー公爵は十一州に領地を持つ英国最大の地主の一人、陸軍大臣のランズダウン侯爵は、十二世紀に遡る名家の出身で、曾祖父はジョージ三世の首相、といった具合で、十九人の閣僚の内、平民は六人に過ぎない。

政治の中心は、言うまでもなく下院にあったが、これとて選良の府と言うよりは、支配階級の子弟が一種の公共奉仕として集う場所と言った方が適当かも知れない。当時の議員は無給であり、政治資金はすべて自腹であるから、金と暇のない者にはつとまらない商売であった。

結局当時の社会を動かしていたのは、二百程度の貴族の名家であり、この世界の中では「誰もが誰をも知っている」関係が築かれる。傍流とは言え、公爵家の血筋を引くチャーチルは、確実にこの世界の一員であった。しかも、元大蔵大臣の父親と社交界の花形であった母親が耕した人脈があった。一介の中尉であった彼が、皇太子や時の首相との交流の機会を与えられたことも、こうした背景の下で理解する必要がある。

当時の軍隊も不思議な組織であった。「奇矯さ（eccentricity）」という特質は、英国人の国民性を構成する重要な要素の一つであるが、軍隊はそれを体現する組織と言っても良い。

陸軍を構成したのは、軍団でも、師団でも、旅団でもなく、レジメント（regiment）と呼ばれる連隊で、組織的には近代的な軍の体をなしているとは言い難い。規模の面でも、歴史的に兵力を外国の傭兵に頼ってきたこともあり、ドイツなどとは比較にはならないほど小さかった。「英国軍がプロシアに上陸したらどうするか」と聞かれた時、ビスマルクは、「警官を派遣して逮捕するさ」と嘯《うそぶ》いたとされるが、満更空威張りとも言えない面があった。

中尉任官当時のチャーチル

一つの騎兵連隊は三百から五百名の兵員で構成されていたが、連隊長を筆頭として三十名前後を数える将校と残りの兵士は全く違う世界で生きていた。

将校は、上流階級の子弟、いわゆる「ジェントルマン」であって、一八〇六年に制定された俸給表が一九一四年まで改定されなかったことからわかる通り、金銭的な対価に関心を持つ者が就く職業ではない。十九世紀の英国海軍の軍規には、「将校と紳士として相応しくない行動」との表現があるが、軍籍は単なる職業ではなく、社会的地位でもあった。

将校は普段は訓練の時間を除けば、メス（mess）と呼ばれる食堂で優雅な生活を送るが、一朝ことが起きれば文字通り部隊の先頭に立つ。敵の銃撃にも全く怯まず、兵士を励まして戦闘に臨むのが将校の役割であり、死を厭わない勇気がそのエトスであった。チャーチルは、このエトスを確実に受け継いでいる。

一八九五年に彼が任官した時、英国には三十一の騎兵連隊が存在したが、各連隊は独自の歴史と文化を持っており、隊旗や制服もまちまちであった。例えば、第十一軽騎兵連隊の制服は身動きがとれないほど窮屈なズボンで有名であったが、これは摂政時代に制服をデザインしたジョージ四世がしわがよることを許さなかったためとされる[5]。

チャーチルの所属する第四軽騎兵連隊（4th Hussars）は、一六八五年の創設後スペイン継承戦争、オーストリア継承戦争、ナポレオン戦争、クリミア戦争などの主要な戦争に参加している。十九世紀に入ると、インドに駐屯する期間が長くなるが、第一次世界大戦ではフランス戦線に従軍する。第二次世界大戦では、機甲連隊として北アフリカ戦線で活躍、戦局の転換点となったエル・アラメインの戦いにも参戦する。戦後は、独立前のマレイシアに派遣され、反政府ゲリラの掃討戦に従事した。

結局「第四軽騎兵連隊」の名前は、一九五八年の軍機構改革で他の軽騎兵連隊と共に「女王麾下アイリッシュ軽騎兵連隊」に統合されるまで続く。チャーチル自身も一九四一年にこの連隊の名誉連隊長に就き、連隊統合までその任に留まる。

チャーチルが何故軍人の途《みち》を志したのか。

先ず指摘すべきは、彼のような境遇の人間にとって軍人となることは、社会的にも自然な選択であったことである。彼が通ったパブリック・スクール、ハロー校には軍の士官学校への進学コースが設けられていた。学校での勉強だけでは心許ない向きには、士官学校の受験を専門とする家庭教師も存在し、チャーチルもそのお世話になった。

チャーチルがサンドハースト陸軍士官学校の受験に二度失敗し、三度目の正直で合格したことはよく知られている。自伝『我が半生』の中で、チャーチル自身がハロー校時代の苦労を自虐気味に書き綴ったことで、彼は少年時代、勉強のできない問題児だったというイメージが一般に定着している。しかし、サンドハーストに入学すると、用兵論や要塞学などの講義に没頭し、最終的には同期百五十名中、八番の好成績で卒業しているから、軍人としての適性を欠いていたとは思えない(6)。

チャーチルの子供の頃の自慢は、千五百体もの兵隊人形のコレクションであり、幼時から軍隊へのあこがれがあった。そして、「三つ子の魂百まで」という諺通り、彼の軍隊に対する見方からは、終生ロマンチックな面が消えなかった。後年士官学校時代を述懐して、「百年前だったら、どんなに素晴らしかったことか。一七九三年に十九歳を迎え、それからナポレオンとの戦争が二十年以上も続くことを考えても見たまえ」と述べたことにも、子供っぽい興奮がうかがえる(7)。

帝国の歴史は戦争と征服の歴史であり、軍人の歴史でもある。ウェリントン、ネルソンといったナポレオン戦争の英雄からさらに歴史を遡ると辿り着くのが、スペイン継承戦争の英雄で、チャーチルの本家、モールバラ公爵家の始祖ジョン・チャーチルである。こうした家系から、チャーチルには自らに「将星」が宿っているとの自負があった。

しかし、士官学校の学業を終え、任官する直前に父ランドルフに先立たれると、チャーチルには軍歴を通じて栄達を図ることが迂遠に思えてくる。前述の通り、父親が早世したことは、彼の心の中に「早く名を成さなければならない」という強迫観念を生んだ。

元々チャーチルには、幼少の頃からゆくゆくは父の跡を継いで国政の場に出たいという、漠然とした思いがあったはずである。ランドルフの死を契機として、この思いは次第に切実なものとなり、軍歴はむしろ政治における成功を達成するための手段として位置づけられていく。

一八九七年、インド西北の辺境地域の戦闘に臨む前夜、チャーチルは母親に宛てた手紙の中でこう言う。


「私が、いずれは捨て去ることとしている職業でしか役に立たない、戦争なんかに命を賭けることとは、間尺に合わないことかも知れません。しかし、私はあらゆることを熟考した結果、青年期に英国の部隊と共に戦闘に参加することが私に政治家としての重みを与える、すなわち、人々が私の言うことに耳を傾け、国内での人気を高めることになると感じているのです。この手紙が着く頃には、戦闘は終わっているでしょうから、率直に書きますが、私は、この世で何らかのことを成し遂げるという運命を信じているのです[8]」

チャーチルが早い段階から軍人としての将来に見切りをつけることとなった、もうひとつの理由は財政問題であった。

元々ランドルフは、大変な浪費家で、死亡時にはロスチャイルドに巨額の借金を抱えていた。そもそも騎兵科は陸軍の中でも最も金のかかる科目であり、騎乗する馬、馬具はもちろん、飼葉などの維持費もすべて持ち出しであった。給料では賄えず、自腹を切らざるを得ない経費は、年間五百ポンド（現在の価値で二万五千ポンド）に上ったと言われており、財政的な負担は半端なものではなかった。(9)

チャーチルは、第四軽騎兵連隊の一員としてインドに赴任して一年も経たない一八九七年夏には、休暇帰国の機会を捉えて保守党の中央事務局への接触を開始している。当面の目的は、適当な選挙区を見つけることにあったが、保守党の支持層の多い「安全な」選挙区で立候補するためには先立つものが必要で、金のない候補には厳しい選挙区しか回って来ないのが当時の常識であった。

とは言え、チャーチルにとって従軍生活が単なる腰かけであったかと言うと、実際はその逆であった。この時代は、様々な意味でチャーチルのその後の人生を方向付けたと言っても過言ではない。

チャーチルにとってこの間の最大の目標は、軍人としての名声を上げることにあり、そのためには軍規を無視し、とにかく世上の注目を集める戦闘の場に身をおくことに尋常ではないエネルギーを注いだ。後述の通り、ボーア戦争における「敵中逃避行」の結果、チャーチルの名前は一躍全国に轟き、政界入りの大きな助けになるのであるが、こうした「壮挙」も名声を求める飽くなき執念がなければ現実のものとはならなかった。

また、世界の戦場を転々とする過程で、チャーチルは、軍人と従軍記者の二足の草鞋を履くという離れ業を演じる。自分を題材とした著作で収入を得ることは、チャーチルが終生活用したビジネス・モデルであり、その基礎はこの時期に築かれた。

さらに、軍人時代は、膨大な読書を通じ、政治家になるための自己教育の機会を提供した。ハロー校ではラテン語、ギリシア語などの古典に苦しみ、サンドハーストでは軍事学の勉強に勤しんだことを考えれば、後年ノーベル文学賞を受賞したチャーチルの教養は、この時期に培われたと言っても良い。

軍功を求めて

チャーチルが陸軍士官学校卒業後初めて関与した戦闘は、キューバにおける内乱であり、これはそもそも英国の戦争ではない。

チャーチルが所属した第四軽騎兵連隊は、初夏から秋にかけた七ヶ月間が訓練、残りの五ヶ月間が休暇というサイクルで活動をしていた。一八九五年秋、チャーチルはポロに必要なポニーを購入したため金欠病に陥り、無聊をかこっていた。そこで目をつけたのが、宗主国スペインとキューバの反乱分子の間の内戦であった。

キューバ行きを決意したチャーチルが接触したのは、父ランドルフの保守党での同僚で、当時英国の駐スペイン大使を務めていたヘンリー・ウルフであった。ウルフの口利きで、チャーチルはキューバ派遣スペイン軍への同行を認められ、ゲリラ掃討作戦の現場を視察することとなる。

自分が目をつけた戦闘に参加するため、上流階級の一員としてのコネを最大限利用するやり方は、その後も繰り返される。また、チャーチルは、キューバでの従軍経験を『デイリー・グラフィック』紙に連載する。「従軍記者チャーチル」の誕生である。

チャーチルが第四軽騎兵連隊の同僚と共に、キューバに滞在したのは約二週間で、そのうち政府軍とゲリラの実戦に遭遇したのは数日間に過ぎない。もともと彼らはオブザーバーであって、危険な場面に身をおく必要はさらさらなかったが、チャーチルにはゲリラによる銃撃の標的になることを楽しむような風情があった。

後年彼は、キューバ行きの動機について、「それが私的な予行演習、つまり、自分の性格が（戦闘という）危険な事態に不向きでないことを静かな形で確認するための試験旅行になる」と考えていたと回想しているが[10]、冷静な打算と死を恐れぬ無謀さが同居している点は、この時期のチャーチルの特徴でもある。

キューバから帰ったチャーチルを待ち受けていたのは、インド駐屯の任務であり、これにはすっかり嫌気がさしてしまう。というのも、この任務は単に宗主国のプレゼンスを示すだけの平和的なもので、しかも駐屯期間は十年近く続くため、早々に軍功を挙げて、政治家になるという、彼の人生設計にはそぐわない。

このため、彼はいくつかの新聞社にアプローチすると、クレタ島やナイル流域といった紛争地域に従軍記者として派遣するように持ちかける。そして、こうした工作が不調に終わると、母親、親戚、知人のあらゆるコネを利用してインド赴任から逃れようとする。チャーチルの動きは人の口の端にのぼるようになり、ついには、ランズダウン陸軍大臣が母親のジェニーに忠告の手紙を送る事態に至る。

結局こうした努力もむなしく、一八九六年九月、チャーチルは英国を出発し、インド南部バンガロールの宿営地に着任するが、一年も経たない内に初陣の機会がやって来る。インド西北の辺境、現在のアフガニスタン・パキスタン国境付近で発生した部族暴動である。

暴動鎮圧の主役は、マラカンド野戦軍と名づけられた派遣部隊で、第四軽騎兵連隊はこの作戦には関係していない。しかし、チャーチルは、インド赴任前に出席したあるパーティーで、司令官のブラッド少将の面識を得ると、その場で野戦軍が戦闘行動を開始した暁には参加を許可するとの、口約束を取り付けていた。

あいにく野戦軍が暴動鎮圧に乗り出した九七年七月、チャーチルはたまたま休暇帰国中であったが、そんなことで挫けるような彼ではない。野戦軍行動開始の報を聞くや否や、ブラッド少将にこれから現地に向かうとの電報を一方的に打ち込むと、チャリング・クロス駅から汽車に飛び乗り、一路戦場に向かう。同時にキューバでの「記者活動」に味をしめたチャーチルは、母親のジェニーに従軍記者として雇ってくれる新聞社を捜させると、『デイリー・テレグラフ』紙とインドの地元紙『パイオニア』の二社との契約に成功する。

インドに到着後、まずバンガロールの本隊に戻り、連隊長の許可を取り付けると、列車で二千マイルを五日かけて移動し、ようやく前線にたどり着く。この時点では、野戦軍には将校の空きポストはなかったのであるが、ブラッド少将が取りあえず従軍記者として行動を共にすることを許可したので、チャーチルの壮大な旅行は無駄足とならずに済んだ。

インド北西辺境での戦闘は、キューバのようなジャングルの中でのゲリラ戦ではなく、敵味方がそれぞれ一万人規模の兵力でぶつかり合う本格的な戦闘であった。しかも、当初は従軍記者の位置付けであったチャーチルも、将校の間に死傷者が増えると、部隊の指揮を任されるようになる。

様々な証言から見て、初陣にも拘らず、チャーチルの部隊指揮官としての活躍ぶりには特筆すべきものがあった。最大の激戦となったマムンド渓谷掃討作戦を指揮したジェフリーズ第二旅団長は、本国への戦功報告においてチャーチルが「枢要な局面で有用な役割を果たした」との特別の言及を行っている。また、ブラッド少将自身、知人に宛てた手紙の中で、機会に恵まれれば、チャーチルは「ヴィクトリア十字章（VC）か殊勲章（DSO）を獲得するであろう」と予言する。(11)

結局彼は何の栄典も得ることはなかったが、その一因は従軍記者として書いた記事が陸軍上層部の不興を買ったことにある。確かに、彼の戦場報告の中には、退却する兵士に対する援護射撃の不十分さや長距離を行軍する際の配給物資の不足などについて率直な意見が含まれている。実戦に初めて参加した二十二歳の下級将校が、軍の方針に対して歯に衣着せぬ批判を行えば、軋轢を生むことは容易に想像できる。

他方、チャーチルの記事が各方面で波紋を呼んだことは、取りも直さず彼の筆力が格段の進歩を遂げたことを意味する。彼は、バンガロールに帰任すると、従軍記者として送稿した記事をもとに、『マラカンド野戦軍従軍記』という本を上梓する。

この本は、主要紙の書評において好意的な評価を受け、九ヶ月で八千五百部が売れるミニ・ベストセラーとなる。遊蕩家で知られた、エドワード皇太子がチャーチルに対して「最大の関心を持って読んだ」と手紙を書いてくるほどであるから、当時の指導層の間でも相当の評判となったことがうかがえる。金銭的にも、将校としての給料の四年分に当たる、三百ポンド余りの印税収入があり、チャーチルが気をよくしたことは疑いない。

その余勢を駆って、チャーチルが次に目をつけたのがスーダンである。

一八八五年、ゴードン将軍がマフディ教徒によるハルツーム包囲戦で戦死して以降、スーダンの奪還は英国民の悲願であった。一八九六年に入ると、キッチナー将軍の下で叛徒掃討に向けた準備が着々と進められつつあった。

チャーチルにとって、国民が注目するスーダン奪還作戦は、「おいしい」機会であり、逃すわけにはいかなかった。しかし、派遣軍への参加を求める当初の申請は、本国の陸軍省から却下されてしまう。軍内部では、任官間もない一中尉があちこちの戦場に押しかけた上で、新聞や著書を通じた「売名行為」に勤《いそ》しんでいることに対する反発が高まりつつあった。とりわけキッチナー将軍自身が受け入れに反対していたことが障害となっていた。

しかし、そんなことであきらめるチャーチルではない。実際、その後彼が行った工作活動は、常識の域を超え、喜劇的様相を呈してくる。

インドに駐屯するチャーチルが、ロンドンでの工作を進める上で頼りにしたのが、母親のジェニーである。彼女は、ランドルフの妻としての立場のみならず、自らの美貌と社交性のおかげで英国の権力階級の中に幅広い人脈を有していた。チャーチルは、後年「(ジェニーは)私の望みをかなえるため自らが持つすべての影響力を動員した」と述懐しているが、この「影響力」には当然女性的魅力も含まれていた。(12)

ジェニーによる工作は、二ヶ月間に及び、この間当時の実力者とのランチやディナーが数多く催された。工作の対象には、陸軍省の幹部は勿論のこと、彼女のボーイ・フレンドの一人であったエドワード皇太子までが含まれた。しかし、将校の任用は現場の司令官であるキッチナーの裁量に任されていたため、彼が首を縦に振らない限り、事態の打開は期待できなかった。このため、ついに彼女はキッチナーとの直談判のためカイロに乗り込むことを決意する。

と言うと、我が子を思う母の一念を思わせるが、実はこの旅行、愛人とのバカンスを兼ねていた形跡がある。カイロに到着したジェニーは、面会に応じようとしないキッチナーに対して矢継ぎ早に手紙を送り、懸命な説得工作を展開する。しかし、将軍の返事は、「将来機会があれば」という、つれないものであった。しかも、ある日外出先からホテルに帰ると、愛人は別の女性と関係の真最中で、ジェニーにとってはあらゆる意味で散々な旅行であった。

こうした中、インドにいては埒があかないと見たチャーチルは、いよいよ一時帰国し、自らロビー活動に乗り出す。しかし、陸軍省に出向いてみると、彼同様にナイル遠征軍のポストを求める将校は数百名もいることが判明し、キッチナーのブラックリストに載せられた自分が参加を認められる可能性は絶望的にも見えた。

転機が訪れたのは、一八九八年七月で、チャーチルは思いがけなく時の首相、ソールズベリー卿と面会の機会を得る。この面会は、『マラカンド野戦軍従軍記』に感銘を受けたソールズベリーが著者から直接話を聞きたいと言い出してアレンジされたものであった。

スーダン行きについて八方ふさがりの状態にあったチャーチルにとっては、首相の面識を得たことは渡りに船であり、面会の数日後、首相秘書官の自宅に押しかけると、ソールズベリーから現地のキッチナーに口添えの電報を打つよう頼み込む。

一介の中尉である自分の配属について、一国の首相を煩わせることも辞さないチャーチルがチャーチルなら、これに応じた首相も首相である。そしてソールズベリー卿からの電報にも拘らず、すぐには首を縦に振らなかったキッチナーの頑固さにもあきれる限りであるが、最終的にはこの電報が決め手になった節がある。

というのも、その後間もなく、現地の第二十一槍騎兵連隊で将校の欠員が出ると、陸軍省はキッチナーにチャーチルを補充要員として送ることを通知する。これに対し、キッチナーが異論を唱えなかったため、「旅費自己負担。戦死又は戦傷の暁にも陸軍は財政的負担を負わない」との条件付きではあったが、チャーチルは晴れてスーダン行きの許可を手にする。キッチナーが翻意した理由は明らかではないが、さすがの彼もマフディ軍との決戦を間近に控え、これ以上些事にかまける余裕はないと判断したのであろう。

チャーチルのスーダンでの活動は、インド北西辺境での活動の繰り返しと言っても良い。まず彼は、ロンドン出発前に『モーニング・ポスト』紙との間で記者契約を交わし、スーダン従軍中も将校と従軍記者の二足の草鞋を履くこととなる。因《ちな》みに、原稿料は記事一本につき十五ポンドで、マラカンド野戦軍従軍の際の契約に比べると三倍であり、チャーチルの従軍記者としての格が上がっていることを物語る。

スーダンでの戦闘は、実質的には九月二日、ナイル川上流、ハルツームの対岸にあるオンダーマンで行われた闘いで決着した。数ヶ月に及んだインド辺境での闘いに比べると、短期決戦といえるが、激烈さにおいては決して劣っていない。

この闘いは、初期の機関銃であるマキシム・ガンを含め、近代兵器の威力が如何なく発揮された戦闘であった。その一方で英国陸軍史上最後とも言われる騎兵による突撃作戦も敢行されており、軍事技術が大きく転換する過渡期の戦闘と言えよう。何れにしても、両軍計八万人が参加した大会戦は、英国軍の圧勝に終わる。マフディ軍側の死傷者・捕虜が三万人近くに及んだのに対し、英国軍の死傷者は五百人にも満たず、キッチナーにとっては完璧な勝利と言えた。

チャーチルが所属する第二十一槍騎兵連隊の総勢約三百名は、緒戦のマフディ軍による攻撃を撃退した後、オンダーマンの敵本営に通じる攻撃経路を確保するための突撃作戦を命じられる。しかし、途中三千名の敵兵による待ち伏せに会い、大激戦に巻き込まれる。オンダーマンにおける英国軍の戦死者二十八人の内、二十一人がこの突撃で命を失い、ヴィクトリア十字章が三名に授与されていることから見ても、その激しさがわかる。

チャーチルもこの連隊の一員として奮戦し、白兵戦に近い状況に遭遇する。一時は、数十人の敵に取り囲まれ、ピストルを撃ちながらかろうじて難を逃れるなど、戦死してもおかしくない場面もあった。後日、彼は、友人にあてた手紙の中で、「僕はあの朝初めて恐怖心に取り付かれるのを経験した」と告白しているが、彼がこのような弱さを認めることは極めて稀と言って良い(13)。

一方、従軍記者チャーチルのペンは、益々率直さの度合いを強めていく。特に、彼は、キッチナーがゴードン将軍の仇を討つため、マフディの墓を暴く蛮行に及んだことに強い幻滅を感じ、記事の中でもこれを批判する。

さらに、チャーチルが英国軍兵士の中に、残虐行為を犯す者がいることを暴露する記事を書くと、キッチナーの怒りは爆発し、病気になったラクダの面倒を見るという懲罰的な任務を与えようとする。しかし、チャーチルにとっては、闘いが終われば、最早キッチナーに義理立てする必要は無く、命令書を破り捨てるとさっさと本国に帰ってしまう。

スーダンでの戦闘が終了した時点で、彼の軍歴はわずか三年に過ぎない。しかし、チャーチルには、軍人としてのキャリアに殆ど未練は残っていなかった。

敗北と栄光

「殆ど未練は」と書いたのは、軍隊でまだやり残した仕事があったためである。それは、全インド駐留連隊対抗のポロ選手権に勝利することで、スーダンからロンドンに帰ったチャーチルは、この選手権に参加するためわざわざバンガロールに帰任する。そして、第四軽騎兵連隊代表チームを率いて大会に参加すると、見事栄冠を獲得する。

ポロという脇道から戻ると、チャーチルの関心は自らの政治的将来に集中していく。

既に触れた通り、彼はインド駐屯時代から保守党の事務局を通じて適当な選挙区の発掘を試みてきたが、政治資金が不足していることもあって、なかなか運に恵まれなかった。

しかし、一八九九年春、イングランド北西オールダムの二人区で現職の保守党議員が辞任すると、その後継者としてチャーチルに白羽の矢が立つ。その直後、同じ選挙区のもう一人の保守党議員が急死し、時の保守党政権が早期に補欠選挙を実施することを決意したため、あれよあれよと言う間に、チャーチルは初めての選挙に臨むこととなる。

オールダムは、産業革命の中心地マンチェスターの郊外に位置し、紡績業で知られた。そのため選挙民の中心は労働者階級であり、地主階級出身で、地縁もないチャーチルにとってはもともと楽な選挙区ではない。地元の保守党関係者は、ランドルフの息子という、チャーチルの知名度に望みを託したが、この選挙では政治的にも逆風が強かった。

特に問題となったのは、当時ソールズベリー政権が進めていた英国国教会への支援策で、ノンコンフォーミストと呼ばれる非国教徒が多数派のオールダムでは、この政策に対する強い反発が生まれていた。

チャーチルは、この年の三月に正式に軍籍を辞すると、補欠選挙の告示と同時に精力的な選挙運動を展開する。立会演説会には、千人単位の観衆が集まり、話題性は十分と見られたが、支持基盤の脆弱さや政治的な逆風を克服することができず、あえなく落選する。

失意のチャーチルは、その年の十月、南アフリカで第二次ボーア戦争が勃発すると再び戦場に向かう。

補欠選挙に落選し、従軍記者稼業に後戻りしたチャーチルが、半年も経たない内に、世間の度肝を抜く「軍功」を打ちたて時代の寵児になったことは、運命の女神の気まぐれさを思わせる。捕虜収容所からの脱走と四百キロ以上にも及ぶ敵中逃避行は、チャーチルの名前を英国内外に轟かせた大事件であり、この快挙がなければ、彼の人生は異なる軌跡を辿っていたに違いない。

事件は、チャーチルがケープタウンに到着してから二週間目、ナタール植民地のレディースミス市方面で装甲列車に同乗した際に起こった。

第二次ボーア戦争は、オランダ系先住移民であるボーア人の二つの共和国（トランスヴァール、オレンジ）と大英帝国の間の戦争で、十九世紀後半に発見された金とダイヤモンドの利権を巡る争いが背景にある。先手を取ったのはボーア側で、十月十二日に宣戦布告を行うと、ケープ、ナタールという、二つの英国植民地に侵攻する。

くだんの装甲列車は、ボーア軍に包囲されたレディースミスの状況を偵察するために派遣されたもので、装甲列車という代物は、なるほど敵の銃撃には強いものの、脱線すれば瞬く間に身動きがとれなくなるという、致命的欠陥を抱えていた。問題の偵察任務においても、ボーア兵はいとも簡単に列車を脱線させ、乗っていた英国兵とチャーチルは野原の真ん中で立ち往生してしまう。

それでも、チャーチルは、機関手や兵士を叱咤激励し、一部の車両を逃走させることに成功するが、結局部隊の指揮官らと共にボーア側に投降する。

トランスヴァール共和国の首都プレトリアの捕虜収容所に連行されたチャーチルは、非戦闘員(従軍記者)であることを理由に即時釈放を要求するが、ボーア当局の受け入れるところとならず、一ヶ月後、夜陰に乗じ収容所の塀を乗り越え脱走を決行する。

ボーア軍当局が二十五ポンドの懸賞金を賭けて必死の捜索を行う中、現地語を解さないチャーチルは、捕まれば銃殺という、大変な危険に直面していた。しかし、夜行の貨物列車に隠れるなどして逃亡を続ける内に善意の英国人に巡り合い、その手助けでポルトガル領東アフリカ(現在のモザンビーク)に辿り着く。脱走から十一日後のことであった。

ボーア戦争の初期、英国は予想以上の困難に直面し、国内では暗い雰囲気が横溢していた。そうした中で、チャーチルの脱走はなおさら国民の歓迎するところとなったのであるが、彼がもう少し慎重な性格であれば、こうした壮挙もなかったかもしれない。

すなわち、収容所の所長は、チャーチルによる即時釈放要求について、装甲列車が襲撃を受けた際、チャーチルが部隊司令官さながらに兵士を指揮し、一部車両の逃亡の手助けをしたことから見て、非戦闘員として取り扱うことはできないと主張し、これを却下した。これは、公平に見て一理ある議論である。

しかし、その後チャーチルが、「釈放された暁にはボーア軍に反する行動をとったり、軍事情勢に影響を与えるような情報を漏らしたりしない」との誓約書を提出したこともあり、彼が脱走を決行した段階で、収容所長は釈放への反対を実質的に取り下げていた。

しかも脱走当日、本来の計画では、他の捕虜二名と一緒に逃亡する手はずであったが、警戒の厳しさもあって、仲間の二人が一旦は決行をあきらめ、食事に出かけている間に、しびれを切らしたチャーチルが一人で塀を乗り越え、脱走してしまったという事情もあった。仲間のうち一人は、現地アフリカーンス語に堪能で、収容所を抜け出した後は彼の才覚に頼ることが想定されていたので、単独で脱走を決行したチャーチルの判断は見方によっては無謀と言えよう。

以上要するに、チャーチルが数日間自重していれば、非戦闘員として釈放された可能性があったわけで、そうなれば彼のその後の人生は違った経路をたどっていたはずである。

英雄としての帰還後、チャーチルは帰国することなく、現地で編制された騎兵部隊に中尉として再度任官する。実は、この時点までに陸軍の規則が改正され、軍人が従軍記者を兼職することは禁止されていた。しかし、チャーチルは、脱出劇のヒーローとしてナタール野戦軍のブラー司令官と面会した際、先方から「何か望みは」と訊かれたのをこれ幸いと、従軍記者のまま軍務に復帰することを認めるよう頼み込み、許可を得る。

かくして再度軍人との「二足の草鞋」に戻った彼は、その後六ヶ月間、南アフリカ各地における戦闘に参加する。結局捕虜収容所から釈放されなかったため反古になったとは言え、誓約書とは全く裏腹の行動をとるチャーチルに、ボーア軍の関係者は切歯扼腕していたに違いない。

一方、チャーチルの戦場報告は相変わらず挑戦的で、ボーア兵の優秀さを強調する記事を書いたかと思うと、戦争終結の暁にはボーア人に対して寛大な措置をとるべしとの論陣を張り、物議をかもす。

この間、戦局は徐々にではあるが英国側に傾き、一九〇〇年六月にはついにプレトリアが陥落する。その後戦闘はゲリラ戦に移行し、なお二年近く続くのであるが、チャーチルは南アフリカでの活動に見切りをつけ、帰国の途につく。総選挙の気配が強まってきたためである。

一九〇〇年九月に行われた総選挙は、ボーア戦争を背景とした軍事色の強いもので、軍服の色にちなんで「カーキ選挙」と呼ばれた。「自由党への一票はボーアへの一票」というスローガン通り、露骨な「愛国選挙」を展開した保守党は、党勢を一挙に盛り返し、圧勝する。チャーチルもこの流れに乗り、前の年に苦杯を喫したオールダム選挙区で見事初当選を果たす。「軍功を挙げ、名を成す」という彼の目標は、曲がりなりにも達成されたわけである。

チャーチルが捕虜収容所からの脱走で、一躍有名人となったことは、一時的とは言え、彼に財政的安定をもたらした。政界入りして間もない時期に、安心して政治に集中する環境を整えた点で、このことの意義は小さくない。

まずチャーチルは、ボーア戦争からの復員後二冊の本を上梓するが、初版の売り上げの合計が二万二千部に上り、『マラカンド野戦軍従軍記』を上回るベストセラーとなる。

戦記出版に続き彼が乗り出したのが、レクチャー・ツアー（講演旅行）である。一九〇〇年の十月から十一月にかけ、彼は、英国全土で三十回近い講演会を実施する。しかも、持てる人脈を駆使し、有力政治家をゲストとして招くなどして、参加者の動員を図った結果、どの会場でも講演は大盛況に終わる。この間チャーチルが稼いだ金は、約三千八百ポンド（現在の価値で約十九万ポンド）、一財産である。

さらにチャーチルは、この成功に味をしめ、その年の年末からは米国、カナダでの講演旅行に乗り出す。興行師をたてた本格的な事業で、下院に当選したてのチャーチルが議会審議をさぼって出かけたことからも、熱の入れ方が分かる。残念ながら事業としては、英国内の講演旅行ほどの収益は上げなかったようであるが、ニューヨークでの講演会では、作家のマーク・トウェインが司会を務めたことから見ると、それなりに注目を集めたイベントであったようだ。

ここで重要なことは、チャーチルが以上の経験を経て、一つのビジネス・モデルを編み出したことである。

すなわち、軍人としてであれ、政治家としてであれ、世間の耳目を集める業績を挙げては、活字にし、金を稼ぐ。チャーチルは、九十年の生涯において、職業軍人であった数年間を除き、政治家以外の定職にはついたことがない。彼自身と家族の贅沢な趣味や欲求を満たすための金は、筆一本で稼ぎ出したと言って過言ではない。

著述家としてのチャーチルの名声を確立した、全五巻の第一次大戦回想録や全六巻の第二次大戦回想録は、青年時代に開発したビジネス・モデルの産物であり、その意味でもこの時代がその後の人生の方向を定める上で重要な意味を持つことが分かる。

勇気、先見性、エネルギー

チャーチルの青年期を振り返る時に浮かび上がってくるのは、栄達のためには手段を選ばぬ野心家でありながら、衝動的で、判断力を欠いた若者の姿で、同時代の人々の脳裏にはこうした印象が驚くほど強く焼き付けられることとなる。一九四〇年五月に首相に就任するまで、チャーチルにつきまとっていた一種の「胡散臭さ」は、元を辿ればこうした印象に行き着くと言っても良い。

様々な史料において当時のチャーチルを評した言葉には、「傲慢（bumptious）」、「勲章漁り（medal seeker）」といった否定的なものが目立つが、これらは決して不当なものとは言えまい。

例えば、一八九五年八月、何とかインド行きから逃れようと工作していた頃の母親宛の手紙を見ると、「（インドに行かずに）南アフリカに数ヶ月もいれば、南ア従軍メダルと、おそらくは部隊の戦功星章をもらえるでしょう。そこからエジプトに飛んで、一、二年の内にもう二つくらい勲章を手に入れれば、サーベルを仕舞い込んで足を洗うことができるでしょう」とある。二十歳そこそこの若者が、こうした思惑を隠そうともせず、傍若無人に振舞えば、大抵の人の鼻につくのは間違いない(14)。

一方で、チャーチルの青年期の生きかたには、彼を偉大な政治家としたいくつかの資質が現れている。

その第一は、勇気である。物理的な危険に怯まぬ勇気、権威や社会的規範に挑戦する勇気、孤立を恐れず信念を貫く勇気、あらゆる面から見て、彼の勇気は一級品である。

戦闘初体験となったキューバのジャングルで、銃弾が頭を掠めた時、チャーチルは「鉄砲の弾が外れることほど、気持ちが盛り上がることはない」と嘯いたが、オンダーマンでマフディ兵に取り囲まれた数秒間を除き、戦場において恐れと言うものを見せなかった(15)。

彼が従軍記者として見せた反骨精神は、名前を売ろうという功名心から出た面もあり、多少は割り引いて見る必要がある。明らかなことは、チャーチルは、大勢に従うことに価値を見出さず、群れから離れて孤立することを恐れなかったことである。戦間期、「荒野の時代」と呼ばれる政治的孤立を生き抜くことができたのも、こうした精神的強靱さのおかげでもある。

第二の資質は、政治課題に関する鋭敏な嗅覚であり、これは先見性と言い換えても良いかもしれない。

前述の通り、チャーチルは南アフリカからの従軍記事においてボーア人に対する寛大な措置を呼びかけたが、この問題は、一九〇二年、最後のボーア軍が降伏した後重要な政治課題として浮上する。一九〇五年、彼が植民地省次官として取り組んだのが、正に旧ボーア共和国に対する自治権の付与であり、戦争の犠牲を無駄にするなという敵対的世論の中で、両者の和解のため信念を貫く。

ナチス・ドイツの軍事的脅威や東西冷戦の到来の例を引くまでもなく、こうした政治的嗅覚はチャーチルの政治家としての資質の中で最も重要な要素の一つである。従軍記者の経験によって培われた観察力、洞察力がこうした嗅覚を研ぎ澄ます上で大きな意味をもったことは疑いない。

第三の資質は、目標に向かって進むエネルギーの激しさである。

勿論、チャーチルのエネルギーは、青年期だけで枯渇することなく、壮年期、老年期と持続していく。

クレメント・アトリーは、一九四五年の総選挙で勝利し、チャーチルの後を継いで労働党政権を率いたが、それ以前は五年間にわたり挙国一致内閣の一員として一緒に働いた。そのアトリーが、チャーチル逝去に際し寄せた一文に次のような一節がある。

「知恵、現実的な判断力、ビジョンなどよりはむしろ、エネルギーが彼の最高の資質であった。ナポレオン、ビスマルク、ロイド＝ジョージの他に、エネルギーに関して彼と肩を並べる人物を知らない。他方で、エネルギーだけをとっても、彼はこのクラスの偉人に伍するると言えるが、それは、彼が戦争に勝つために行ったことのすべてを伝えていない。決め手となったのは、チャーチルの詩情（poetry）である。私の見るところ、エネルギーと詩情が彼を要約するのである(16)」

アトリーは思考においても、言葉においても、平明の人であり、「詩情」といった抽象的な表現を使うのは似つかわしくないように思えるが、要は、国民の敬愛を集めた人間的な部分を指しているのであろう。

これに対して、青年期のチャーチルのエネルギーには、「詩情」などは一切感じられない。おそらくは、一九一五年、ダーダネルス海峡突破作戦の失敗をきっかけに海軍大臣を更迭されるまでは、彼のエネルギーはむき出しのままであったはずである。

勇気、政治的嗅覚、エネルギーといった資質が、どれくらい天賦のもので、どれくらい青年期に涵養《かんよう》されたものかは判断が難しい。重要なことは、青年期において、こうした資質がすべて政治家になるという目的のために方向付けられた点である。

さらに留意すべきは、チャーチルが政治家修業のために払った意識的な努力で、この面で特筆されるのが、膨大な読書を通じた自己教育である。

もともとバンガロール駐屯地での生活は、午前中に多少の訓練を行った後は、昼寝かポロをして過ごすといった、怠惰なものであった。当時、チャーチルは自分の教養が不十分なものであることを意識し、大学に進学することも考えたようであるが、ハロー校時代にあれほど苦労したラテン語と再度格闘することに気が進まず、断念する。そのかわりに選んだ選択肢が自己教育である。

彼が最初に手を染めたのは、ギボン、マコーリーによる歴史書であり、母親のジェニーを通じロンドンから送らせた原典を毎日数十ページのペースで読み進める。ギボンの『ローマ帝国衰亡史』全八巻、マコーリーの歴史書、論文集全十二巻を読破すると、幅広い題材の書物に転じる。アダム・スミスの『国富論』、チャールズ・ダーウィンの『種の起源』、プラトンの『共和国』などである。

さらにチャーチルは、第二次ディズレイリ内閣（一八七四―八〇）以降の『アニュアル・レジスター』を入手すると、英国の内政動向についても研究を始める。『アニュアル・レジスター』は、十八世紀後半にエドモンド・バークが編集した一種の時事年鑑であり、年々の内政・外交の動向が詳述されている。

チャーチルは、『レジスター』の記録から、主要な政治問題をピックアップすると、自分がもし当時の政治家であったら、議会でどのように発言し、どう投票したか、想定練習をしながら、政治感覚を磨いた。彼がこの間思索を巡らせた課題には、相続税導入の可否、女性参政権、公開処刑、選挙改革などが含まれたが、このうちいくつかについては、政界入りした後に実際に取り組むことになる。

また、読書の他に、チャーチルが力を入れたのが、演説技術の向上である。

やや脇道にそれるが、チャーチルが初めて公共の場で演説を行ったのは、まだ、陸軍士官学校時代の一八九四年の十一月で、売春婦を支援するためのものであった。

演説の舞台となったのは、ロンドンの歓楽街レスター・スクエアーにあった「エンパイア」という、ミュージック・ホールで、そこの男性用バーのすぐ横には、売春婦が客を探すために行ったり来たりする花道が設けられていた。ところが、風紀紊乱を監視する女性運動家の主張でこの花道が閉鎖になると、チャーチルはこれを個人の自由を侵害する憲法上の問題と見なし、反対運動に参加することを決意する。

そして、ある晩士官学校の仲間と現地に乗り込むと、花道を封鎖するために設けられた目隠しを壊した上で、「エンパイア劇場のご婦人方、私は自由のために立ち上がりました」という一節で始まる演説をぶつ。この演説は、いわゆる「若気の至り」に属するものであろうが、原稿を何度も推敲したと言うから、本人はそれなりに真面目に取り組んだはずである。

陸軍に任官し、インドに赴任した後も、チャーチルは、一時帰国の機会を捉えて保守党中央事務局の紹介で地方の政治集会に出席し、講演を行うようになる。さらに、重要なのは、キューバ行きの前後にニューヨークに立ち寄った際、母親の友人で、共和党の有力政治家であったバーク・コクランの知遇を得たことである。彼は、後年自分の演説のスタイルに最も影響を与えた先人としてコクランの名前を挙げ、晩年に至るまでその演説を暗誦できたと言う。

チャーチルの旺盛なエネルギーは、彼を取り巻く人や事象を、近く、遠く巻き込みながら、思いがけない模様を織り成していく。彼の生涯を振り返ることの愉しみは、万華鏡を覗き込むことのそれに似ている。

チャーチルとキッチナーの人生は、その後も戦争を介して複雑に交錯する。ボーア戦争の際には、キッチナーはチャーチルの後を追うように南アフリカに向かい、増援軍の参謀総長を務める。そして第一次世界大戦が勃発すると、アスキス内閣の陸軍大臣に任命され、海軍大臣のチャーチルと共に戦争を指導する立場に立つ。

スーダン戦争時の軋轢が、閣僚としての二人の協力関係に否定的な影響を与えた形跡はない。チャーチルは、第一次大戦回想録の中で、ダーダネルス作戦の失敗におけるキッチナーの役割を批判的に記述しているが、同時にアスキス首相を含め、ほぼすべての関係者も批判しており、そこに特別な私情はうかがえない。ただ、この戦争の過程で、チャーチルは政治生命の危機を迎え、キッチナーはロシア訪問のため乗船した巡洋艦が被雷、沈没したため非業の死を遂げる。一つの因縁を感じざるを得ない。

英国サッカーのファンであれば、名門リヴァプール・フットボール・クラブの本拠地、アンフィールド・スタジアムのホーム側のスタンドが「コップ（Kop）」と呼ばれるのを御存知であろう。リヴァプールのホーム・ゲームで、地元ファンが総立ちになって応援歌を合唱する風景は圧巻であり、「コップ」は英国スポーツの聖地の一つと言っても良い。

「コップ」の語源は、アフリカーンス語で丘を意味する、「kopje」から来ている。

一九〇〇年一月、レディースミス解放作戦の過程で発生した、「スピオン・コップ（Spion Kop）」の戦いは、ボーア戦争最大の激戦の一つである。トラファルガー広場ほどの大きさの丘の頂上に結集した英国軍は、周囲の高地からボーア兵による激しい狙撃を受け、千人余りの死傷者を出す。この際の主力となったのが、リヴァプール出身者を中心とするランカシャー部隊であり、一九〇六年、アンフィールドのスタンド増設が行われた際、この闘いの犠牲者を記念して命名されたのが「コップ」である。

チャーチルは、この戦いに直接は参加していないが、所属部隊が近傍で活動していたため、戦闘状況の視察を行うと共に、日没後司令部から現地指揮官への命令を伝える伝令役を買って出ている。

チャーチルは、後年『我が半生』において、当日の状況について「戦闘の激しさは明らかだった。負傷者の流れが（中略）丘の上から断続的に、そして切れ目なく下ってくる。丘のふもとでは、テントや荷車からなる二つの病院村が見る見るうちに構築される(17)」と回想している。ここで言及のある救急部隊は、当時南アフリカに在住していたインド系コミュニティーの関係者を中心に構成されていた。そしてそのリーダーとして戦場を駆け回っていたのが、ダーバン在住の若手弁護士、モハンダス・ガンジー、後のマハトマ・ガンジーであった。

ガンジーが人種差別にあった経験から政治意識に目覚めるのが南ア時代であるから、彼が非抑圧民族であるボーア人ではなく、英国軍の支援にまわるのはいささか意外かも知れない。彼の意図は、英国人同様に戦争努力に貢献することで、ナタール植民地当局に対してインド系住民を同じ市民として取り扱うことを認めさせることにあった。当局が当初ガンジー達の申し出を断ったのも、こうした意図を薄々感じていたためであろうが、戦局の緊迫によって受け入れざるを得なくなる。

いずれにしても、「スピオン・コップ」の戦いを含め、ガンジーの救急部隊の活躍には目覚しいものがあり、負傷者も数多く出たため、最後は銃撃戦の現場に立ち入らないよう命令が発出されたと言う(18)。

一九三〇年代、チャーチルは、インドへの自治権付与の動きに激しく反対し、抵抗運動を展開するのであるが、その際彼はガンジーを「扇動弁護士」とののしってはばからなかった。しかし、その際チャーチルが、三十数年前、南アフリカの戦場で当の「扇動弁護士」とすれ違ったかもしれないことについて気付いていたかどうか、興味あるところである。

いずれにしても、「チャーチル、リヴァプールFC、ガンジー」といった、三題噺が生まれるところが彼の人生の面白さであり、彼が懸命に「生き急いだ」青年時代は、特にそうした面白さに満ち溢れているのである。

第二章　はしごと行列——チャーチルの政治観

チャーチルが背負った十字架

戦時内閣の首相に就任した一九四〇年五月から、米国が第二次大戦に参戦する四一年十二月までのチャーチルが偉大であったことについては、ほぼ異論がない。

ほぼ、というのは、彼の没後四半世紀が経ったあたりから、それまで神聖視されてきたチャーチルの功績について再評価が行われ、批判的な見方が生まれてきたからである。例えば、チャームリーはチャーチルがフランスの降伏後も単独でナチス・ドイツとの闘いを継続したことは、結果的に大英帝国の崩壊を早め、国益を損ねた旨の議論を提起し、物議をかもした(1)。

しかし、こうした「修正史観」に対してはその後再批判が行われ、現在では少なくとも冒頭述べた期間におけるチャーチルの業績が偉大であったことについては、概ねコンセンサスがあると見てよい。

問題は、この一年半余りの期間が彼の政治的経歴のほんの数パーセントに過ぎないことである。チャーチルは一八九九年にオールダムでの補欠選挙で国政選挙に初挑戦してから、一九六四年に引退するまで補欠選挙を含め二十一回の選挙を闘っている。この間彼が落選、「浪人」していた時期は数年に過ぎず、議員在籍年数は通算六十年以上に及ぶ。また、一九〇五年、三十歳の若さでキャンベル＝バナマン内閣の植民地省次官に抜擢されて以降、彼がついた公職は首相、大蔵大臣を含め十数を数える。

戦後長きにわたりチャーチルの歴史的評価に関する「浪漫史観」が幅を利かせてきた結果、チャーチルの政治家としての経歴をトータルにどう評価するか、という問題は軽視されてきたきらいがある。と言うのも、この史観によれば、チャーチルの偉大さはあくまで国家存亡の危機に直面した大英帝国を孤軍奮闘の末勝利に導いたことにあり、それまでの経歴はこの歴史的使命を果たすための序章程度に過ぎないからである。

さらに、首相就任後の英雄的活躍とのコントラストを明らかにする意味で、彼がそれまで政治的な成功に恵まれず、不遇だったことがことさらに強調される傾向もあった。第二次世界大戦を善と悪の壮大な戦いと見立てる向きからは、救世主（メサイア）たるチャーチルは暗黒の中から突如出現すべきで、半世紀もかけてゆっくりと現れるのでは格好がつかないのである。

冒頭で触れたチャーチル再評価の動きは、戦後半世紀を経て彼の業績をより客観的に吟味しようとする気運が生まれてきたことと、彼に関係する各種の史料の発掘と公開が進んできたことによる。この動きは前述のような「修正史観」を生む一方で、戦争指導以外の業績に光を当てた研究の進展にもつながってきている。例えば、第一次大戦前にチャーチルが社会福祉制度の創設に果たした役割についての研究がその一例である。

こうした再評価の結果出現するチャーチル像は、「浪漫史観」に基づくそれに比べてどう変化するのか。その偉大さは変わらないのか、それともより凡人に近づいていくのか。そもそもチャーチルの政治観とは何なのか。

六十年以上も活動した政治家の政治観を解き明かすことは、通常であれば単純な作業ではない。しかし、実際には政治の基本的な課題に関するチャーチルの考え方はこの間殆ど変化していないようにも見える。

例えば、政治の基本である国家、社会、個人の関係をどう考えるか。

「社会主義は富をひきずり下ろそうとする。自由主義は貧困を底上げしようとする。社会主義は民間の利益を破壊する。自由主義は、民間の利益を、それが安全かつ公正に擁護される唯一の方法によって、すなわち公の正義と調和させることによって擁護する。社会主義は企業を抹殺する。自由主義は、企業を特権と優遇の束縛から救済する(2)」

「(自分と社会主義者の考え方の根本的な違いは)はしごと行列の違いである。我々ははしごを選んで、全力で登ろうとする。彼らは行列を選ぶので、それぞれが自分の順番が来るまでその場で待っている」

(はしごからすべり落ちる人が出たらどうするのか、という質問に対して)

「我々は、しっかりした(安全)網と世界に冠たる社会救護サービスを備えるのである(3)」

右の発言は何れも総選挙の際の政見演説からの引用である。前者は一九〇八年の自由党若手政治家としての、後者は一九五一年の総選挙における保守党党首としての発言である。両者の間には、四十年以上の開きがあるが、それぞれのメッセージの核心部分は共通している。

チャーチルの政治観に一貫性が認められることは、彼が政治家として活動している間に英国を取り巻く状況が激変したことを考えるとなおさら意外に思える。

彼が生まれた一八七〇年代、英国は歴史の転機を迎えていた。英国が圧倒的な産業力と海軍力で世界をリードした、パックス・ブリタニカの時代はナポレオン戦争の終結から普仏戦争（一八七〇年）までと言われるから、この時期英国は国勢の絶頂から衰退への節目を迎えていたことになる。

すなわち、国内においては、労働者階級の政治意識の高揚に伴い、階級対立が深刻化する兆しを見せており、帝国維持の前提となる国民的統一をどのように確保していくべきかが大きな政治的課題となりつつあった。

国外に目を転じれば、ボーア戦争は英国の国力が「日の沈まない帝国」を維持するための限界に近づきつつあることを如実に示した。他の列強との関係においてもドイツ、米国の猛追を受け、産業力、軍事力における英国の圧倒的優位は揺らぎ始めていた。

さらに、国力の衰退に伴い、英国は国際関係におけるパワー・バランスの変化に以前ほど超然としてはいられなくなる。英国が「名誉ある孤立」を脱し、日本との同盟条約締結に踏み切るのは、チャーチルが政界入りして二年後のことである。カイザー・ヴィルヘルム二世の下でドイツの台頭が加速化すると、英国は、ワーテルローの戦いでナポレオンの野望を挫いて以降初めて、欧州において覇権国家が出現する危険に備えなければならなくなる。

しかし、人々がこうした変化を自覚するまでには、相当のタイムラグがあった。この時期の知的潮流は、むしろそれまでの国運の伸長を背景に自国の歴史的発展の正統性に対する絶対的な確信に特徴付けられている。いわゆる「ホイッグ史観」である。

「ホイッグ史観」とは、人類の歴史を議会制民主主義に向けた直線的進展と捉える見方であり、十九世紀の自由党保守派（ホイッグ党）に属する歴史家に特徴的な歴史解釈であることがその名の由来となっている。この史観の下では、歴史は議会制民主主義に向けた進展を推し進めようとする善玉とこれを妨げようとする悪玉との戦いとして描かれ、その結果達成された英国の立憲王制は人類の政治的発展の頂点として位置付けられる。

「ホイッグ史観」の代表的論客がマコーリーであり、チャーチルがインド駐屯時代に彼の著作を濫読したことは前章でも触れた。多感で、知識に飢えていた当時のチャーチルがマコーリーの勇壮な歴史観に強く感化されたことは疑いない。その結果彼にとっての歴史は、内にあっては立憲王制に、外にあっては大英帝国に向けた不可逆的な流れとなり、それぞれの正統性、道義性への深い確信が生まれる。

チャーチルが政治家として終生背負った十字架は、こうした確信と、徐々に明らかになっていく帝国の凋落とのギャップをどのように埋めるかという課題であった。彼の政治観もこの課題との関係を捨象して議論することはできない。

保守主義の流れの中で

チャーチルの政治観を分類する最も安易なやり方は、彼を「保守主義者」と呼ぶことであろう。しかし、このアプローチには相当の注意が必要である。

と言うのも、英国での政治の議論において、「コンサーバティブ（conservative）」という言葉は、二重の意味を持つ。英国の識者は、この違いを「小文字のCで始まるコンサーバティブ」と「大文字のCで始まるコンサーバティブ」と呼び分ける。要は、前者は一般的な意味での保守主義者を指すのに対し、固有名詞の後者は保守党の党員・支持者を指し、両者は同義ではない。保守主義者でありながら、保守党を支持しない人もいるし、保守党員ではあっても、(一部の保守主義者から見ると)似非《えせ》保守主義者もいるわけである。

チャーチルの場合、保守党で政界入りしながら、自由党に鞍替えし、再度保守党に出戻るという経歴を辿っており、常に「大文字のC」であったわけではないし、特に、自由党所属時代は「小文字のC」であるかも疑われる時期もあった。

以上の留保を付した上で、筆者はやはり彼を「保守主義者」(小文字のC)と呼ぶことは誤りではないと考える。

そもそも保守主義とは、「保存する」、あるいは「保護する」ことを意味する動詞(conserve)から派生した言葉で、その目的は、文字通り現存する体制(ステータス・クォー)を擁護することにある。この定義からわかる通り、保守主義に内在する最大の問題は、いくら擁護に努めても体制を取り巻く状況は必ず変化するものであり、政治運動として生き残りを図るため変化に対応しようとすれば、体制擁護という本来の目的との関係でたちまち自己矛盾に陥ってしまうことである。

近代的な意味における英国の保守主義(この文脈では保守党と言い換えても良いかも知れないが)は、十八世紀末のウィリアム・ピット(小ピット)に遡ると言われているが、チャーチルが政界に入る以前から、この運動はこうした本質的な課題に直面していた。

もともと保守主義が政治運動として出発した時点で、それが擁護しようとした体制を構成するものは「三つのA」に象徴された。すなわち、「英国国教会(Anglicanism)」、「農業(agriculture)」、「貴族・土地所有階級(aristocracy)」である。

しかし、産業革命に伴い経済社会構造が激変する中で、この体制は厳しい試練に立たされ、次々と譲歩を余儀なくされる。カトリック教徒の公民権に課せられていた制限を撤廃したカトリック教徒解放法（一八二九年）、さらには、土地所有階級の利益に偏していた選挙制度を大幅に改革する第一次選挙法改正（一八三二年）などがその例である。

体制の擁護と変化への対応という板挟みの中で、当時の保守党指導者ロバート・ピールは穀物法の撤廃問題を巡り、決定的な岐路に立たされる。一八一五年の穀物法は、ナポレオン戦争時代に高騰した国内産の穀物価格が戦争の終結に伴い暴落することを防ぐため、輸入穀物に高関税を課すもので、基本的には土地所有階級の利益に奉仕するものである。当然のことながら、増加の一途を辿る労働者階級の空腹を満たすため、安い食料を求める産業資本家から見ると、この法律は天下の悪法であり、一八四〇年代に入ると撤廃に向けた圧力は日増しに強まりつつあった。

ピールが穀物法廃止に踏み切った理由が奈辺にあるのか、特に、折からアイルランドで発生した大飢饉救済のための人道的考慮がどの程度あったのかについては、いまだに論議が絶えない。しかし、彼が体制の擁護という保守主義本来の要請に背き、変化への対応を優先させたことは明らかであり、その結果ピールが党を割る形で、保守党は分裂する。前述の自己矛盾が運動の一時的な挫折につながったわけである。

一八四六年にピールが退陣してから、保守党は長期の停滞を続け、以後三十年間に政権の座にいた期間は五年にも満たない。

この停滞を打ち破った保守党「中興の祖」がディズレイリである。彼の天才的なところは、保守党が擁護すべきステータス・クォーとは何かという問題そのものを書き換えることで、それまでの矛盾を超克してしまった点にある。

すなわち、ディズレイリによれば、保守党の目的は引き続き体制を擁護することにあるが、それは国民全体の利益に奉仕するために行う作業であって、特定の階級の利益にのみ資するものではない。彼は、一八七二年の党大会において「国民政党にあらざる保守党は存在に値しない」と言い切るのであるが、国民全体が現行体制の擁護に共通の利害を共有しているという前提に立つ、「国民（One Nation）」保守主義は、当時の英国社会の現実に照らせば、壮大な虚構と言わざるを得ない。

この虚構を政治的な現実に転換するため、ディズレイリは二つの手段を用意する。一つは、帝国主義政策を積極的に追求し、ナショナリズムを高揚させることで、これにより国民の一体感は高まりを示す。今ひとつは、国家の主導の下で弱者救済のための社会改革を推進し、体制の正統性を高めることである。

ディズレイリの「革命」によって、保守党が一時の停滞から息を吹き返す一方、自由党の側では、グラッドストンが一八八六年と九三年の二回にわたり、アイルランド自治法案を提出し、自治権付与政策を強行したため、大量の脱党者が出る事態に至る。

以上の背景の下、チャーチルが一九〇〇年に下院に初当選した時点で、保守党は国民全体に基盤をおく近代政党に脱皮する途上にあり、具体的には次のような目的を追求していた。

第一は、立憲政治、階級制度、英国国教会に対する国家的支持、市場経済といった、政治・経済・社会秩序の総体としての体制（エスタブリッシュメント）の擁護である。

第二は、「帝国（エンパイア）」と総称される、海外権益の堅持。

第三は、「統一（ユニオン）」政策と呼ばれるアイルランド直轄統治の維持であり、この点は自治権付与に反対して自由党を脱党した勢力との連携が念頭にある（なお、この連携が維持されている間、保守党は「統一党〈ユニオニスト〉」を名乗っていた）。

他方で、この頃になると、ディズレイリがかけた魔法の効果は徐々に薄れ始め、様々な綻びが生じ始める。チャーチルが初当選した一九〇〇年の総選挙は、労働党の前身である労働代表委員会（LRC）が初めての候補者を立てた選挙であるが、労働者階級の政治意識は急速に高まりつつあり、これに伴い「国民」保守主義の虚構性も明らかになっていく。

またボーア戦争は、帝国運営のコストがいかに高くつくかを示した。労働者階級を宥和するための社会政策にも金が要る。「国民」保守主義の一つの帰結は、政府がレッセフェールの自由放任政策から脱却し、右に挙げたような政策目標達成のため積極的に介入する点にあるが、財政的に帳尻が合わなくなるところをどのように処理するかは、未解決の問題として残った。

ディズレイリを継いで党首となったソールズベリー卿は、基本的には前任者の路線を継承していくが、虚無的と言って良いほどの現実主義者の彼は、現行体制はいずれ崩壊するという諦観を抱いているような節もあった。むしろディズレイリの遺志を継いで、国民的政治運動としての保守主義を発展させようとの気概を示したのは、二人の異端児、ランドルフ・チャーチルとジョゼフ・チェンバレンである。

この二人が目指したことは、一言で言えば保守主義運動の大衆化である。ランドルフ・チャーチルは、「民主主義」に保守党の俗称であるトーリー（Tory）の言葉を冠した、「トーリー・デモクラシー」という標語の下で大衆に直接語りかける政治のスタイルを編み出した。不幸なことに、彼には政治家に必要な政策立案能力や調整能力といった資質が備わっていなかったため、その活動は「一人芸」、「瞬間芸」のまま終わってしまった。しかし、それまでの多くの保守党政治家が領地の居城に居座って、大衆とは隔絶した営みを送っていたことを考えると、彼の政治スタイルは革新的と言っても良い。

イングランド中部バーミンガムのねじ工場の経営者から政界に転じた、ジョゼフ・チェンバレンは、元々自由党の出身である。アイルランド自治権問題でグラッドストンと袂《たもと》を分かち、保守党に転じた「新参者」であるが、彼のような経歴の持ち主が党の重鎮として成り上がっていくこと自体、「国民」保守主義を体現している感もある。

保守主義の大衆化に対する彼の貢献は、地方において党員・支持者の組織化を図ったことである。それまでの保守党の「組織力」が土地所有に密着した封建的関係に依存していたことを考えると、この試みも極めて革新的であり、党近代化の基礎を築いたと言っても良い。こうした努力のおかげで、地元バーミンガムはさながら「チェンバレン王国」と化し、末息子で、後の首相ネヴィルも国政に転じる前は市長を務めていた。

また、チェンバレンは、ランドルフとは違って政策マインドにも富み、「国民」保守主義の推進に伴う財政的問題についても答えを用意していた。それは、伝統的な自由貿易政策と決別し、非帝国地域からの輸入に差別的な高関税（いわゆる「帝国特恵関税」）を課し、その収入によって帝国運営や公的扶助のコストを賄おうとするものであり、言い換えれば、体制擁護のコストを外国人に負担させようとする試みである（勿論実際には、国民全体の福祉を考えれば、そんなに上手く話は進まないのであるが）。

結局ランドルフ・チャーチルも、ジョゼフ・チェンバレンも、それぞれ異なった事情の下ではあるが、保守党を率いる夢を果たせないまま志半ばで斃《たお》れる。その一世代後、二人の息子がやはり歴史の大きな転機の中で、保守主義のあるべき姿を巡って争う運命にあるとは、不思議な因縁と言わざるを得ない。

体制擁護と国民福祉の両立

前置きが少し長くなったが、チャーチルの保守主義は、ランドルフを介してディズレイリに確実につながっている。

一八九九年、オールダムでの補欠選挙に臨み、チャーチルは、「現代の政府の主要な目的は、英国の人々がおかれた状況を改善することにある」とした上で、次の通り公約する。

「(私は、当選の晩に) 国家を混乱に陥れたり、現存の社会的合意を乱すことなく、そして、国家の繁栄と国民の安寧が依存する強盛な生産力を損なうことなく、英国の家庭における幸福と安心の水準を向上させるためのすべての法制を (力の限り推進することを誓います)[4]」

体制の擁護と国民福祉の向上が両立するばかりでなく、お互いを強化し合う関係に立つという考え方は、正にディズレイリの「国民」保守主義が拠って立つ基本的な前提である。問題は、こうした目的を達成するためにはどうすべきかであり、その道筋を巡って彼の政治的立場は大きな変遷を辿ることとなる。

既に触れた通り、チャーチルは保守党議員として政治家人生のスタートを切ったが、当初から党への忠誠心は磐石というわけではなかった。ランドルフは、保守主義の大衆化を目指し、「トーリー・デモクラシー」を標榜したのであるが、チャーチルから見ると、保守党による微温的な社会改革策で大衆を宥和し、社会の安定を図ることができるか疑問に思えた。

一八九七年四月、インド駐屯時代に母親に宛てた手紙の中で、彼は自分が目指す政治プログラムとして、(一) 男子普通選挙、(二) 普遍的な教育制度、(三) すべての宗教の平等な取り扱い(言い換えれば、英国国教会への優遇措置の廃止)、(四) 地方自治の拡大、(五) 八時間労働、(六) 累進所得税率の導入、を挙げているが、こうした立場は、保守党はおろか、当時の進歩政党である自由党の中にあっても「過激な」ものであった[5]。

彼は、同じ手紙の中で、「自分は名前を別とすれば自由党員です。(中略) アイルランド自治化政策には絶対に同意しませんが、この政策さえなければ自由党員として議会入りするはずです。しかし、現状ではトーリー・デモクラシーの旗印の下に馳せ参じるしかないでしょう」と告白しているが、事実オールダムでの補欠選挙でもわざわざ保守党ではなく、「トーリー・デモクラット」を名乗って選挙戦に臨んだ。

一九〇〇年の初当選後も、チャーチルと保守党との溝は徐々に深まっていく。国内貧困層の困窮ぶりを描いた本を読んで、深く感化されたことが一つの要因であり、さらに、ボーア人との早期講和や軍事予算の削減を唱えたことも、党の路線からの乖離に拍車をかけた。

一九〇四年五月、チャーチルが自由党への転向を決行した際の直接の原因は、ジョゼフ・チェンバレンの「帝国特恵関税」への反対とされるが、以上の背景を考えると、脱党は時間の問題であったと見るべきであろう。

もっとも一部には、当時の保守党指導部がポストを餌に引止め工作を行えば離党は防げたのではないか、或いは、次の総選挙で自由党に政権が移ることを見越しての打算的な動きではないかといった観測もあるが、当時の史料からは、保守党への幻滅が極めて根深いものであったことが伝わってくる。自由党への転向後の一九〇六年、グラスゴーで行った演説で彼は、「自由党の大義は取り残された数百万人の大義である」と言い切ったが、裏を返せば保守党が多くの大衆を切り捨てていることへの弾劾でもある[6]。

打算であったかどうかはともかく、一九〇五年に保守党から自由党への政権交替が実現すると、チャーチルはこれまで鬱積した不満を発散させ、自ら思い描く政策の実現に向け腕を振るう機会を得る。

最初に得た政府ポストが植民地省次官で、旧ボーア共和国への自治権の付与に取り組んだことは前章で触れた。チャーチルがこのポストを希望した背景には、従来からボーア戦争の戦後処理の問題に関心を抱いていたこともさることながら、別の政治的な計算もあった。と言うのは、当時の植民地大臣が上院（貴族院）議員のエルギン卿であったため、下院での議論では実質的に大臣の役割を果たすことができるという思惑である。植民地省次官としての華々しい活躍もあって、一九〇八年には三十三歳の若さで商務長官として入閣を果たしたところを見ると、チャーチルの思惑は当たったと言えよう。

産業・労働政策を担当する商務長官は、正に社会改革の責任大臣であり、チャーチルにとっては、積年の抱負を実行に移す機会であった。さらに党内急進改革派の筆頭格であったデーヴィッド・ロイド＝ジョージが大蔵大臣に就任したことは、彼の努力に一層の推進力を与えた。任期中のチャーチルの業績には、失業保険の創設、職業紹介所の開設、「スウェット・トレード」と呼ばれる低賃金事業所における法定最低賃金の導入などが含まれ、彼を英国における福祉制度の創設者の一人と位置づける見方には十分な根拠がある。

興味深いのはチャーチルが職業紹介所の制度設計を委託したのが、ウィリアム・ベヴァリッジであることで、ベヴァリッジは三十数年後の一九四二年、チャーチル戦時内閣の下で戦後の社会保障制度の青写真となった『ベヴァリッジ報告』を取りまとめることとなる。

ロイド＝ジョージ(左)とチャーチル

商務長官として活躍後、チャーチルは主要閣僚ポストの一つである内務大臣に昇進するが、ここでも改革熱は衰えを見せない。刑法の運用改善はその一例で、当時は貧困層の犯した軽微な犯罪に対して苛酷な刑罰が与えられる傾向があったが、彼は内務大臣に与えられた特権を活用して、過重と認められる量刑を組織的に軽減する措置をとった。なお、後年チャーチルは内務大臣の職務の中で最も気が重かったものは死刑の執行であったと回想しているが、在任中四十三件の死刑判決確定事案の内、二十一件について執行の猶予を命じている。

内務大臣の任期中も、ロイド＝ジョージ、チャーチルの「過激派」コンビの連携は続き、この二人はアスキス内閣の二枚看板となった感もあった。そして社会改革の推進はやがてこれを手当てするための財源のあり方を巡って、二十世紀前半最大の憲政危機につながっていく。ロイド＝ジョージの「人民予算」である。

一九〇九年、大蔵大臣ロイド＝ジョージは老齢年金導入と軍艦建造の財源を土地課税の強化によって手当てする予算案を策定する。この案は与党による多数決で下院を通過するが、保守党が多数を占める貴族院はこれを否決してしまう。国民の代表が決定した予算を特権階級の牙城である貴族院が拒否したことは、当然のことながら深刻な政治対立を招く。

アスキスは、貴族院による権力の濫用を防ぐために、下院の優越性の確立を目的とする議会法を提出すると共に、この法案が貴族院を通過することを確保するため、自由党所属の一代貴族を大量に任命することも辞さないという、脅しに出る。

この間チャーチルは公爵の孫という出自にも拘らず、貴族院攻撃の論陣を張り、各地における講演でその特権に容赦ない批判を行った。のみならず、一九一〇年二月の閣議では「今や貴族院を全面的に廃止する時が来た」と断じつつ、これに代わる第二院の構成等をまとめた建議書を提出するに至る。

「人民予算」当時のチャーチルは、おそらく「過激派」としてのピークを迎えていた。しかし、彼が提案する社会改革は、体制側から労働者階級に与える恩恵としての性格を色濃く残しており、彼の「過激さ」もあくまでこの限界に留まるものであったことには留意する必要がある。

すなわち、彼の弱者に対する同情的な立場と表裏一体をなすのは、ダーウィンの進化論を反映した社会的決定主義であり、既存の社会秩序の正統性に対してはいささかの疑問もさしはさんでいない。
例えば、先に引用したグラスゴーでの演説における次の一節は彼のこうした考え方をよく示している。

「社会の既存の組織は、単一の主動力によって動かされている。競争的な選択である。それは、社会組織のあり方としては不完全なものかもしれない。しかし、我々と未開の社会の区別はすべてこれにかかっている。それは我々が何世紀にもわたる努力と犠牲によって形作ってきたものである。（中略）この国の社会には、大きな害悪が数多く存在する。しかし、（現在の）社会制度はこうした害悪を上回る、利益と功績をもたらしているのである」(7)

階級秩序の存続を前提にした場合、国民的統一をどのように確保すべきか。チャーチルの回答は、第一に、階級対立の原因となる社会的不公正の是正のため国家が積極的に介入すること、そして第二に、法の支配を通じて一つの階級が他の階級を圧倒することがないようバランスを図っていくことにあった。彼が社会主義に対して嫌悪を示す一方で、「人民予算」を巡る貴族院の横暴に対して過激とも言える反応を示した背景には、階級間の均衡に対する強い関心が存在する。
従って、二十世紀に入り労働者階級の力が伸長し、上からの恩恵を受け取るだけでは満足せず、より対等な立場で政治に関与し始めると、むしろその力が均衡を崩すことがないようバランスをとる必要性が生じる。そして、それに伴い彼の政治的な座標位置も右へ、右へと移動していく。

さらに、一九一一年に海軍大臣に就任すると、チャーチルは軍事問題に全精力を集中するようになり、仕事の上でも社会改革の前線からは身を引くこととなる。しかし、軍務大臣として改めて大英帝国の現実を見ると、ドイツによる拡張主義の脅威への懸念を深めざるを得ず、こうした観点からも国民的統一を確保する途を模索することとなる。

例えば、「人民予算」を巡る混乱の裏で、ロイド＝ジョージが自由党・保守党の連立に向けた工作を開始すると、チャーチルはその熱心な支持者となる。この工作は結局実を結ぶことはなかったが、その後も彼は自由・保守連立への関心を抱き続ける。

しかしながら、第一次大戦下の国家総動員体制が労働階級の政治参加を一層加速させると、これまでの階級秩序は一気に新たな均衡点を求めて動き、一九二四年にはラムゼイ・マクドナルドの下で初の労働党政権が発足する。最大の皮肉は、労働党の台頭に歩調を合わせる形で、社会改革の先兵であった自由党の勢力が退潮していくことで、これ以降自由党は二度と政権の座につくことはない。

こうした中で、チャーチルはもはや使命を失った自由党に自らの居場所を見つけることができなくなり、一九二二年の総選挙で落選した後約二年間の浪人生活を送ると、保守党に復帰する。

二二年の選挙では、直前に盲腸炎に倒れ、十分な選挙運動ができないという不幸に見舞われたのであるが、当時の選挙区が労働者階級色の強いスコットランドのダンディーであったことを考えれば、こうしたアクシデントがなかったとしても彼が議席を維持できたかは相当疑わしい。自由党への鞍替え当初彼が奉仕しようとした「取り残された数百万人」の人々はもはやチャーチルを頼りにしてはいなかったのである。

一九二四年の総選挙を勝利に導いたスタンリー・ボールドウィンは、保守党に戻ったばかりのチャーチルを大蔵大臣に抜擢する。大蔵大臣としてのチャーチルは保健大臣のネヴィル・チェンバレンと協力して社会保障制度の拡充に努力するが、金本位制への復帰に伴う財政緊縮に手を縛られ、十分な成果を挙げたとは言い難い。

また、この時期になるとチャーチルの労働運動に対する姿勢は次第に対決色の強いものとなり、労働者の間では反動主義者というレッテルが定着していく。

一方、保守党は、一九二九年の総選挙で敗北、労働党に一旦政権を明け渡した後、一九三一年の総選挙で勝利し、労働党から独立したマクドナルド首相の下に組織された国民政権に参加する。[8]

この間チャーチルは党の伝統的価値の擁護を主張し、一種の「守旧派」に身を置くこととなる。

チャーチルと保守党指導部の対立は、大英帝国域内における特恵関税の導入を機に徐々に深刻化し、インドへの自治権の付与を巡って決定的な局面を迎える。一九三一年一月、チャーチルは、指導部がマクドナルド政権のインド政策に協力していることに抗議して「影の内閣」から辞任する。以後第二次大戦開戦と同時に海軍大臣として公職に復帰するまで、党内での孤立の時期が続く。いわゆる「荒野の時代（Wilderness Years）」である。

大英帝国への思い

帝国権益の堅持は、ディズレイリ流の「国民」保守主義の柱の一つであり、チャーチルの政治観においても中核的位置を占めている。一九四二年のロンドン市長公邸における演説で、彼は、

「私は、大英帝国の清算を監督するために国王の筆頭大臣になったわけではない」と述べたが、終生この目的に忠実であったと言って良い(9)。

言うまでもなく、彼が政治家として活動した六十数年の間に大英帝国の命運は劇的な変化を遂げる。

チャーチルが軍人時代に植民地戦争をわたり歩いた後、大英帝国の版図はさらに拡大を遂げ、第一次大戦でそのピークを迎える。世界の全地域と人口の四分の一を占める、有史以来最大の帝国の完成である。

しかし、それは終わりの始まりであり、第一次大戦による国力の消耗のため、帝国権益を維持していくことは従来にも増して困難になる。アイルランドの独立やインドへの自治権の付与に向けた動きは、正にこうした限界を白日の下に晒す。

第二次世界大戦は帝国崩壊のプロセスを加速させ、一九四七年には「王冠の宝石」と言われたインドが独立する。そしてチャーチルがイーデンに政権を移譲した直後の一九五六年に発生したスエズ動乱によって、大英帝国は事実上の終焉を迎える。

こうした中で、常に政治の最前線にあったチャーチルも帝国の衰退を巡るいくつかの具体的課題に直接関与する。

チャーチルが植民地省次官時代にボーア戦争の戦後処理に取り組んだことは既に触れたが、第一次大戦後のロイド＝ジョージ内閣において、彼は再度植民地省に大臣として戻る。

植民地大臣として取り組んだ最大の課題は、アイルランドの独立に関する条約交渉であるが、この交渉は、チャーチルが「英国政治史上最も完全で、唐突な政策転換」と呼んだロイド＝ジョージージの政治決断により始まった。チャーチル自身は、元々自治権の付与ですら抵抗があったところに、いきなり独立まで話が進んでしまったので、心ならずもというところもあった。しかし、一旦交渉が始まると、誠心誠意これに取り組み、難しい交渉をまとめ上げる。

また、この時期、チャーチルはオスマン帝国崩壊後の中東における新秩序構築にも特別な関心を払い、一九二一年にはパレスティナ、イラクの委任統治の骨格を決めたカイロ会議を主宰する。なお、チャーチルが植民地大臣当時、中東問題についての顧問役を果たしたのが「アラビアのロレンス」こと、T・E・ロレンスであり、両者の親交はロレンスが一九三五年に事故死するまで続く。戦間期にオートバイに乗ったロレンスがチャーチルの別宅チャートウェルに風来坊のように現れ、昼食を食べていくことが度々あったとされるので、両者の間には深い友情があったのであろう。一九三六年、オックスフォードで開かれたロレンスの追悼式でチャーチルは心を打つ弔辞を読んでいる。

一九三〇年代に入ると、前述の通り、インドへの自治権付与の問題を巡りチャーチルと保守党指導部との間に深い亀裂が生まれる。この時の彼の反対運動は熾烈を極め、国内関係団体へ不正な圧力を行使した廉《かど》で担当大臣を議会の懲罰委員会に提訴するなど、手段を選ばないやり方は常軌を逸した観もあった。さらに、長男のランドルフがチャーチルには相談なしに、当時行われた補欠選挙に「反インド法」独立候補として出馬し、保守党が議席を失う一因となったことなども彼の評判を傷つける一因となった。

第二次世界大戦中においても、帝国権益をどのように擁護していくかは、チャーチルがとったいくつかの戦略的判断の伏線になった。英国本土へのドイツ侵攻が懸念される中で、中東地域に大きな戦力を割いたことや、スターリンの要求する第二戦線の開設を先延ばしし、地中海戦略の遂行に固執し続けたことなどはその例である。

他方で、英国がこうした権益を守るために主体的役割を果たしたのは、中東・北アフリカ方面に限られ、アジア・太平洋方面においてはほぼ全面的に米国に依存することを余儀なくされた。その米国も植民地主義の終結と民族自決を主要な戦争目的として位置付けていたため、帝国権益の将来はチャーチルとルーズベルトの間に緊張をもたらす一つの要因となった。

一方、チャーチルが実際にどの程度帝国支配の現実に通じていたかと言うと相当な疑問がある。軍人時代を別にすれば、チャーチルが海外の植民地を訪れたのは、植民地省次官時代のアフリカ訪問と同省大臣時代の中東訪問に限られる。インドに至っては第四軽騎兵連隊の一員としてバンガロールに駐屯以来一度も足を踏み入れることはなかった。一九三〇年代、インドへの自治権付与を巡り大論争が行われていた当時、「チャーチルは三十年前の経験をもとに議論をしている」と言う批判が聞かれたが、これには一理も、二理もある。

こうした事情もあってか、チャーチルの帝国観は観念的で、道義的色彩が強い。

「啓蒙された社会にとって肥沃な地域と多くの人口を野蛮な状態から教化すること以上に高貴で有益な事業はあろうか。争い合う部族に平和をもたらし、暴力しか存在しないところに正義を行い、奴隷を鎖から解き放し、大地から豊かさを引き出し、商業と教育の最初の種子を植え付け、すべての人々の喜びを増大させ、痛みを軽減すること、人間の努力を引き出すに当たってそれ以上に美しい理想、それ以上に価値ある報酬はあろうか[10]」

二十代のチャーチルは大英帝国の使命について以上のように喝破したが、植民地支配を文明の使命と位置付ける立場は、二十世紀初頭の知的潮流の中では決して特異なものではない。詩人ラドヤード・キップリングが帝国主義賛歌とも言うべき「白人の責務」を発表したのが一八九九年であるから、右に挙げた彼の主張はむしろ時代の精神を反映したものとも言える。

もちろんチャーチルは、植民地経営を単なる慈善事業と見なしていた訳ではない。しかし、帝国を取り巻く環境が大きく変化する中でも、こうした確信は基本的には変わっていないように見える。例えば、一九三九年四月、ロンドンのカナダ・クラブで行った演説においても、彼は帝国の歴史的使命に思いを致す。

「なぜかくも多くの国から（大英帝国の）我々は注目を受けるのであろうか。それは軍備競争で優位に立ったからではなく、密かに計画した外交的陰謀で得点を稼いだからでもなく、また、むき出しの力を誇示し、恐怖をもたらしているからでもない。（中略）マグナ・カルタ、人身保護法、権利請願、陪審裁判、コモンロー、議会制民主主義といった我々の歴史にまなざしを向けるのだ。これらは、英国民族が指導的地位と自由にむけて行進してきた道に印された道標であり、記念碑である」[11]

もとよりこうした見方の裏側に見え隠れするのは、被支配民族に対する蔑視であり、現代的な基準に照らせばチャーチルを人種差別主義者と断ずる理由はあろう。しかし、同時に留意すべきは、こうした帝国観が英国の為政のあり方について道徳的羅針盤の役割を果たした点である。オンダーマンの戦いの後、彼がキッチナーを厳しく批判したのも、マフディの墓を暴いた彼の行為がこの羅針盤に照らして断罪に値すると判断したためである。

また、一九二〇年、前年のインドのアムリッツァーで発生した虐殺事件を受け現地指揮官のダイアー准将に対する処分が議会で議論された際、チャーチルは非武装の住民への発砲を許可したダイアーの行為を「テロリズム」と断じた上で、こうした恐怖政治が「英国流のものごとのやり方」ではないことは明確にしなければならないことを強調した。[12]

もし、英国が被支配地域の住民の安寧を確保する道義的責任を有しているとすれば、現地政府が適切な統治能力を備える以前に宗主権を移譲することは、こうした責任の放棄を意味しないか。これは、正にチャーチルがインドへの自治権の付与に反対した際に展開した論理である。

一九三一年三月、ロイヤル・アルバート・ホールで開催された反対集会で演説したチャーチルは、インド国内に六千万人を数える「不可触民」が抑圧された状況におかれていること、英国が統治から手を引けば、ヒンズー教徒とムスリム教徒の間で激しい内戦が勃発する恐れがあることを指摘しつつ、「インドを現地支配層の統治に委ねることは、残酷で邪悪な過怠である」と断じた。[13] 後年インド独立の際に多大の犠牲のもとでパキスタンが分離したことに照らせば、この指摘はチャーチルの先見性を示す、もうひとつの例とも言える。

議会制度への信頼

これまで英国を取り巻く状況の変化との関係でチャーチルの政治観について議論してきたが、

結局のところ彼は一体どのような政治家であったのであろうか。筆者は、次の三つのことが重要と考える。

第一に、チャーチルは様々な意味で歴史観の政治家であった。

既に指摘したように、彼の政治観の根底には、大英帝国が文明史の一つの到達点であるという確信がある。ただ、こうした見方は、同世代の政治家が大なり小なり共有していたものであり、必ずしも彼特有のものとは言えない。むしろチャーチルの歴史観がユニークなところは、歴史は偉大な人物によって形作られるものと捉えていた点であり、そうした認識は彼の政治家としての生きかたに深い影響を与えた。

彼が一九三〇年代に書いた著書に『同時代の偉人たち（*Great Contemporaries*）』と題する本がある。この本はハーバート・アスキス、国王ジョージ五世など、親交があった同時代の人物評をまとめたものであるが、そのまえがきの中でチャーチルは、「（これらの人物評を）まとめて見れば、個々の俳優だけではなく、舞台の情景が浮かんでくるであろう。順序どおりに並べれば、歴史的叙述の足がかりになるだろう」と述べている(14)。

こうした歴史の捉え方は唯物史観の対極に立つものであり、チャーチルの共産主義に対する敵意の背景には、人間の営為を軽視する傾向への強い違和感があったのであろう。

歴史を偉人による行為の帰結と見る認識は、「ホイッグ史観」の一つの特徴であり、ここでもマコーリーの影響が感じられるのであるが、チャーチルの場合には、こうした歴史認識が持って生まれた人一倍の野心と結びつくことによって、古今の政治家の中でも飛び抜けたエネルギーを生み出すのである。

特に、「人類の物語は戦争である」と述べたチャーチルにとって、歴史が作られる舞台は戦争であった。彼は戦争のもたらす災厄に嫌悪感を隠さなかったが、同時に戦争こそが歴史が自らに与えた働き場所と考え、常にそこに引き寄せられるのであった。第一次世界大戦開戦直後のアントワープ攻防戦を巡るチャーチルの行動は、彼の「好戦的」性格をよく表している。

一九一四年九月、マルヌの戦いで仏軍が独軍の侵攻を食い止めた後、英国にとっての最大の懸念は、ドイツが対仏正面を迂回し、英仏海峡の大陸側の戦略拠点を占拠することにあった。十月に入ると、ベルギー政府はブリュッセルを放棄することを余儀なくされ、国王アルベールと共にアントワープに一旦避難したものの、英国政府に対しては同地に踏みとどまることも困難になりつつある旨を連絡してきた。英国政府は事態を憂慮し、海軍大臣のチャーチルを現地に派遣する。

チャーチルの役割はベルギー政府首脳を激励し、出来る限り長く抵抗を続けるよう説得することにあった。しかし、現地入りしたチャーチルは当初の任務にあきたらず、外套にヨット帽という珍妙な格好で市内を歩き回ると、来るべき独軍の攻撃に備えた防衛体制について次々に指示を下す。そしてにわか「司令官」の役割がよほど気に入ったのか、本国のアスキス首相に対し、海軍大臣の職を辞し、アントワープの司令官に正式に就任することを打診する電報を送る。チャーチルのこの突飛な提案は閣議で一笑に付され、数日後には帰国の途につく。

彼自身、後年当時の状況を回想し、「もし十歳年をとっていたならば、(アントワープへの特使などという)見込みのない仕事を引き受けることはためらったはずだ」と述べており、若気の至りに属するものかもしれない[15]。しかし、軍功を求めて戦場を渡り歩いた軍人時代に始まり、チャーチルの経歴を振り返れば、戦場での栄光によって歴史に名を残すことが一つの妄念となっていたことは否定しがたい。

第二に、アントワープ攻防戦を巡る挿話が示す通り、チャーチルはすぐれて問題解決型の政治家であった。

彼は、小さなものから大きなものまで、目の前に置かれた問題はすべて解決しないと気が済まない性格であった。それは、一種の強迫観念と言っても良い。彼にとっては、「取りあえず何もしないで様子を見る」とか、「適当な時期まで解決を先延ばしする」といった対応は、初めから選択肢に入っていない場合が殆どであった。

戦争とは、何十元、何百元もの方程式を瞬時に解いていくプロセスであり、こうした性格は戦争指導者としては不可欠な資質であろう。しかし、平時においては、「待つ」ことを知らない政治家は大きな成功を望めないのが世の常である。チャーチルが戦時の政治家としては超一流であっても、平時の政治家としては（贔屓目に見て）一流半に留まったのもこのためと言って良い。

一つの例が、エドワード八世の退位問題への対応である。

一九三六年一月に父ジョージ五世の後を継いで即位したエドワード八世は、夏頃からアメリカ人の既婚女性、ウォリス・シンプソン夫人との関係を深め、真剣に結婚を考えるようになる。

英国の憲法上、国王が離婚女性と結婚することは妨げられていないが、海外自治領は何れも彼女を女王として戴くことを拒否する見通しであったため、エドワードが結婚を強行すれば、時の首相スタンリー・ボールドウィンの辞任は不可避と見られた。そうなれば、首相辞任の結果として実施される総選挙において、エドワードが立憲君主としての政治的中立性を維持することは困難となり、深刻な憲法問題を招来することとなる。いわゆる「退位危機」である。

チャーチルはエドワードの個人的友人ではあったものの、当時は公職を持たない一介の国会議員に過ぎず、問題に関与する必要は全くなかった。しかも、当時彼は、ナチス・ドイツの脅威に対抗して軍備の強化を求める国民運動の先頭に立ち、ボールドウィンを政治的に追い詰めつつあった。国民に圧倒的に不人気なエドワードの肩を持って、問題に口出しすることは、政治的には愚の骨頂とも言えた。

しかしながら、チャーチルはエドワードから私的な相談を受けると、拙速に退位を求める動きを抑えるべく運動を始める。彼にとっては、政治的にはほうっておいた方が良い問題であっても、解決を試みずにはいられないのである。

結果的には、この試みは大失敗に終わり、同僚議員に冷静な対応を呼びかける彼の議会発言は、野次と怒号に遮られ、中途で着席することを余儀なくされる。チャーチルは、長い政治家人生において、しばしば敵対的雰囲気の中で議会の発言に立ったが、言いたいことの半分も言えずに着席する屈辱を経験したのはこの時だけであろう。しかも、この失策のおかげで、彼の政治家としての信用は損なわれ、軍備強化キャンペーンにも水が差される。逆に、退位危機に毅然と対応したことで、ボールドウィン株は急上昇したので、問題の政局への影響は決して小さくなかった。

第三に指摘すべきは、チャーチルが本質的には中庸を求める政治家であった点である。この点は、第二次大戦前夜に宥和政策と激しく闘った彼の経歴からすると、少し意外かもしれない。

チャーチルは、二度の鞍替えを経験したことが示唆する通り、自由党にしろ、保守党にしろ、既成政党に本当の意味での居心地の良さを感じることはなかった。彼が理想としたのは、中道・穏健勢力を結集する政治集団の創設であり、このアイデアは彼の政治経歴の様々な段階で浮上する。

例えば、まだ政界入り前の一八九六年、母親に宛てた手紙の中で、彼は、将来の政党は保守主義と自由主義それぞれの穏健派を取り込んだものとすべきとしつつ、自由党に所属しながら「進歩的なトーリー」と位置付けられるローズベリー卿と、保守党における「分別ある過激派」ジョゼフ・チェンバレンが連携することに期待感を表明する。(16)

チャーチルが、「人民予算」問題を背景とした連立交渉の熱心な支持者であったことは既に触れたが、第一次大戦中も、挙国一致内閣の設立を目指して保守党の指導者であったアーサー・バルフォアの入閣を画策しているとの噂が流れ、アスキス首相に対して釈明を行う局面があった。

一九二三年の総選挙で、主要政党の何れもが過半数を制することができなかった際、アスキスは労働党と連携してボールドウィン政権を下野させた上で、ラムゼイ・マクドナルドの下で労働党の少数政権が成立することを妨げない作戦に出た。チャーチルはこの作戦に大反対で、アスキス政権に保守党が暗黙の支持を与える形での事実上の中道連立政権の設立を主張した。当時彼は落選中で、いずれにしても自由党内の政策決定に影響を与える立場になかったが、ここでの路線の違いが彼の保守党への鞍替えを決定付けたと言っても良い。

さらに、第二次大戦末期、挙国一致内閣が終わりに近付いた時も、彼はアーネスト・ベヴィンなど労働党の穏健派を取り込んで、何らかの形で連立政権を維持することを夢想していた。

こうしたチャーチルの中道志向は、体制を擁護し、社会の安定を図るためには階級間の均衡が必要であるとの認識によるところが大きい。「人民予算」問題や一九二六年のゼネラル・ストライキの際のように、この均衡が崩れそうになる時の反応が過激であるため、チャーチルはとかく対決色の強い政治家と見られがちであるが、本来は異なる政治勢力の間の宥和を重視する政治観の持ち主であったことを見過ごすべきではない。

対外関係においても、戦間期にドイツに対抗した軍備の増強を主張し、チェンバレンの宥和政策に反対したことから、チャーチルは「力の政治」の信奉者であるかのごとき誤解が多い。確かに、彼は力を信奉していたが、それは問題の平和的解決を追求する裏付けとして力が必要であるとの信念に基づいていた。彼が反対したのは「弱さからの宥和」であり、「強さからの宥和」については常にこれを支持した。

第二次大戦の終結から一年余りしか経たない、一九四六年九月、チューリッヒで講演したチャーチルが「これから私は皆様を驚愕させることを申し上げます」と前置きした上で、「欧州という家族を再構築する第一歩は、フランスとドイツの間のパートナーシップであります」と言い切ったのも、「強さからの宥和」の必要性に対する確信に基づく。[17] この確信は、若き日にボーア人との和解を呼びかけた時から変わっていない。

歴史観、問題解決のための飽くなき意欲、中道志向といった性向は、人格面から彼の政治観を形作る重要な要素と言えるが、それらは必ずしも規範的な意味は持たない。それでは、最も本質的な部分で、彼の政治観を規定するものは何か。

筆者の考えでは、それは議会制度への信頼であった。議会は、チャーチルが崇高とみなす英国における文明史の到達点であり、全力をかけて擁護すべき体制の核心でもある。

一九三〇年、オックスフォード大学での講演で、彼はこう述べる。

「私は、英国議会、特に下院は、世界の様々な議会の中で唯一、生命力を持ち、支配力を行使している存在であると考える。それは、世論の迅速な発露の場であり、避けがたい階級的、社会的紛争の場（中略）でもある。国務大臣が選ばれる母体でもあるし、これまでのところ行政権を行使するためのしっかりした、信頼できる土台ともなっている。

私は、こうした議会制度が我々にとって比類なく貴重なものであると考えている。この制度は、人々の営みと国家の行動とを結び付ける上で、これまでのところ最も緊密なやり方を提供しているように思える。それは、明らかに無限とも言える柔軟性を持っているし、あらゆる形の革命的、或いは反動的暴力に対する有効な緩衝材ともなっている。

この制度が健全な力を発揮するよう維持し、外部勢力による侵食を防ぐと共に、才覚、関心、名声を有する国家的人材をもとに一つの世代から次の世代へと更新し続けていくことは、忠良な国民の義務である(18)」

チャーチルの見るところ、個々の政策課題に関する論争がいかに激しいものであっても、議会が健全に機能している限り、国家の秩序と安定は確保され得る。逆に、内部からであれ、外部からであれ、議会制度とその前提となる個人の自由への挑戦が生じた際には、全力を挙げてこれを排除しなければならないのである。

チャーチルの公式の伝記の著者であるマーティン・ギルバートは、彼の政治哲学について次のように述べているが、これに付け加えることは殆どない。

「チャーチルの政治哲学において、互いに関連する三つの脈絡は次の通りである。国内においては、『階級間の敵意の宥和』。『海外における激しい憎悪と敵意の宥和』。そして、英国、西欧、英国支配下の地域における議会制民主主義と民主的価値の擁護。可能な場合には常に、用いるべき方策は和解策であり、とるべき道は、中間的で、穏当なものであるべきである。しかし、力なくしては、自由主義的価値を守れない場合には、力を用いなければならない(19)」

政治的遺産「チャーチル・コンセンサス」

冒頭の問いかけに戻って、チャーチルの政治的経歴をトータルに見た場合、どのような評価が可能か。

政治家の歴史的評価が結果論で定まるのであれば、彼の人生は失敗であったとの見方も可能であろう。一九五五年に首相を辞任した際、彼が社会改革を通じ擁護しようとした体制はとうに崩壊していた。また、大戦の勝利にも拘らず、大英帝国は落日の直前にあった。

しかし、英国の政治の大きな流れに着目すれば、チャーチルが労働党との戦時連立内閣において確立した政治的コンセンサスは戦後政治の方向を決定づけ、その影響は今日も続いていると言っても過言ではない。

すなわち、そのコンセンサスとは対外的には米国との同盟関係を通じ、国益の擁護を図る一方で、対内的には国民の福祉確保のため国家の積極的な介入を是認することにあった。一九四五年七月に成立した労働党政権は主要産業の国有化や国民健康保険制度の導入などの積極的な国家介入策を展開する一方、党内左派の抵抗を抑えつつ、米国との同盟関係を堅持することに腐心する。

他方、チャーチルにとって戦時内閣の下での国家介入は多分に戦争遂行の必要性に迫られたものであったが、一九五一年に政権に復帰した際も労働党によって導入された施策の殆どを継承している。

対米同盟と国家介入に立脚する「チャーチル・コンセンサス」は、その後の保守党、労働党政権によって継承され、一九七〇年代末、マーガレット・サッチャーが市場経済原理の徹底的な追求を目指した、「サッチャー革命」に着手するまで、英国政治の基調をなしてきた。

そしてサッチャー以後の英国の政治においては、労働、保守両党において市場経済と社会的公正のバランスを図るため、国家の役割を積極的に位置付ける考え方が主流となっていることを考えれば、「チャーチル・コンセンサス」は今も生き続けていると言っても差し支えない。

言い換えれば、チャーチルがそれを意図したかどうか、また、それを是としたかどうかは別にして、彼は帝国亡き後の国家像を示したわけである。

チャーチルのような規格外れの政治家が現代に再び現れることがあるか。時代がそれを許さない、というのが筆者の結論である。

一九五三年六月、チャーチルはイタリアのデ・ガスペリ首相を迎えた晩餐会の終了間際、脳卒中で倒れる。倒れた直後は重度の言語障害に陥り、トレードマークのシガーを咥えることもままならない状態で、同年十月の党大会で奇跡的な復活を遂げるまでロンドン郊外の別邸でリハビリ生活を余儀なくされる。

重要なことは、この間主要報道機関の非公式な申し合わせにより、チャーチルの病状は一切報道されなかったことで、国民は数ヶ月間国政の最高責任者が全くの機能不全に陥っていることを知らなかったことになる。こうした報道機関の対応は、大戦勝利の功労者である彼に対する尊敬の念を示すものとも言えるが、現在ではおよそ考えられない取扱いと言えよう。

また、第二次内閣も末期に近づくと、朝方はベッドの中で仕事をするという、チャーチルの政治スタイルは時代感覚にそぐわないものになりつつあった。

一九五五年六月、後の首相ハロルド・マクミランは、水爆の脅威について意見を聞きたいとするチャーチルの呼び出しを受け、首相官邸を訪れる。寝室の中では、当時彼がペットにしていたインコのトビーが飛び回り、彼の頭の上に止まったり、ベッドサイドにおいてあるハイボールに嘴を突っ込んだりしていた。

「彼（チャーチル）は、長所もあり、短所もあるが、ユニークで、愛すべき人物である。鳥は部屋の中を飛び回る。私の肩に止まったり、嘴でつついたり（首にキスしたり）もする。その間中、マエストロの口からは、人類がこれまで知る中で最も破壊的で、恐るべき大量兵器に関してギボン流の文章が朗々と発せられる。鳥の方はと言えば、アメリカの映画女優のようなハスキーな声で一言、二言、合いの手を入れるのである[20]」

マクミランが日記で回想するような風景を、現在いかなる国の首相官邸においても想像することは難しい。

こうして見ると、チャーチルは時代の流れにかろうじて「間に合った」政治家であったと言えるかもしれない。そのことを神に感謝したい。

第三章　パグ犬と子猫ちゃん——チャーチルの夫婦愛

「私の可愛くて、いとおしい豚さんへ　私がしなびたお婆さんになったとき、私の癇癪であなたの暮らしと機嫌を台無しにするようなことがあれば、どんなに惨めなことでしょう。私を愛するのを止めないで。それなしにはやっていけないから。もし誰も私のことを愛してくれなければ、私は（中略）外面はとげのあるハリネズミのように見えて、内側は寒々として不幸になってしまうわ」（一九一三年十一月、クレメンティーンからウィンストンへ）

「君の可愛い手紙を読んで本当に嬉しかった。君は本当に僕のことを知っているし、本能的に良いところと悪いところが分かってしまう。残念ながら僕には自分のことが良く分かっていない。（中略）君が僕を愛してくれることは、僕の身の上にこれまで起こったことの中で最も晴れ晴れしく、幸いなことだし、これからもそうだろう。僕が君に抱いている愛情はこの世で起こることなどで変わったりしない。ただ、自分が君にもっと相応しくなるよう、君の魂の求めにもっと応えられるようになることを祈るだけだ」（同年同月、ウィンストンからクレメンティーンへの返事[(1)]）

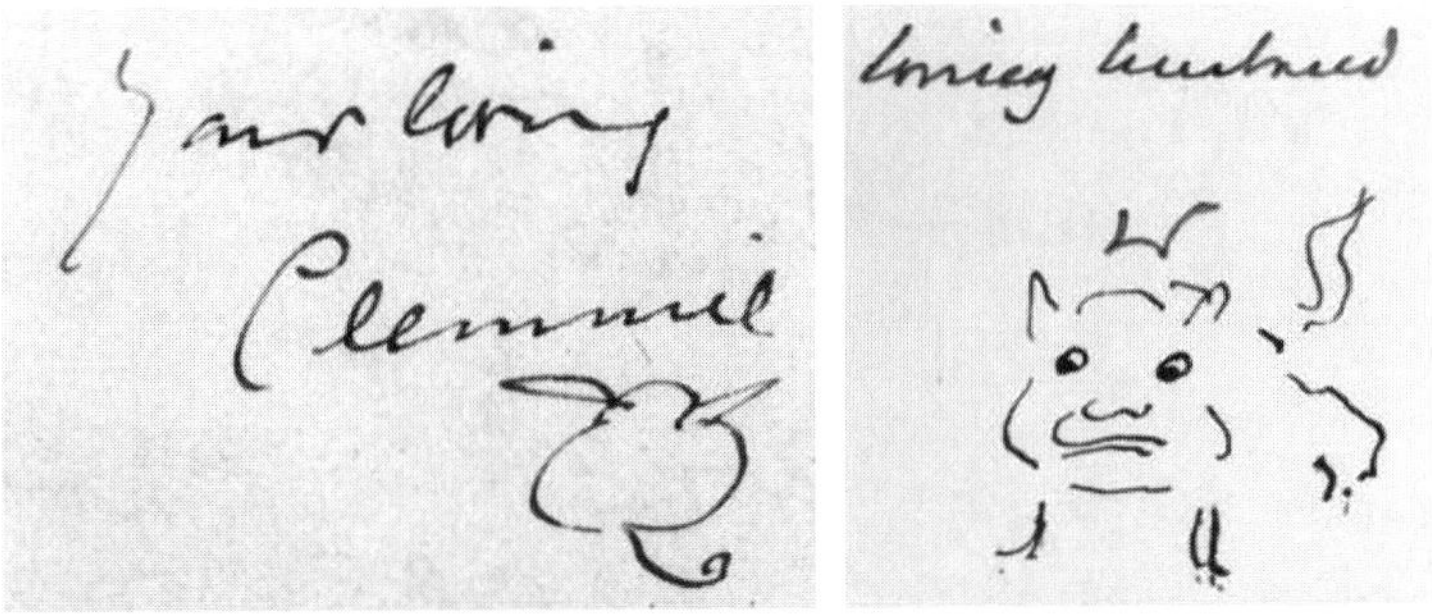

右はチャーチルが描いたパグ犬（©Winston S. Churchill）、左はクレメンティーンが描いた猫（©Churchill Archives Centre）

チャーチルと妻クレメンティーンは五十七年間の結婚生活を通じこのような手紙を数多く交わした。ケンブリッジ大学にあるチャーチル文書館（Churchill Archives Centre）には二人の書簡や電報など千七百通余りが保管されているが、この他にも「家庭郵便（house-post）」と呼ばれる、家の中での書き付けのやり取りもあったようなので、それらも含めれば夫婦間の手紙の総数は膨大な数に上るであろう。

　これらの手紙には時々の二人の心境が極めて率直に書き記されており、チャーチルの歩みをたどる史料の宝庫といっても良い。多くの手紙の末尾には、お互いの愛称に因《ちな》んでチャーチルの手紙にはパグ犬[2]の、クレメンティーンの手紙には猫の絵が描き添えられていて、お互いを愛おしく思う気持ちが滲み出ている。

　実際チャーチル夫妻のお互いへの献身は生涯揺らぐことなく、二人の絆は古今の政治家カップルの中でも最も強いものの一つであるように思える。特に、クレメンティーンは人生のすべてを夫のキャリアのために捧げたと言っても過言ではなく、内気で、人見知りする性格にも拘らず、チャーチルを守るためであれば相手が誰であれ闘うことを躊躇しなかった。

チャーチルの方も彼女の献身には常々感謝を忘れなかったが、生来の自己中心的な行動でクレメンティーンを「キレる」寸前に追い込むことも度々あった。しかし、直感的で、即断即決型の夫とは対照的に、慎重で、客観的に物事を見ることができるクレメンティーンの存在は彼の政治家としての成功に大きく貢献したと言っても良い。

皮肉なのは、チャーチルも、クレメンティーンもとても模範的とは言えない夫婦から生まれてきたこと、そして成人した四人の子供たちも、末娘のメアリーを除き、幸福な結婚生活には恵まれなかったことである。

「(始祖の)モールバラ公ジョン以来、道徳心や節操を備えたチャーチルなど一人もいない」

右はモールバラ公爵家を評したグラッドストンの言葉であるが、同家は英国貴族界屈指の名門でありながら、世間からは常に侮蔑の目で見られてきた。

始祖ジョン・チャーチルは十八世紀初頭のスペイン継承戦争の英雄で、ワーテルロー会戦のウェリントンと並ぶ、英国史上最高の軍指揮官と言われる。オックスフォード郊外に今も残る邸宅ブレナム宮は、ジョンが卓越した用兵で仏・ババリア連合軍を破ったブレナムの戦いに由来する。

軍事的栄光の一方で、ジョンの政治的行動には昔から毀誉褒貶が伴った。もともと彼が顕職についたのはジェームズ二世の恩寵を得たことによるが、名誉革命に際してはオレンジ公ウィリアムの側に寝返る。ウィリアムが国王に即位(ウィリアム三世)した後は逆に亡命中のジェームズと通じた廉で公職を解かれ、一時はロンドン塔に幽閉される。ウィリアムを継いだアン女王の下で復権し、前述の軍功により権力の絶頂に達するが、再び讒言《ざんげん》を受けて失脚、最後はジョージ一世の即位に伴い地位を回復し、大往生を遂げる。

このような波乱万丈の経歴を通じ、ジョンについては忠誠心を欠く権謀家という歴史的評価が定着しており、チャーチルが全四巻からなるジョンの伝記を執筆した動機はこうした汚名を雪《すす》ぐことにあった。

グラッドストンの言葉から推察されるように、ジョン以降のモールバラ家には家名を高めるような傑出した人物は見当たらない。逆にチャーチルの伯父にあたる第八代モールバラ公などは、浪費、淫蕩の限りを尽くし、ある研究者の言葉を借りれば、「英国最高の爵位を汚した最も不名誉な人物の一人」とされる(3)。

チャーチルの父、ランドルフ・チャーチルはその第八代モールバラ公の弟で、彼自身の行状も世間に誇れるものでなかったことは第一章で触れた。そのランドルフがある舞踏会で出会い、一目ぼれに近い形で結婚を決めたのが、米国の富豪レナード・ジェロームの次女ジェニーである。ランドルフとジェニーの結婚は、十九世紀末から第一次大戦までの期間に一つのブームとなった、英国の貴族と米国の富豪の娘との縁組のさきがけとも言える。

米国においては南北戦争後の好景気で多くのにわか成金が生まれたが、東海岸のエスタブリッシュメントの閉鎖性のために米国内で社会的地位を得ることは容易ではなかった。一方英国においては、十九世紀後半の長期的価格デフレの下で多くの貴族が地代収入の落ち込みによる財政難に直面していた。米国の資本家の名誉欲と英国の貴族の経済的必要性が結び付くことで、大西洋を越えたカップルが数多く生まれたわけである。

チャーチルのいとこにあたる第九代モールバラ公の結婚はその典型例で、米国の鉄道王ヴァンダービルトの娘、コンシュエーロとの結婚により当時の金で一千万ドル相当の持参金がモールバラ家に渡ったと言われる。因みに、コンシュエーロにとってこの結婚はもともと意に染まないもので、モールバラの遺伝病とも言える夫の不貞もあって、十年余りのうちに破局に終わる(4)。

ジェニーの父、レナード・ジェロームはニューヨーク株式市場で財をなした投機家で、ブロンクスには今なお彼の名前を冠した公園が残っている。一八六七年、妻クララは静養のため三人の娘と共にパリに渡る。その後普仏戦争の難を避けるためロンドンに移ると、一八七二年にジェニーが社交界にデビューする。ジェニーは持ち前の美貌と華やかな性格でたちまち人気者となり、エドワード皇太子のお気に入りの一人でもあったと言われる。

ランドルフとジェニーは相思相愛で結ばれたため、第九代モールバラ公のような政略結婚とは性格を異にしていたが、それでも両家の間の持参金を巡る交渉は難航したようである。弁護士を間に立てた交渉が妥結し、二人がパリの英国大使館で結婚したのは一八七四年四月、その年の十一月には長男ウィンストンが生まれる。

第一章でも触れた通り、ランドルフの政治的キャリアは一八八六年の大蔵大臣就任まで目覚しい上昇軌道をたどった後急降下し、最後は業病の闇に消えていく。ジェニーはこの間夫を見捨てることなく、最晩年の数年間は献身的な看病を行ったとされるが、同時に持ち前の奔放な性格から、夫の生前から多くの男性と関係があった。

ランドルフの死後もジェニーの華やかな男性遍歴は続く。一九〇〇年に二十歳年下の恋人と再婚、十四年後に離婚すると、六十歳も優に越えた一九一八年に再び二十歳年下の相手と結婚、一九二一年にこの世を去るまで恋多き人生は枯れる様子を見せなかった。

一方クレメンティーンの母、ブランシュ・オギルヴィーの奔放さもジェニーに勝るとも劣るものではない。

オギルヴィー家は十二世紀に遡るスコットランドの伯爵家の一つであり、ブランシュは第十代のエアリー伯、デーヴィッドの長女である。一八七八年、十四歳年上のヘンリー・ホジアーと結婚するが、クレメンティーンを含め四子をもうけた後、一八九一年には夫婦関係は破綻する。破局の原因は、ブランシュの不倫の現場に踏み込んだヘンリーが離婚を申し立てたことによるが、その後ヘンリー自身の不倫の証拠も上がって離婚の話し合いは痛み分けに終わったようである。

ヘンリーはブランシュの貞節を疑い、長女のキティーと次女のクレメンティーンだけが自分の子供で、双子であった長男、三女の父親は別人と信じていたが、実際にはクレメンティーンの父親が誰かもはっきりしないらしい。

チャーチルの四女メアリーが書いたクレメンティーンの伝記によれば、彼女の実の父親と噂された人物は二人で、それぞれ興味深い歴史的背景がある。

一人は当時乗馬の名手として知られたベイ・ミドルトンで、彼はオーストリア皇帝フランツ・ヨーゼフの皇后エリザベートの恋人として噂されたことがある。悲劇の皇后として知られるエリザベートはウィーンの堅苦しい雰囲気を嫌い、外国で暮らすことを好んだが、一八七〇年代の一時期、狩のシーズンにはイングランドやアイルランドを訪れることを常とした。その際彼女のお相手を申し付けられたのがミドルトンで、二人の親密さは当時相当のゴシップとなったようである。

クレメンティーンのもう一人の「父親候補」はブランシュの義理の弟のバートラム（バーティー）・ミットフォードで、彼は日本とのつながりが深い。

一八五八年外務省入りしたミットフォードは、一八六六年から三年余り日本に在勤し、パークス公使や同僚のアーネスト・サトウなどと共に、幕末・維新の激動の目撃者となる。日本語に堪能で、木戸孝允や伊藤博文の知遇を得たミットフォードは日本のよき理解者であり、彼が明治末期、最後の訪日の印象を交えて書いた回想録は我が国への愛情で満ち溢れている。

ヘンリーとの別居後、最初の二人の子供を巡る親権の争いから一時期フランスで潜伏生活を余儀なくされるなど、ブランシュの生活はなかなか安定しなかった。また、右に述べたような行状から見て彼女の世間の評判には芳しからざるものがあったはずで、クレメンティーンが社交界にデビューした際にも知人に娘の引き回しを頼まざるを得なかったことに、そのあたりの事情がうかがえる。

クレメンティーンがチャーチルと結婚した後も、ブランシュは再婚することなく、残りの人生の大半をフランス北西部の海辺の街、ディエップで過ごした。彼女の老後の趣味はギャンブルで、世間に気兼ねすることなくカジノに出入りが出来る気楽さが彼女を外国暮らしに惹きつけたのであろう。因みに、クレメンティーンの双子の妹弟、ネリーとビルは何れもギャンブル狂で、ビルは一九二一年にパリのホテルで拳銃自殺している。クレメンティーンが、夫の賭け事に強い嫌悪感を示した背景にはこうした家族の悲劇があったのであろう。

様々な証言から見て、クレメンティーンとブランシュとの関係は概ね円満で、愛情に満ちたものであったようである。しかし、「ふしだらな」母親を持ち、少女時代に不安定な生活を余儀なくされたことは、潔癖さ、道徳心の強さ、対人関係における警戒心の強さなど、彼女の人となりに深く影響しているように思える。

出会いと結婚

チャーチルとクレメンティーンが初めて会ったのは、一九〇四年夏、ロンドン某所で開かれた舞踏会である。当時チャーチルは二十九歳、保守党から自由党への鞍替えの直後で、一方クレメンティーンは社交界にデビューして間もない十九歳であった。このときは、単に挨拶を交わしただけで、二人が次に再会するまで四年の歳月が流れる。

一九〇八年三月、クレメンティーンは遠縁の夫人から急に欠席することになったゲストの穴埋めに夕食会に出るように頼まれる。急な話で、手持ちのドレスの数も少ない彼女は気が進まなかったが、母親に促されて出席することとする。同じ夕食会に招待されていたチャーチルは当時植民地省次官で、やはり一旦は出席をキャンセルしたものの、秘書官の説得で渋々顔を出すことにする。

若き日のクレメンティーン

このようにチャーチルとクレメンティーンの再会は多分に偶然の巡り合わせによるのであるが、食事の席で隣り合った二人はたちまち意気投合する。

チャーチルは感動すれば人前でも涙を流す人情家で、クレメンティーンとの関係を見てもわかるとおり、女性との間で深い愛情を育む能力を持っていたが、いわゆるプレイボーイではなかった。いかつい容貌も一つの難点ではあったが、より大きな問題は余りにも自己中心的であったことであろう。彼は社交の席で女性と隣り合わせになっても、自分のことか、政治のことしか話さず、別の話題になると退屈そうに黙り込むのが常であったと言うから、女性にもてるために必要な忍耐強さやまめさを備えていたとは言い難い。

一方クレメンティーンは、現在残っている写真からもわかる通り、当時評判の美人で、言い寄る相手も少なくなかった。実際彼女はチャーチルと結婚するまで二度婚約しており、一度は対外的に公表し、結婚祝いが届き始めた後に解消となっている。いずれの場合も、クレメンティーンの逡巡が婚約解消の原因で、こうしたところにも彼女の慎重な性格がうかがえる。

さらに、彼女は当時の上流階級の女性の基準に照らせば、疑いなく進歩的で、政治や社会に対する高い意識を備えていた。彼女は、母親の説得で断念したものの、大学へ進学することを真剣に考えるほど強い向学心を持っていた。また、社交界にデビューした後も彼女の生活は依然不安定で、フランス語の家庭教師で家計の足しにしていたと言うから、「蝶よ、花よ」で育てられた貴族令嬢とは異なり、世の中の現実についても、より深く理解していたはずである。

チャーチルは四年前の最初の出会いの時からクレメンティーンの美しさに印象付けられていたとされるが、夕食会で会話を交わすにつれ彼女の内面的な魅力にすっかり惹きつけられる。第二章でも述べた通り、この頃のチャーチルは社会改革の実現に邁進していた時期であり、自分の理想や取り組みについて熱心に語ったに違いない。普通の女性にとっては退屈で、消化不良を起こしそうな話題も、進歩的な社会意識を持つクレメンティーンの心の琴線に強く触れるところがあったはずで、彼女は熱心に耳を傾け、時に自分の意見も述べたと想像される。このようなやりとりを通じ、チャーチルが政治家としての関心を共有できるパートナーに初めて出会ったとの感に打たれたとしても不思議ではない。

実際のところ政治が人生のすべてであるチャーチルにとって自分の関心を共有し、適切な助言を与えてくれるクレメンティーンのような伴侶をみつけたことは本当に幸運であった。

チャーチルの末娘メアリーは、クレメンティーンの伝記の中で、政治家チャーチルにとっての彼女の重要さについて次のように説明している。

「クレメンティーンがウィンストンの公的な活動において与えた支援は重要な価値を持っていたが、彼女が政治的な意味で本当に影響力を働かせ、有用性を示したのは私的な部分であった。（中略）鋭い関心、物事から距離をおいた視点、高度に発達した批判能力、高邁とも言える誠実さ、それらのすべてが彼女をかけがえのない相談相手にした。ウィンストンは彼女を完全に信頼していたし、時として彼女の意見に同意しないことはあっても、常に意見の内容がいかなるものであるか知りたがった。彼はクレメンティーンに演説の草稿を見せた。彼女の批判にいらいらすることも度々あったが、彼女の助言を常に取り入れるわけではなかったこと自体は重要なことではない。クレメンティーンがウィンストンと議論を闘わせる意思と勇気と能力を備えていたという事実そのものが、二人の人生を通じて計り知れない重要性を持っていたのである」(5)

一方チャーチルが政治に没頭する分、家計のやりくりや子供の教育など、家庭を維持していくための諸々の負担がクレメンティーンの双肩にかかったことも事実で、彼女にとっては大きなストレスであったに違いない。

また、クレメンティーンは政治に旺盛な関心を持っていたが、政治に不可避的に伴う胡散臭さには嫌悪感を隠さなかった。彼女自身の政治信条は多分に十九世紀後半の自由主義に立脚しており、若手自由党政治家たるチャーチルに惹きつけられた理由もそこにあるが、彼が保守党に復帰し、「反動化」し始めると、彼を取り巻く政治的世界には違和感を持つようになった。彼女が、F・E・スミスやマックス・ビーヴァーブルックといった、チャーチルの「政友」に対して概して冷淡な態度をとったことにも、こうした微妙な感情のずれが現れている。

以上の事情もあったためか、子供が大きくなったあたりから、クレメンティーンはチャーチルを残して一人で旅行に出かけることが多くなる。例えば、一九三四年年末から翌年の四月まで約四ヶ月間、彼女は、インドネシアのコモド島で大とかげを捕獲し、ロンドン動物園に持ち帰る科学調査団に参加する。この旅行は彼女にとっては大冒険旅行で、心底楽しんだようであるが、チャーチルとの生活の息苦しさから時には解放されたいという欲求が動機の一つとなっていたことは間違いない(6)。

いずれにしても、一九〇八年三月の再会後、チャーチルは政治的に慌ただしい日々を送るのであるが、二人のお互いへの気持ちは愛情へと急速に発展していく。

すなわち、チャーチルは四月の内閣改造で商務長官に昇進するが、当時の慣行では新たに閣僚に任命された議員は一旦議席を返上し、補欠選挙を争うことになっていた。この種の選挙においては、野党は対立候補を立てないケースが多かったのであるが、政党を鞍替えした裏切り者のチャーチルにそのような紳士的な対応は認められず、同月二十三日に実際に選挙が行われた結果、彼はマンチェスターの議席を失ってしまう。

しかしながら、一時的に落選しても、将来を嘱望される政治家に対しては議席に欠員のある他の選挙区から「引き合い」があるのが通常であり、チャーチルに対しても落選の数日後にはスコットランドのダンディーの選挙区が用意される。そして、半月で二度目の補欠選挙の結果、無事議席を回復する。

この間クレメンティーンも母親と一緒にフランス旅行に出かけたことなどもあって、二人が直接会う機会は殆どなかったが、手紙のやりとりでお互いの気持ちを確かめ合うと、八月には、チャーチルは彼女をブレナム宮に招待し、正式に求婚する。そして九月には、ウェストミンスターの聖マーガレット教会で挙式が行われ、半世紀以上に及ぶ結婚生活が始まるのである。

政治家の妻として

メアリーが指摘する通り、チャーチルにとってのクレメンティーンの有用性は主として世間の目からは見えない、私的な部分にあった。しかし、そのことは彼女が政治家の妻としての公務を怠ったことを意味しない。

チャーチルが活動した頃の英国では、議員と選挙区との関係は現在の日本のように濃密なものではなかった。マンチェスターからダンディーへの「お国替え」の事例からもわかるように、地縁や人脈と無関係に選挙区の変更が行われることが多々あり、議員自身が地元に戻るのも選挙の前だけということも珍しくなかった。

とは言え、第一次大戦が終わったあたりから、選挙区の議員に対する影響力は段々強まり、政治家にとって地元との円満な関係の重要性も増大していく。チャーチルの場合も、一九三〇年代末期、党首脳部への批判を強めていた頃、当時の選挙区であったエセックス州エッピングの保守党支部では彼への公認を取り消そうとする動きがあった。容易に想像がつくように、チャーチルは地元対策などにきめ細かく神経を使うタイプの政治家ではなく、この部分におけるクレメンティーンの内助の功は決して小さくはなかった。

また、一旦選挙となれば、夫と共に選挙運動に奔走するのは日本と同様であり、特に一九二二年の総選挙におけるクレメンティーンの献身的努力は特筆に値する。前章でも触れた通り、チャーチルはこの選挙の直前に盲腸炎で倒れ、投票日の四日前にようやく地元入りするという苦境に立たされたのであるが、チャーチル不在の間、立会演説会での政見演説を含め、選挙運動の先頭に立ったのがクレメンティーンであった。彼女自身も二ヶ月前に四女のメアリーを出産したばかりであり、結局チャーチルを落選の憂き目から救うことは出来なかったものの、その奮闘ぶりは賞賛に値しよう。

さらに、クレメンティーンはチャーチルが政府の公職にある間の公務にも献身的に取り組んだ。

第一次世界大戦は史上初めての本格的な総力戦で、国民の動員のあり方には種々の試行錯誤があった。当時海軍大臣夫人であったクレメンティーンは、ＹＭＣＡの依頼により、軍需工場における職員食堂の運営に当たることになったが、これは単なる名誉職ではなく、実際の組織運営能力が試される任務であった。

第二次世界大戦中においては、彼女がファーストレディーとしてさらに大きな責任を担うことになったのは言うまでもない。

この時期彼女が最も精力を注いだ事業はソ連支援のための募金活動である。独ソ間の激戦で未曾有の苦難を強いられていたソ連人民に対しては、英国内にも深い同情が存在しており、クレメンティーンの呼びかけには大きな反響が寄せられた。また、政治的に見ると、当時チャーチルは、東部戦線におけるナチス・ドイツの圧力を軽減するため西欧における戦線の開設を求めるスターリンの要求をかわしながら、地中海戦略の完遂に腐心していた時期であり、ソ連への人道支援は一種の「罪滅ぼし」の意味もあった。いずれにしても、一九四五年四月、ソ連赤十字社の招きにより、モスクワを訪問したクレメンティーンは、募金活動の功績によりソ連政府の勲章を受けると共に、スターリンとも面会している。

戦時中のクレメンティーンとチャーチル
AP/AFLO

これ以外にも、チャーチルと共に空襲の被害現場を訪れ、被災者を激励するなど、国民の志気を高めるための活動が戦時中の日課となった。その際の彼女の出立ちを見ると、華美ではないが、エレガントな服装を身につける一方で、スカーフをバンダナ風に使って髪をまとめているのに気がつく。これは当時軍需工場で働いていた女性が安全確保のため取り入れていたスタイルを模したもので、一般国民との連帯を示す一つの演出であった。チャーチルのVサインと言い、クレメンティーンのバンダナと言い、この頃までに政治はイメージの時代に入っていたことがわかる。

一方、彼女が公の目に見えない部分で果たした役割については、当然のことながら全体像を把握することは困難であるが、夫婦間の書簡を含め多数の史料が残されているためその一端をうかがい知ることができる。特に興味深いのは、チャーチルが政治的な危機を迎えた際にクレメンティーンが果たした役割で、一九一五年から一六年にかけての時期がその一例である。

第一次世界大戦勃発後チャーチルは海軍大臣として戦争指導の中心的役割を担うことになるが、一九一五年に入って彼が旗振り役となったダーダネルス海峡突破作戦が不調に終わると舞台は暗転する。同年五月、天才的な軍政家ではあったが、不安定な性格を有する海軍軍令部長フィッシャーが辞表を提出すると、アスキス自由党内閣の土台を揺るがす政治的危機に発展する。

アスキスは政権の梃子入れのため保守党との連立交渉に乗り出すが、保守党党首ボナー・ローは政権への参加の条件としてチャーチルの海軍大臣からの罷免を要求する。チャーチルは自らの政治生命を守るためアスキスに対して猛烈な働きかけを行うが、政治の荒波には勝てず、五月末に発足した挙国一致内閣ではランカスター公領大臣という閑職に追いやられる。

こうした事態において、クレメンティーンが夫の政治的将来に深い懸念を抱いたことは当然であり、五月二十日には大胆にも自らアスキスに対して陳情の手紙を送る。

この手紙の中で、彼女は海軍大臣としてチャーチルに匹敵する知識、能力、活力を有する人物はいないとした上で、アスキスが彼を更迭する理由を「ご都合主義」と批判し、「もしあなたが彼を船から放り出すようなことがあれば、それは弱さの現れであり、連立政権も現在の政府ほど強力な戦争指導体制とはなり得ません。（中略）あなたが（チャーチルのような）価値ある戦時物資を無駄にするのであれば、国家に害を与えることとなるでしょう」と結んでいる。(7)

アスキスはこの陳情を「偏執狂の手紙」と呼んで黙殺したが、一閣僚の夫人から脅迫状まがいの手紙を受け取った首相としては無理からぬところである。なお、アスキスの周辺ではこの手紙の本当の作者はチャーチル自身ではないかとの陰謀説もささやかれていたらしいが、真相は不明である。

海軍大臣の職を解かれた後のチャーチルはしばらく閣内に留まったものの、戦争指導の意思決定プロセスから疎外されたことを機に軍役に復帰することを決意、一九一五年十一月、西部戦線に出征する。

彼は当初歩兵旅団を指揮することを希望し、英国派遣軍司令官フレンチ大将もこれに同意していたが、大隊指揮の経験すらないチャーチルを旅団長に任命することについて議会で批判が起こるのを懸念したアスキスはこの人事を拒否する。

こうした事情もあって、チャーチルは前線に出た直後から、国内政治への復帰のタイミングをうかがうようになり、本国に残るクレメンティーンに対して政局の動きを報告するよう依頼する。彼女はこの任務を忠実に遂行し、様々な政治家との会話の内容などを前線の夫に細かく報告する。この間における二人の書簡のやり取りを見ると、当時の英国政治の裏面史を見るような感もあり、興味がつきない。

さらに興味深いのは、時の経過に伴いしびれを切らし、本国に帰ろうとするチャーチルに対して、クレメンティーンは一貫してほとぼりが冷めるのを待つよう助言を与えていることである。結果的にチャーチルは彼女の助言に逆らい、出征後半年しか経たない一九一六年の五月には帰国するのであるが、アスキスを引き継いだロイド＝ジョージが周囲の反対を押し切って彼を軍需大臣に任命するまでなお一年余りを要することを考えれば、クレメンティーンの判断の方が正しかったと言えよう。

第二次世界大戦中においてもクレメンティーンは、国家の最高指導者となった夫の立ち振る舞いについて細かく目を配り、時として苦言を呈することも憚らなかった。

チャーチルが首相就任後間もない一九四〇年六月、彼女が夫に宛てた手紙はその一例であり、少し長くなるが主要な部分を引用してみたい。

私のあなたへ

あなたが知るべきと思うことを申し上げますので、許して下さい。

あなたの周辺の一人（献身的な友人）が私のところにやって来て、あなたの乱暴で、皮肉たっぷりで、かつ高圧的な態度のために、同僚や部下が軒並みあなたを嫌いになる危険があると言うのです。あなたの秘書官たちは学校の生徒のように言われたことは「はい、はい」と聞いて、肩をすくめながらあなたの面前から逃げ出すことに決めこんでいるようです。より高いレベルにおいても、（例えば会議などで）何かのアイデアを出しても、あなたが余りにも馬鹿にしたような態度をとることが予想されるので、良いものであれ、悪いものであれ、どんなアイデアもやがて出て来なくなるような状況みたいです。これまであなたと一緒に、そしてあなたの下で仕事をし、あなたを愛した人々に慣れ親しんできただけに（その話を聞いて）私は驚き、心配になりました。私がそう言うと、その人は、「仕事の重圧のためであることは疑いない」と言ってくれたのですが。

私の愛しいウィンストン。正直に告白すれば、あなたの態度が悪くなってきたことは私も気づいていました。あなたは以前ほど親切ではありません。

指示を下すのはあなただし、その指示がうまく行かなければ、あなたは国王とカンタベリー大主教と下院議長を除き、誰でもクビにすることが出来ます。従って、この恐るべき権力には、丁重さと思いやり（中略）が伴わなければなりません。（中略）私としては、国家とあなたに仕える人たちがあなたを賞賛し、尊敬するばかりでなく、あなたを愛さなければ耐え難いのです[8]（以下略）」

この手紙に対してチャーチルがどのように反応したかは、史料もなく、不明である。しかし、大戦中彼の下で働いた秘書などの回想録が一様に彼の思いやりやユーモアについて好意的な記述を行っていることから見ると、クレメンティーンの苦言は多少なりとも効き目があったのではないか。

いずれにしても筆者の知る限り、第二次世界大戦中チャーチルに対してこのような形で直言できたのは、クレメンティーンの他、労働党党首として挙国一致内閣に参加したクレメント・アトリーと参謀総長のアラン・ブルック陸軍大将だけであり、彼女の役割の重要性がわかる。

家族の肖像

メアリー・チャーチルは、自らの生い立ちについて、「家ではウィンストンが一番で、二番で、三番でした」と回想しているが、チャーチルの政治的・社会的地位から言って、家庭が彼中心に回ることはやむを得ないことであった。経済的にも、チャーチル家の財政は彼が政治と著述活動から得る収入に全面的に依存していた。

他方で彼が良き夫、良き父であったかというと相当の留保を付さなければいけない。先ずクレメンティーンにとって、チャーチルのエゴは、たまに優しい言葉をかけてもらうだけでは見合わないほど大きなものだったに違いない。

例えば、第一次大戦前後に彼はパイロット免許を取るための教習を受けているが、当時の飛行機は現在とは比べものにならないほど危険なものであった。当然のことながらクレメンティーンは大いに心配し、レッスンを止めるよう何度も懇願するが、チャーチルはこれを聞き入れず、乗っていた飛行機が五十メートルほどの高さから墜落し、九死に一生を得るまであきらめようとはしなかった。

金銭的には、支出と収入の帳尻が合わなければならないことを理解していたという意味において、チャーチルは金銭感覚を欠いていたわけではない。しかし、彼には収入に合わせて支出を切り詰めるという発想は希薄であり、むしろ使いたい分のお金がなければ何とかして収入の方を増やそうとするのであった。

問題は、社会の仕組みから言って、収入が意のままに増えることはあり得ないことと、彼が極めて贅沢な嗜好を持っていたことにある。クレメンティーンは結婚直後友人に宛てた手紙の中で、チャーチルが特別な絹の下着しか身に付けず、その下着が目の玉が飛び出るほど高価であることに驚いたと書き綴っているが、ことほどさように彼女にとって家計のやりくりは結婚生活を通じての心配の種であった。

特に、チャーチルが十分な相談なしに家庭の財政にかかわる大きな判断をすることについて、クレメンティーンは相当不満だったはずである。

一九二二年、彼はケント州のチャートウェルに八十エーカーの別荘を購入する。「ベール(Vale)」と言われる、緩やかに波打つような谷を見下ろすこの邸宅は、チャーチルが政治の喧騒を逃れて英気を養う場所として、終生こよなく愛することとなる。しかし、元々クレメンティーンは現地の下見をした後、建物の改築費用などを考慮した上で購入に明確に反対していた。結局あきらめきれないチャーチルは彼女に黙って買い上げてしまうのであるが、このことは後々まで夫婦間のしこりとして残った。

クレメンティーンはチャーチルのわがままに付き合いきれず、時々一人で長旅に出るのであるが、派手な夫婦げんかも珍しくはなかったようである。メアリーが目撃したところによれば、夫婦で食事中に大喧嘩になり、クレメンティーンがチャーチルにほうれん草を投げつけたこともあったらしい。現在残されている夫婦間の書簡の中にも、明らかにけんかの後の仲直りのためと思しきものが含まれている。

チャーチルと四人の子供――二歳九ヶ月で死んだ三女のマリゴールドを含めれば五人になるのであるが――の関係については、どんな親子の関係でもそうであるが、単純化して述べるのは難しい。

前提として言えることは、当時英国の上流階級の家庭においては、親子の間には一定の距離があるのが普通であったことと、チャーチルが政治に没頭し、クレメンティーンがこれを支えることに専念したため、二人が子供のために割ける時間は限られていたことである。また、子供によって受け止め方に違いはあったであろうが、偉大な父を持つことの心理的圧力もあったはずで、この点は跡取りのランドルフにとって特に当てはまろう。

そうした前提の下で、チャーチルが最大限の愛情を子供たちに注ぐよう努力したことは認めて良い。メアリーによれば、彼は子供を抱きしめるのが大好きだったらしいが、同世代の男性の中で子供との間でそうしたスキンシップを求める向きは少数派であったはずである。また、特に子供たちが小さい間は、クレメンティーンへの手紙にも彼らへの優しい気持ちが滲み出ている。

こうした愛情の背景には、自分自身の両親との関係に対する満たされない思いがあったに違いない。特に、チャーチルは父ランドルフに冷たく扱われたという気持ちが強く、そのことが息子のランドルフを甘やかす原因となった。

一方クレメンティーンと子供たちとの関係は、チャーチルが彼らを甘やかす分、難しいものとなった。彼女は元来対人関係が器用な方ではなかったし、子供との関係においても愛情よりは、真面目さの方が表に出る傾向にあった。また、彼女自身の生い立ちも子供とどのように接すべきか手がかりを与えるようなものではなかった。さらに、クレメンティーンにとって一番手のかかる子供はチャーチルであり、彼の面倒を見た後には子供たちにきめ細かな注意を払う時間も気力も残されていなかったのが実情であった。

再びメアリーの回想である。

「ウィンストンはクレメンティーンのライフワークであった。彼と彼の経歴に集中することで彼女の思考と精力の大部分は消費されてしまった。ある時、彼女は私に、『彼についていくだけで、私は時間と体力を使い果たしてしまって、後には何も残らなかった』と述懐した。（中略）

子供たちにとって、クレメンティーンは優しさと厳しさが混じり合った存在であった。彼女は強く身体がふれあうことを楽しみながら、赤ちゃんを愛したし、着替えや家事をする間に子供たちが部屋の中をころげ回ることを楽しんだ。（中略）しかし、子供たちが大きくなるにつれ、同世代の人との友情の障害となった、恥ずかしがり屋で奥ゆかしいところが、子供たちとの関係を、自然さを欠いた、堅苦しいものとしがちだった。

クレメンティーンは、子供の心や物事の見方を本当には理解しておらず、完璧主義者としての自分の基準を行儀作法や道徳のみならず、ピクニックや遊び着といった類のものまでに適用したのであった(9)」

いずれにしてもチャーチルとクレメンティーンの親としての資質がどうであれ、末っ子のメアリーを例外として、少なくとも外見上は子供たちの人生が幸福なものであったとは言い難い。

長女のダイアナは一九〇九年生まれ、二十代前半、最初の結婚に失敗した後、一九三五年に外交官出身の若手政治家ダンカン・サンディースと結婚する。三子をもうけ、安定した生活を送るが、戦後になり神経を病むようになる。これに伴い夫婦関係も悪化し、一九六〇年に離婚、そして三年後には睡眠薬を大量に服用して自殺する。

ダイアナの二年後に生まれた長男のランドルフは文才や頭の回転の速さなど、父の長所を受け継ぎながらも大成することはなかった。イートン校からオックスフォード大学に進学するが中退、ジャーナリストとして活動しながら政治家を志し、第二次世界大戦中の補欠選挙において無投票で当選したものの、一九四五年の総選挙で落選する。結局国会議員はこの一期のみで、以後の選挙で何度も立候補したが、当選することはなかった。

前述の通り、チャーチルは小さい頃からランドルフを徹底的に甘やかし、そのやんちゃぶりを面白がるようなところもあった。そのためか彼は傲慢、尊大で、怒りっぽい性格に育ち、飲酒癖がこれに拍車をかけた。

二度の結婚で一男、一女をもうけるが、結婚生活は何れも離婚に終わる。ただし、最初の離婚の一因は妻の不貞にあり、ランドルフだけに責めを負わすことは公平ではない。

因みに、問題の最初の妻は、ディグビー卿の娘パメラで、不倫の相手は第二次大戦中ルーズベルト大統領の特使として英国を度々訪れていたアベレル・ハリマンであった。ハリマンは、その後商務長官、ソ連大使、英国大使などを歴任、民主党の大立て者の一人となった。パメラはランドルフとの離婚後一旦ブロードウェーのプロデューサーと結婚するが、死別後の一九七一年にハリマンと正式に結婚する。彼女は八六年の夫の死後も民主党の有力支持者として活躍、最後はクリントン大統領によって駐仏大使に任命され、任地のパリで亡くなっている。

ランドルフはチャーチルの死後公式の伝記の執筆に着手し、第二巻まで完成させるが、一九六八年、心臓発作のため五十七歳の若さでこの世を去る。

次女のセーラは一九一四年生まれ、十代から女優になることを夢見、一九三五年、コーラス・ガールとして舞台にデビューする。そして一座のスターで、オーストリア出身のコメディアン、ヴィック・オリバーと恋に落ちると、一九三六年には両親の強い反対を押し切って結婚する。しかし、五年後オリバーがセーラを英国に残し、活動の拠点を米国に移したことを契機に結婚生活は事実上崩壊し、一九四五年には離婚が成立する。

第二次大戦中は女性予備空軍に入隊し、航空写真の解析任務に当たると共に、チャーチルに同行し、ヤルタ会談を始めとする国際会議に参加した。

戦後は活動の舞台をアメリカに移して女優業を再開、一九四九年には写真家のアントニー・ボーシャンプと結婚するが、数年後には別居、離婚に至る前にボーシャンプが自殺する悲劇に見舞われる。一九五八年には、米国で酔っ払った挙句に逮捕されるという事件がマスコミをにぎわせた。

一九六二年、セーラはスペインに滞在中、男爵ヘンリー・オードリーと知り合い、三度目の結婚式を挙げる。しかし、一年半も経たない内にヘンリーは心臓発作で急死、つくづく運に見放された人生としか言いようがない。

三女のマリゴールドは一九一八年に生まれるが、一九二一年の夏休みに子供たちの休暇先でインフルエンザに罹り、二歳九ヶ月でこの世を去る。彼女が病に倒れたとき、両親はそれぞれの用事で別の場所に滞在しており、クレメンティーンは手遅れになる前にマリゴールドの許に駆けつけられなかったことを一生悔やんだ。

末娘のメアリーはマリゴールドが死んだ翌年の一九二二年に生まれ、本稿執筆の時点でまだ存命である。彼女はチャーチルの子供の中では最も平穏で、安定した人生を送ってきたと言えよう。

第二次世界大戦中は、予備在郷軍の対空砲兵隊に入隊し、防空任務に従事すると共に、両親をたすけて国際会議などに参加する。一九四六年、パリを訪問中に英国大使館で軍事アタッシェをしていた、クリストファー・ソームズと出会い、翌年結婚する。

ソームズは一九五〇年に政界入りし、チャーチルが首相に復帰した後政務秘書官として活躍、その後マクミラン、ダグラス＝ヒューム内閣で閣僚を務める。政界から引退後は、駐仏大使、欧州委員会副委員長、南ローデシア総督といった国際舞台で活躍、一九七八年に一代貴族（男爵）に叙せられている。

メアリーはこうしたソームズの活動を支えると共に、五子をもうけ、二〇〇五年には彼女自身の公益への貢献が認められ、ガーター勲章を授与されている。なお、長男ニコラスは現在も保守党の下院議員として活躍しており、政治家チャーチルの血筋は彼に引き継がれている。

旅路の終わり

一九四五年の総選挙で敗北を喫した後の数年間は、おそらくチャーチル夫妻にとって最も難しい時期であったに違いない。

選挙で負けた悔しさは勿論のこと、それまでの五年間戦争遂行のためそれぞれが全速力で走ってきた疲れもあった。さらに、何もかも国が面倒を見てくれた首相時代から一市民の生活に戻る上で解決しなければならない諸々の問題があった。一番の心配の種は財政状況で、一時はチャーチルも愛するチャートウェルの別荘を売りに出すことを覚悟するほどであった。

結局チャートウェルは、窮状を聞きつけた友人達が一旦買い取り、チャーチル夫妻が存命中は名目的な家賃で住むことができるという条件の下で、文化財保護団体であるナショナル・トラストに譲渡することで売却を免れる。しかし、チャーチル家の財政状況は、後述の通り、第二次大戦回想録の出版契約がまとまるまでは安定からはほど遠く、こうした状況がクレメンティーンにとって大きな心労となったことは想像に難くない。

また、そもそも彼女は総選挙に敗北した時点でチャーチルが政界から引退することを希望していた。当時の常識から言うと、七十という歳は静かな老後を考えるべき時期であるし、これ以上政界に留まることで戦争指導者としての名声に傷が付くことを恐れる気持ちもあったのであろう。

こうしたことが重なって、この時期の夫婦関係には相当の緊張があった。例えば、四五年の八月、クレメンティーンがメアリーに宛てた手紙には、「どうしてそうなるかは説明がつきませんが、私たちは、惨めな状況の中で寄り添い合うべきなのに、けんかばかりしているようです。すべて私のせいに違いありません。でも、毎日が堪えられないほどつらいのです」とある[10]。

戦後時間が経つにつれ、チャーチルとクレメンティーンの暮らしも少しずつ落ち着きを取り戻す。回想録の成功のおかげで財政的に安定したことが大きな助けになった。チャーチルが野党党首として政治活動を本格化させ始めると、クレメンティーンも政治家の妻としての活動に専念することとなる。戦前と同じようにチャートウェルを舞台として社交活動が活発に行われるようになったし、地元支持者との関係を円滑に運営するのは、相変わらず彼女の役目であった。

一九五一年に第二次内閣が発足すると、クレメンティーンは再びファーストレディー役に戻るが、気力、体力とも戦時中のようには行かなかったようである。彼女はもともとチャーチルが二度目の政権につくことには乗り気ではなかったし、五三年頃からは数年間に亘り、左腕の神経炎に悩まされた。同年六月、彼女がエリザベス女王の戴冠式に向かう写真が残っているが、ティアラ、勲章を飾った正装をまといながら、三角巾で腕を支えた姿は痛々しい。

そうした中でも、クレメンティーンはチャーチルの最大の理解者、保護者であり続けた。この面での彼女の気構えを示す一例が、「サザーランド肖像画」事件である。

一九五四年十一月、チャーチルの八十歳の誕生日を記念して下院は彼の肖像画を寄贈することとする。肖像画を委託されたのは、著名な画家グレイアム・サザーランドで、八月頃から本人をモデルにして制作が開始され、誕生日の約二週間前に完成する。素人画家として相当の域に達していたチャーチルは、初期のスケッチには概ね満足していたものの、完成画を見ると一気に機嫌を損ねてしまう。彼の見るところ、肖像画に描かれた自分は、年老いて、疲れ果てたように見えるばかりでなく、残酷で、粗野な印象を与えた(11)。

十一月末の贈呈式においては、チャーチルは内心の怒りを隠しながら、「これは現代美術の驚くべき見本であります」という「謝意」を述べるが、肖像画自体はチャートウェルの倉庫へ「お蔵入り」になってしまう。

チャーチルがサザーランドの肖像画を嫌っていたことは家族の間でも周知の事実であったが、クレメンティーンが贈呈式のしばらく後に(おそらくはチャーチル本人にも相談することなく)この絵を焼却してしまったことは、長い間誰も知らなかった。メアリーは、チャーチルの死後、クレメンティーンの告白を聞き驚愕するが、結局母親が存命の間はこの事実を公表することは差し控えた。

クレメンティーンの死後、遺族によって肖像画焼却の事実が明らかにされると、英国内では大きな論議に発展した。しかし、彼女にとっては、夫に苦痛を与えるような絵が二度と日の目を見ることがないよう始末することは至極当然のことであったに違いない。

一九五五年にチャーチルが首相を辞任すると、いよいよ政界からの引退が時間の問題となる。地元の選挙区においても、世代交替を求める空気がないわけではなかったが、国民的政治家としてのチャーチルの地位から言って、本人が言い出さない限り、具体的に話を動かすことは難しかった。もし、彼に鈴をつけることが出来る人間がいたとすれば、クレメンティーン以外には考えられなかったが、さすがの彼女もそこまで心を鬼にすることはできなかった。

一九五九年の総選挙で十六回目の当選を果たした後、チャーチルの衰えは誰の目にも明らかになる。クレメンティーンと地元党支部幹部との間では、どちらが彼に引導を渡すか、「紳士的な」押し付け合いが続くが、この期に及んでも彼女は自分から引退を勧めることは拒否する。クレメンティーンは、周囲にはそうすることによってチャーチルが彼女を残酷で、忠誠心に欠く人間とみなし、絶縁状態になることは堪えられないと述べていたようであるが、夫にとって政治が人生そのものであることを誰より良く理解していたためであろう(12)。

結局この問題は一九六三年春まで尾を引き、最後はメアリーの夫で、政務秘書官を務めていたクリストファー・ソームズと地元支部長の説得でようやく決着する。六四年十月の総選挙に際し立候補を行わないことで、チャーチルは初当選以来六十五年の政治家人生に終止符を打つことになるが、このうちクレメンティーンと共に歩んだ期間は五十七年にわたる。

一九六五年一月のチャーチルの死は、当然のことながらクレメンティーンにとって大きな衝撃であったに違いない。しかし、この時までにはそれなりの覚悟は出来ていたと見えて、夫の死に臨んだ姿は気丈で、威厳すら感じられた。当時の母親の姿について、メアリーは、「死はすべての皺をのばしてしまった。弱々しさや老いの気配すらも感じられなかった。大理石のような姿の周りには、やすらぎと全てが終わったという荘厳な思いが凝縮された形で漂っていた」と回想している。[13]

チャーチルの死後、クレメンティーンの余生は十二年余り続くが、基本的には平穏なものであったと言えよう。

この年の五月には一代貴族に叙され、八十歳の高齢ではあったものの、貴族院議員として活躍する機会に恵まれる。彼女が保守党ではなく、「クロスベンチ」と呼ばれる無所属議員として議席に就いたことは、世間を驚かせたが、元々の政治信条を知る人々にはさほど意外なことではなかったはずである。残念なことに、一九六六年に入ると、聴力の衰えがひどくなり、補聴器を着けても議事に参加することが難しくなったため、彼女の「政治家」としての活動は一年足らずで終わってしまう。

その後も、チャーチルを偲ぶ行事への出席を中心に公的な活動は続いたものの、多くの時間は家族や友人との交流に当てられる。彼女にとって悲しいことは、チャーチルのかつての盟友が次々と死んでいくことで、七〇年にはシャルル・ド・ゴールが、七六年にはエル・アラメインの英雄モンゴメリーが、そしてその翌年にはアンソニー・イーデンが逝く。

一九七四年十一月、チャーチルの生誕百周年に際し、ブレードンの墓所に花を捧げながら、クレメンティーンは「もうそんなに長くないといいわ」とつぶやいたが、最期はその三年後にやって来る。

一九七七年十二月十二日は日差しの穏やかな日で、食後にドライブに出かける用意をした上で、クレメンティーンは秘書と昼食をとっていた。その途中、秘書が彼女の息遣いが変わったのに気がつきはっとすると、間もなく眠るように息を引き取った。九十二歳であった。


クレメンティーンが九十二年の生涯の幕を閉じたとき、五人の子供の内三人に先立たれ、残る二人の内で人並みの幸せを味わっているのは一人だけであった。

前述の通り、チャーチルの別邸チャートウェルは、彼の死後ナショナル・トラストの管理の下に移され、チャーチル家が住んでいたときのままに保存されている。二階のクレメンティーンの寝室にある書き物机の上には、最晩年のチャーチルとマリゴールドの写真だけが飾ってある。彼女と子供たちとの関係を考えるとき、そのことに何かの意味があるのか考えざるを得ない。

しかし、繰り返しになるが、クレメンティーンの人生の殆どすべてはチャーチルのためにあった。彼の国葬が終わった後、彼女はメアリーに、「あれはお葬式とは言わないわ。凱旋式よ」と述べたと言う。その言葉は夫だけではなく、自分自身に向けられたものであったに違いない。

夫婦間の手紙のやり取りは、チャーチルの死期が近づくにつれ、徐々に数が減り、一通、一通の中身も短くなる。一九六三年四月のチャーチルの手紙はたった数行で終わる。

「いとしい人よ
これは、僕の最も深い愛情とキスを百回分送るための手紙だよ。僕はかなり退屈で、たわいのない手紙の書き手だ。でも本当に心をこめて書いているのだよ[14]」

五十七年間の結婚生活の思いを詰め込むのに多くの言葉は要らなかったのである。

一九七八年一月二十四日、チャーチルの没後十三年に当たるこの日、ウェストミンスター寺院ではクレメンティーンの追悼式が行われた。その際、ランドルフの長男、ウィンストンは、七十年前祖父母の結婚式で主教が読み上げた説教の一節を朗読した。

「政治家の一生には、妻の愛情、叡智、心からの同情、献身に頼るときが数多くあるに違いない。政治家の妻たちが夫の人生に与えた影響は、英国の歴史において記録されていない一章である。(中略)人生の明るい時、そして、もしそういう時が来るのであれば、暗澹たる時においても、本日神の祭壇の前にひざまずいた時に感じた思いや決意を思い起こすように[15]」

それは、生においても、死においても、この夫婦にとってこの上なく相応しい言葉ではなかろうか。

第四章　ダーダネルスの亡霊——軍事戦略家としてのチャーチル

チャーチル不信の淵源

「(チャーチルは) 頭の中で物事の半分しか見えていないし、馬鹿げたことばかりを喋る。彼の戯言を聞くにつけ、私の体中の血液が沸騰しそうになる。礼儀正しさを保つことも難しくなる。お目出度いことに、世の中の人々の四分の三はウィンストン・チャーチルが歴史に残る戦略家の一人、(初代) モールバラ公の再来と考えていて、残りの四分の一も今回の戦争を通じて彼がどれだけ公共の脅威となり、現在でもそうあり続けているか全くわかっていないことだ。(中略) 彼なしには、イングランドは確かに失われていたであろう。しかし、彼のおかげでイングランドは大惨禍の瀬戸際に何度も立たされたのだ」(一九四四年九月十日付、参謀総長アラン・ブルック陸軍大将の日記抜粋(1))

アラン・ブルック大将は、一九四一年九月から第二次大戦の終戦まで陸海空三軍のトップとしてチャーチルに仕えた。その彼の戦中日記が出版されたのは、まだチャーチルが存命中の一九五〇年代後半で、冒頭に引用したような過激な部分を捨象した「編集版」であったにも拘らず、チャーチルに対する率直な批判で物議をかもした。

この日記は二〇〇一年に至り「完全版」がようやく出版され、ブルックにとって日記の中で真情を吐露する作業が、大戦下という極限状況の中で精神の安定を保つための「心理療法」であったことが明らかになってきた。その意味で彼のチャーチル批判は、日々の精神的重圧のはけ口であって、ある程度割り引いて考える必要がある。また、ブルックの批判の対象となっているのは、軍事戦略家としてのチャーチルの見識であり、戦争指導への貢献については賛辞を惜しんでいない。

とは言え、チャーチルの生涯において戦争が持つ意味の大きさを考える時、軍事戦略家としての評価を見定めることは必要不可欠な作業であり、実際研究者の間で最も意見の分かれる部分でもある。

前章でも触れた通り、「チャーチル」は英国軍事史における最も輝かしい名前の一つである。チャーチルがこの血筋に大きな誇りを持っていたことは疑いなく、一九三〇年代に全四巻からなる始祖ジョン・チャーチルの伝記を出版したこともその現れである。

さらにチャーチルは、自分が単に天才的戦略家の血を受け継いでいるばかりでなく、天賦の軍事的才能に裏付けられた「将星」が宿っていると確信していた。

ハロー校の同級生は、十七歳のチャーチルが「僕には将来が見える。この国は、どんな形かは分からないが、恐ろしい侵略に晒される。でも僕はロンドン防衛の指揮をとり、ロンドンとイングランドを惨禍から救うのだ」と述べたのを記憶に留めている[2]。

第一章で振り返った通り、こうした軍事的栄光への憧れは、彼を軍人の道へと導き、二十五歳で政界入りするまでに、インド北西部辺境、スーダン、南アフリカの三つの戦争に従軍する。政治家になった後も、チャーチルと軍隊との関係は続き、生地ブレナム宮に近いオックスフォードの軽騎兵連隊に所属し、演習にも度々参加した。

一九〇九年五月、演習中の宿営地からクレメンティーンにあてた手紙の中で、チャーチルは、大規模な部隊を指揮する訓練を積みたいとしつつ、「僕は物事についての判断力に自信を持っている。何よりも戦術的な用兵に正解を見出す力を持っているように感じる。こういうことを言うと、自惚れで、馬鹿げたふうに聞こえるだろうが、（中略）自分には軍事の根本が備わっていると確信しているのだ」と記している(3)。

一九一一年に海軍大臣に就任後、彼の「好戦的」性格は益々刺激を受け、一九一四年に第一次世界大戦が勃発すると恒常的な昂奮状態に陥る。アントワープ防衛戦を巡る武勇伝は、当時の彼の精神状態を良く物語っている。海軍大臣を更迭され、ランカスター公領大臣という閑職に追われた後、前線の軍務に復帰したことも彼にとっては自然な選択であったのであろう。大臣辞任に際して、アスキス首相に提出した辞表には、「私は将校です。私の部隊が戦地に展開していることに鑑み、私は自らの身柄を無条件で軍当局に預けることとします」と記されている(4)。

チャーチルが西部戦線で大隊を指揮したのは実質的には数ヶ月に留まるので、彼の軍指揮官としての能力を評価するには短すぎる。しかし、それまでの彼と戦争との関わりを吟味すると、彼が軍人として重要ないくつかの資質に恵まれていたことは疑いがない。

その一つは勇気であり、様々な戦場における彼の行動を見ると、死に対する恐怖心が殆ど感じられないことに驚かされる。それは、まるで、自分は鉄砲の弾などには当たらない、そんな星の下には生まれてきていないと確信しているかのようでもある。

彼が恵まれた二つ目の資質は知性であり、その戦略的閃き――あくまで閃きであって、実現可能性は別問題なのだが――には時として天才的なものすら感じられる。例えば、彼は、一九一一年に書いたメモランダムの中で、あり得べき独仏戦のシナリオについて、ドイツ軍はベルギーの中立を侵してフランスに攻め入り、開戦四十日目に首都パリに迫る、という想定をおいているのであるが、ドイツの作戦計画を盗み見したとしか思えないような、洞察力には驚くほかない[5]。

こうした生来の資質に加え、第一次世界大戦に際し海軍大臣と軍需大臣を歴任したことで、チャーチルの軍事指導者としての経歴にさらに厚みが加わることとなる。

英国海軍は伝統的に「シニア・サービス」と呼ばれ、軍の中でも特別の地位を享受してきた。しかし、チャーチルが大臣に就任する頃には、旧弊にとらわれた体質のためにドイツなどの新興海軍国に遅れをとることが懸念されるに至っていた。英国が栄誉ある孤立を捨て、日本との同盟に踏み切った背景に海軍力に対する自信の揺らぎがあったことは周知の通りである。アスキスがチャーチルを海軍大臣に起用したのも、こうした旧い体質を打破するために彼の行動力に期待した面が強い。

実際チャーチルは大臣就任後、時に制服組幹部の抵抗を押し切りながら、軍令部制度の導入や下士官・水兵の待遇改善など、海軍の近代化に精力的に取り組んだ。特に、彼が推進したのは、石炭から石油への艦船燃料の転換であり、この成功は艦隊の機動性向上に大きく貢献した。第一次大戦開戦時、英国海軍が即応体制を整えることができたのは、チャーチルの功績によるところが大である。

こうして見ると、第二次世界大戦が勃発した段階で、軍事面の知識や経験においてチャーチルに匹敵する政治家は皆無であったと言っても良い。それにも拘らず、その時点で彼の挙国一致内閣への入閣は当然視されたものの、チェンバレンからの政権交代を求める声は殆ど聞かれなかったし、一九四〇年五月、ノルウェー上陸作戦の失敗を契機にチェンバレンが辞任を決意した時も、チャーチルの首相就任は決して必然ではなかった。

当時英国内においてチャーチルの軍事指導者としての資質について全面的な信頼は存在しなかったし、一部にはあからさまな不信感すらあった。その背景には様々な要因が介在しているが、最も重要なのは、四半世紀にわたり彼につきまとい続けたダーダネルスの亡霊であった。

作戦の背景

地中海を東に進み、エーゲ海から黒海に入るには、ヨーロッパとアジアを区切る狭い内海、マルマラ海を抜ける必要がある。マルマラ海の東の出口はボスポラス海峡で、トルコの首都コンスタンティノープル（イスタンブール）はこの海峡をまたぐように広がっている。そして西の入口がダーダネルス海峡で、そのヨーロッパ側に蛇の舌のように突き出ているのがガリポリ半島である。

ダーダネルス海峡突破作戦は、艦船による海峡の制圧を通じて、独墺同盟国側に参戦したトルコを戦線から離脱させる作戦で、本来は映画などで有名になった、ガリポリ半島上陸作戦と不可分の一体をなす。「本来は」と断ったのは、両者の連携がうまく行かなかったためで、このことが、ある史書に言う、「近代英国軍事史において最も拙劣に推進され、最も不適切に運営された作戦の一つ」という評価につながっている。[6]

この作戦におけるチャーチルの役割を評価する前提として、いくつかの点を理解する必要がある。

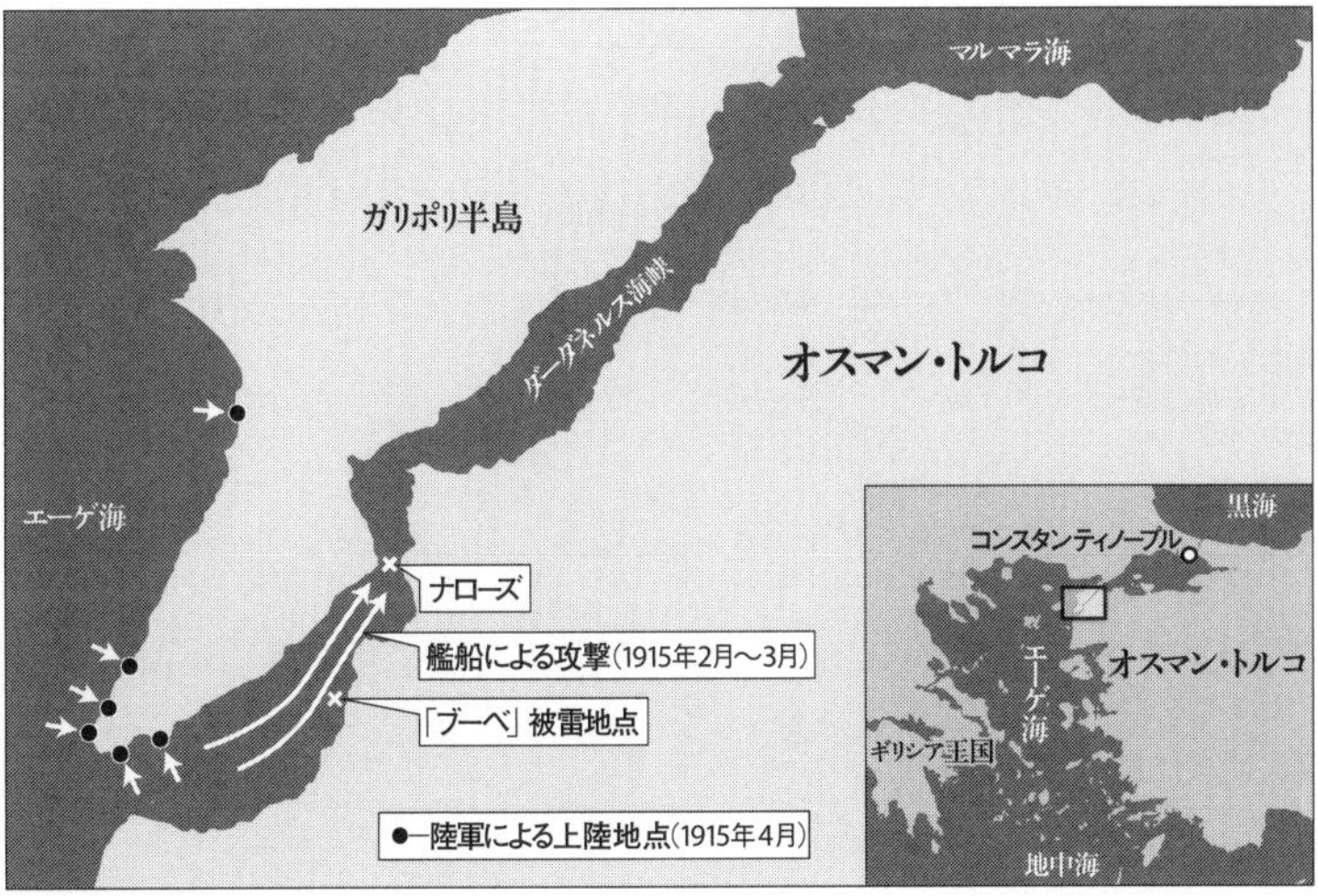

ガリポリ半島とダーダネルス海峡

第一は、作戦が計画・実施された一九一五年初頭における第一次大戦の戦況である。

前年七月、第一次大戦が開戦したとき、交戦国の市民の間では「戦争はクリスマスまでには終わる」という楽観が横溢していた。四年余り後、最後の銃声が鳴り止むまでに一千万人の軍人が戦場に斃れ、消息を絶つことになるのであるが、この戦争において人的犠牲が最も激しかった局面は開戦直後の五ヶ月間である。

シュリーフェン計画と呼ばれるドイツの開戦計画は、開戦当初におけるロシアの動員の遅れを見込んで、電撃的攻撃でフランスを屈服させ、東西二正面での戦いを避けることを狙いとしていた。このため（チャーチルが一九一一年に予測した通り）独軍は、英国参戦のリスクを冒して中立国のベルギーを侵犯、首都パリを陥れた上で、フランス軍主力を西方から巻き込むように独仏国境に追い詰め殲滅することが想定されていた。

この計画は、アルザス・ロレーヌ方面での決戦を想定していたフランス軍の意表を突き、独軍は開戦後数週間で破竹の進撃を続ける。しかし、パリを目前にした八月下旬、補給線が延びきった独軍の足取りは鈍り、マルヌ川の激戦で、態勢を立て直した仏軍の反撃を受ける。

その後九月から年末までの四ヶ月は、基本的には英仏海峡から仏・スイス国境に及ぶ長大な前線が形作られるプロセスと言って良い。そして一旦前線が確立され、これを挟んで双方が塹壕に立てこもりながら対峙する状況が生まれると、戦局は全くの膠着状態に陥る。実際一九一七年春、独軍がいわゆるヒンデンブルク・ラインまで戦略的退却を行うまでの間、前線の位置は十数キロの幅でしか動くことはなかった。対峙する双方の兵士の数を足すと、十インチ（二十五センチ）に一人の割合で兵士が前線に張り付いていた計算になるとされるので、お互いの力がいかに集中、拮抗していたか良くわかる。

開戦から前線が確立される一九一四年末までの間、独軍は二十四万の人命を失い、仏軍の戦死者は実に三十万人を超える。第一次大戦が、多くの文民被害を出した第二次大戦と比べれば、まだまだ「文明的な」戦争であったことを考えれば、開戦当初の交戦員の犠牲は当時の想像を絶するものであった。一九一四年末、チャーチルが「(西部戦線で）鉄条網を嚙み締めるために軍隊を送る以外に選択肢はないのか」と問いかけた背景には、戦局の先行きへの絶望的な不安が存在していた[7]。

ダーダネルス作戦の背景となる二つ目の要素は、トルコを巡る地政学的な情勢である。

オスマン・トルコが六世紀以上に及ぶ歴史の幕を閉じるのは、ケマル・アタチュルクが大国民議会にスルタン制の廃止を決議させる一九二二年であるが、第一次大戦開戦の時点ですでにその命脈は断たれていたと見て良い。そしてこの国の混乱は周辺情勢にも波及し、バルカン半島の旧秩序は崩壊の危機に瀕する。イタリア・トルコ戦争、バルカン連盟の結成、二次にわたるバルカン戦争といった一連の動きは、大まかに言えば、この地域に新たな秩序を求める動きと位置づけられる。

重要なことは、第一次、第二次のバルカン戦争までは、英仏独露の四大国が外交を通じて事態を収拾することが可能であったことである。そして、オーストリア帝位継承者フランツ・フェルディナントの暗殺事件を契機とするサラエボ危機に際して、このメカニズムが機能しなかったことが第一次大戦の惨禍につながったわけである。

最大の皮肉は、大国同士が喧嘩を始めると、今度は中小国の方が様子見を決め込んだことで、オーストリアが宣戦を布告したセルビアを除外すれば、ルーマニア、ブルガリア、ギリシア、アルバニア、トルコのすべてが開戦の時点で中立の立場を堅持した。

これらの中立国の中でトルコの戦略的重要性は群を抜いている。

もともと第一次世界大戦に先立つドイツの世界戦略の中で、バルカン半島からトルコを経由して中東地域を影響下におくことは特別の意味を持っていた。逆に英国から見ると、ベルリン、ビザンチウム（イスタンブール）、バグダッドの三B政策は、中東、アフリカ、インドの帝国権益全体への重大な挑戦を意味した。

さらに、当面の戦況との関係でより深刻なのは、トルコの去就が東部戦線に与える影響である。

特に懸念されたのは、トルコが地中海から黒海に至る海上輸送路を遮断した場合の、ロシアの継戦能力への影響である。もともとロシアの輸出の半分、そして穀物輸出の九割はこの経路を経て積み出されていた。北海経由の輸送路は、ただでさえ冬季には大きく制約されるのに加え、今やドイツの潜水艦攻撃の危険に晒されている。戦争が長期化し、ロシアへの物資の補給が必要になった場合でも、この経路が封鎖されれば、ロシアが陸の孤島化しかねない危険があった。

もともとトルコは、第一次世界大戦前夜、参戦義務は伴わないものの、ドイツと同盟関係を結び、同盟国寄りの立場をとっていた。そのトルコが開戦時に中立の立場をとったのは、戦況の行方を見極めながら、適当なタイミングで「勝ち馬」に乗る魂胆であったからである。

この際トルコが見返りとして狙っていたのは、ロシアとの国境に隣接するコーカサス地方であり、そのためには黒海において軍事的優位を築くことが必要であった。そしてトルコの参戦に係る判断は、この点を巡って揺れ動くこととなる。

すなわち、トルコが当初参戦を躊躇した大きな理由は、トルコ海軍の発注によりイギリスで建造されていた軍艦二隻が、開戦とほぼ同時期に英国政府によって収用され、黒海の制海権を確立するという目論見に狂いが生じたためである。

収用の決定はチャーチルの判断によるもので、一部の歴史家の間では、この判断はトルコにおける対英世論の著しい悪化を招き、同国を同盟国側に追いやったとの批判もある。事実これらの軍艦の建造費用の一部はトルコ国民からの募金によって捻出されており、英国側が船を勝手に差し押さえた上に、費用の弁償要求にも応じなかったことがトルコの国民感情をいたく刺激したことは間違いない。ただ、トルコのもともとの親独姿勢とコーカサスにおける野心を考えると、軍艦の収用は、不可避であった参戦を遅らせる効果をもたらしたと見ることも可能で、その限りにおいてチャーチルの判断は正しかったと言えよう。

しかしその直後チャーチルは、こうしたファイン・プレーを帳消しにする、失策を犯すこととなる。開戦当時地中海で航行していたドイツの軍艦二隻がトルコに逃亡するのを許したことである。

これらの軍艦は、もともと開戦に伴いフランスの北アフリカ植民地部隊が地中海を横切って本土に輸送されるのを攪乱する目的で配備されていた。この海域で圧倒的優位を誇る英国海軍はこうした動きを予め察知し、開戦と同時にチャーチル自ら指揮をとり、これを追跡、殲滅する作戦を開始する。

しかし、この作戦は、ロンドンと現場双方における不手際が重なり、失敗に終わる。そして、くだんの軍艦二隻はエーゲ海からダーダネルス海峡を突破し、コンスタンティノープルに到着すると、乗組員ごとトルコ海軍の指揮下に「投降」してしまう。トルコ側にしてみれば、英国に召し上げられた軍艦の代わりに、ドイツから贈り物をもらった格好となり、その判断は再び参戦へ傾くこととなる。

トルコ政府の内部では連合国側に同情的な勢力も存在したが、ドイツはトルコ政府内の親独勢力と内通しながら、同盟国側への参戦に向けた既成事実を積み上げていく。その第一歩は、ダーダネルス要塞のドイツ人司令官による海峡の封鎖であり、十月に入ると先に「投降」した軍艦がロシアの黒海沿岸に艦砲射撃を加える。こうした挑発を受けては、さすがに連合国側もいつまでも様子見を続けるわけにはいかず、最後通牒の発出を経て、十月末にはトルコと交戦状態に入る。

ガリポリ半島を確保せよ

アスキス首相は、一九一四年の年末、何人かの政府要人から今後の戦争運営方針について建議書を受け取る。建議書を書いたのは、大蔵大臣ロイド＝ジョージ、内閣書記官長モーリス・ハンキー、そしてチャーチルである。

これらの建議書は結論において異なる方向性を示しているのであるが、同一の問題意識を出発点としている。その問題意識とは、西部戦線において不毛な殺戮と消耗を繰り返す以外に、戦争を勝利に導く途はないのか、という点に尽きる。

留意すべきは、これらの提言はすべて文官から提起されていることで、英国派遣軍司令官フレンチ元帥を含めた軍部の考え方は、戦力は分散することなく、主要な戦線に投入すべきであり、相手を上回る効率で相手の兵士を殺す以外に膠着状態を打開する途はない、との前提に立っていた。

興味深いのはほぼ同時期にフランスにおいても同様な動きが見られたことで、一九一四年十一月、法務大臣のアリスティード・ブリアンはバルカン半島に新たな戦線を開くために英仏連合軍四十万人をギリシアのサロニカ港に上陸させる作戦を提言する。この提言は、ポワンカレ大統領、ヴィヴィアーニ首相を含む文民指導者の支持を得るが、軍の最高司令官であるジョフル元帥が西部戦線から兵力を割くことに反対したため日の目を見ることはなかった。

チャーチルがアスキスへの建議書で具体的に提言しているのは、バルト海、もしくは北海での作戦であり、ダーダネルス海峡は視野においていない。しかし、このことは、必ずしも彼がこの地域の戦略的重要性を軽視していたことを意味しない。逆に彼は開戦直後の段階からキッチナーとの間でギリシアの参戦を促すことで、ガリポリ半島で戦線を開く可能性について相談している し、十一月にはダーダネルス海峡の外洋に面した要塞に対する艦砲射撃を命令している。

他方で一九〇六年の海軍省の内部研究は、陸軍の支援なしに、艦船のみで海峡を制圧すること は困難と結論付けており、チャーチルも当初は海軍単独の作戦に慎重な姿勢をとっていた。

こうした慎重姿勢がわずか一週間の内に積極姿勢に転ずるきっかけは、ロシアからの支援要請 である。ロシアは参戦後のトルコの動きに警戒を強めてきたが、一九一四年末、国防大臣のエン ヴァル自らが軍を率いてコーカサス方面で戦端を開くと、新年早々の一月二日、ロシア軍最高司 令官ニコラス大公直々のアピールをもって英仏連合国の支援を要請してきた。

このアピールを受けて、陸軍大臣キッチナーがチャーチルに打診したのは、西部戦線から戦力 を割けない陸軍に代わって、海軍がこの方面で「示威を行う」ことであったが、チャーチルはそ れまでの慎重な姿勢を一変させ、艦船のみによる制圧作戦に向けて走り出す。

一月三日、チャーチルは、東地中海艦隊司令官カーデンに親電を送り、「艦船の利用のみでダ ーダネルスを制圧することが実行可能か否か」意見を求める。電報は中立的な書きぶりとはなっ ているが、「結果の重要性は甚大な被害を正当化する」との但し書きが付されており、こうした 電報を大臣から直々に受け取った現地司令官が否定的な回答を行うことには相当の心理的抵抗が 伴ったはずである(8)。

その点を割り引いて考えれば、「ダーダネルスを一気に突破できるとは思わない。しかし、多 くの艦船を使った、長期戦によって制圧することは可能かも知れない」という、カーデンの回答 のトーンは相当に慎重なものと読めるのであるが、チャーチルはこれを肯定的な回答と受け取り、畳みかけるように具体的な作戦計画について意見具申を求める。そしてカーデンの提言に基づき海軍省内の意見をまとめると、一月十三日には戦争指導の最高意思決定機関である戦時評議会の承認を取り付ける(9)。

チャーチル自身が慎重であったはずの、艦船のみによる海峡制圧作戦が、わずか二週間の内に政府全体の支持するところとなったのはなぜか。理由は単純で、最小のコストで最大の見返りが見込めるという、希望的観測が存在したからである。

陸軍大臣のキッチナーにとっては、西部戦線の兵力を温存しながら、海峡制圧の戦果が得られるのであれば、文句を言う筋合いはない。彼は、戦時評議会の議論において作戦が上手く行かない場合には、いつでも中断できるとの意見を述べているが、こうした意見を見る限り、少なくともこの時点においては、艦船による作戦が不調に終わっても、地上軍を投入する意図がなかったことがうかがえる。

海軍省内部においても、チャーチルの意見が制服組の支持を得た背景には、作戦に投入される艦船が退役寸前の旧式艦であり、将来想定されるドイツ北海艦隊との決戦に影響を与えないとの判断があった。もっとも実際には、作戦開始当初、チャーチルとフィッシャー軍令部長の協力が維持されている段階では、最新の超ドレッドノート級戦艦「クイーン・エリザベス」が投入されるのであるが、作戦の雲行きが怪しくなると、フィッシャーは「クイーン・エリザベス」の引き上げを執拗に迫ることとなる。

こうした安上がりな費用に照らして、作戦の成果に対する期待は果てしなく広がっていく。すなわち、連合国艦隊がダーダネルス海峡を突破し、コンスタンティノープルに迫れば、トルコ政府はおそれをなして戦線から離脱することも想定される。そうなれば、ロシアへの海上交通路を確保するのみならず、同国の軍事的負担を軽減し、東部戦線で優位を築くことに貢献しよう。さらには、トルコの敗北は、現時点では様子見を決め込んでいるバルカンの中立国に連合国側への参戦を決意させ、オーストリア・ハンガリー帝国に対する攻勢を可能とし得る。その結果、同盟国の一角を切り崩すことができれば、戦争の勝利に道を開くことが出来るかもしれない。

言うまでもなく、こうしたバラ色のシナリオは希望的観測であり、半年も経たないうちに現実の根拠を欠くものであることが証明されるのであるが、西部戦線において絶望的な状況に直面する指導者にとって目前の霧が晴れる思いがしたことは想像に難くない。後年モーリス・ハンキーは、チャーチルが戦時評議会で作戦を提案すると、「場の雰囲気は一変した。疲労感はどこかに吹っ飛んだ。戦時評議会は、西部戦線における憂鬱な『殴り合い』から、地中海におけるもっと明るさの見える展望に目を転じたのだ」と回想しているが、当時の雰囲気がよくうかがえる。(10)

かくして戦時評議会での議論の結果、アスキスは、「海軍省は、コンスタンティノープルを目的として、ガリポリ半島を砲撃し、これを確保(take)するために二月に艦隊の派遣を行うべく準備を進める」という訓令を取りまとめる。しかし、これは作戦目的としては甚だ曖昧で、殆ど意味不明と言っても良い。(11)

「コンスタンティノープルを目的として」とは、どういう意味か。単に艦隊を進める方角を意味するのか、首都の攻略を意味するのか。「ガリポリ半島を確保する」とは、占領を意味するのか。もしそうであるならば、艦船だけでどうやって占領するのか。訓令はこうした疑問に明確な回答を与えていない。何よりも議論の出発点であった「示威行動」から、わずか二週間の間に作戦の性格が根本的に変わったことに、意思決定過程の粗雑さがうかがえる。

戦時評議会の決定後、チャーチルは作戦実施の準備のため猛烈に動き始める。アスキスの娘バイオレットは、当時を振り返って「(チャーチルが)あれほどものごとに取りつかれたのを見たことがない」と述べているが、平時ですら周囲が持てあます程のエネルギーを放出するチャーチルがフル回転をし出すとどのような騒ぎになるか、想像に難くない[12]。

一方で、チャーチル自身がこの時点で作戦の成功にどれほどの自信をもっていたかというと、微妙な面がある。

戦時評議会で舞い上がり気味だった関係者がいくらか冷静さを取り戻すと、艦船だけによる作戦の実行可能性について疑問が芽生え始める。例えば、モーリス・ハンキーは、アスキス宛の書簡において陸海の合同作戦の実施を建議しているのであるが、チャーチル自身も陸軍投入の必要性に徐々に目覚めていく。

問題は、キッチナーの手元にはガリポリ方面に振り向けることができる兵力が殆ど残されていなかったことで、チャーチルの度重なる懇請にも拘らず、陸軍大臣の首を縦に振らせることはなかなか容易ではなかった。

こうした中、三月一日、中立国ギリシアにあって、連合国寄りの立場をとっていたヴェニゼロス首相がガリポリ半島への上陸のため三師団を提供することを申し出る。チャーチルを始めとする英国政府関係者はこの申し出に狂喜するが、ギリシア軍がコンスタンティノープルに進駐することを忌避するロシアが拒否権を行使し、ぬか喜びに終わる。

最終的にキッチナーは、虎の子の陸軍第二十九師団とエジプトに到着したばかりのオーストラリア・ニュージーランド軍団（アンザック軍団）を投入することを決意し、チャーチルのボーア戦争時代からの知人である、イアン・ハミルトン将軍の指揮の下に地中海派遣軍を編制する。しかし、陸軍投入に関する意思決定の遅れから、派遣軍の現地到着は艦船による作戦の開始から一月以上遅れることとなる。

作戦を取り巻く今ひとつの不安材料は、フィッシャー軍令部長の動向であった。

海軍の制服組のトップである、ジャッキー・フィッシャーは当時七十四歳、軍歴は半世紀を超える。一九〇二年から八年間軍令部長を務め、ドレッドノート級戦艦の導入など海軍の近代化に貢献し、ネルソン以来の軍政家という評価が定着していた。

第一次大戦開戦時の軍令部長は、オーストリア生まれのルイス・バッテンベルクであった。彼は十代で英国に帰化、ヴィクトリア女王の孫娘と結婚しており、国王への忠誠に疑問を挟む余地はなかったが、戦争が始まると各方面から彼の出自を問題視する声が起こり、辞任に追い込まれる。その後任としてチャーチルが選んだのが、既に退役していたフィッシャーで、この人事には国王ジョージ五世を含め異論があった。

チャーチルとフィッシャー（右）

チャーチルが周囲の反対を押し切ってフィッシャーを登用したのは、彼の才能に惚れ込んだためで、気鋭の若手政治家と天才的な軍略家との組み合わせは、海軍にダイナミックなリーダーシップをもたらすことが期待された。

しかし、「両雄並び立たず」の格言通り、チャーチルの強引な仕事ぶりにフィッシャーの不安定な性格が相まって、数ヶ月も経たない内に二人のパートナーシップには綻びが見え始める。フィッシャーは決して「一介の武弁」ではなく、軍人としては弁の立つ方ではあったが、高齢であることも手伝ってチャーチルとの議論で自分の意思を通せないことにフラストレーションを高めていく。特に、夜中まで仕事をするチャーチルがフィッシャーの決裁を後回しにして作戦命令を出してしまうことも、関係悪化の大きな一因となった。

ダーダネルス海峡突破作戦についても、フィッシャーは当初沈黙を守っていたものの、チャーチルとの関係が悪化するにつれ反対の姿勢を鮮明にしていく。一月下旬の戦時評議会では、アスキスに対して作戦への反対を表明する書簡を配布するよう要求するなど、危険信号は大きく点滅し始めるが、チャーチルは周辺に「フィッシャーは自分が（上手く）ハンドルする」と述べ、特段の対策をとらなかった。しかし、その間もこの時限爆弾は刻々と時を刻んでいくのである。

暗転

一月十三日の戦時評議会による決定から一ヶ月たった二月中旬、外洋要塞への砲撃によってダーダネルス作戦の火蓋が切られる。作戦に参加した艦船は、英国海軍から「クイーン・エリザベス」を筆頭に戦艦、戦闘巡洋艦十二隻とフランス海軍の戦艦四隻で、その他に機雷掃海作業のため徴発されたトロール漁船も参加していた。作戦は三段階からなり、第一段階では艦砲射撃により海峡入口を防護する要塞を無力化、第二段階ではトルコ側が海峡内に敷設した機雷を掃海、第三段階でマルマラ海への突入を図ることが想定されていた。

カーデンが率いる作戦部隊は、悪天候に拘らず、一週間足らずで第一段階の外洋要塞の無力化に成功する。この時点でカーデンは「約二週間でコンスタンティノープルに到達する」との見通しを本国に打電しているのであるが、第二段階の掃海作業に入ると作戦のテンポは遅れ始める。[13]

その大きな要因は、艦砲射撃は沿岸の固定要塞を攻撃するには有効であったものの、トルコ側守備隊が持ち込んだ可動式の榴弾砲を沈黙させることが出来なかったからである。当時の掃海作業はトロール漁船に乗った漁師によって行われており、沿岸からの砲撃が続く中で作業を強制することは困難な状況にあった。言い換えれば、艦船のみの攻撃の限界が顕在化しつつあったのである。

ロンドンでは、チャーチルが作戦の遅れに焦燥を深め、カーデンに対して矢継ぎ早の指示を送る。しかし、大臣による督励は現場を奮起させるよりはむしろ、司令官を追い詰める結果に終わり、三月十五日には、カーデンは精神的消耗を訴え辞任をしてしまう。

この時点で派遣艦隊は、ナローズ（the Narrows）と呼ばれる海峡最大の難所に差し掛かっており、司令官の辞任は作戦の先行きに不安を抱かせるものであったが、カーデンの後任のジョン・ド・ローベック中将は、時をおかず、三月十八日にナローズ攻撃を行うことを決意する。

ナローズは、文字通りダーダネルス海峡の最も狭い部分で、幅は一マイル（一・六キロ）にも満たない。守備側から見ると、侵入した艦船を食い止めるのに最適な場所であり、防御も堅い。逆に、攻める側から見ると、ナローズを攻略すればマルマラ海まで一瀉千里に突破できるとの期待感があった。

一九一五年三月十八日のナローズ攻撃には、第一波として「クイーン・エリザベス」以下の六隻、第二波としてフランス海軍の戦艦「ゴーロワ」以下の六隻、第三波として英国海軍の戦艦「ヴェンジェンス」以下の四隻が参加していた。

当日朝から始まった第一波による艦砲射撃は昼頃終わり、今度は第二波が最前列に出て、攻撃を継続する。砲撃は左右両岸の要塞に対して行われ、午後二時頃にはトルコ軍からの反撃の砲声は弱まりつつあった。

悲劇が起こったのは、第二波から第三波への交代の時点で、後方の艦船に攻撃位置を譲るべく、アジア側の岸に向かって旋回したフランスの戦艦「ブーベ」が突然爆発、炎上し、数分後には約六百名の乗組員と共に沈没してしまう。爆発の原因は、トルコ側が三月上旬に夜陰に紛れて敷設した機雷に被雷したためであるが、ド・ローベックは当初浮遊機雷によるものと判断し、第三波による攻撃を続行する。

第三波の攻撃の結果、トルコ側からの反撃は全く途絶え、作戦は午後四時頃には掃海作業に移行する。しかし、今度は英海軍の戦闘巡洋艦「インフレキシブル」と戦艦「イレジスティブル」が、「ブーベ」が沈没した付近の海域で相次いで被雷する。このため作戦の中止を決断したド・ローベックは、戦艦「オーシャン」に対して航行不能となった「イレジスティブル」の救助を命ずるが、その「オーシャン」も原因不明の爆発を起こし、乗組員が退避する事態となる。

かくして三月十八日の攻撃は、「ブーベ」、「イレジスティブル」、「オーシャン」の三隻が沈没、「インフレキシブル」が修理のために戦線離脱という結果に終わる。しかし、トルコ側に与えた打撃、そして使い古しの艦船を砲兵隊替わりに使うという、作戦のコンセプトに照らせば、こうした被害をもって作戦が失敗であったと即断するのは必ずしも適当ではない。

ド・ローベックの部下の間でも、翌日以降作戦を継続すればナローズを突破することは可能とする意見が存在したし、チャーチル自身も現状を悲観せず、直ちに戦力の低下を補充するため新たな艦船の派遣を決定していた。

しかし、艦船を消耗品と考えるチャーチルと異なり、昔気質のド・ローベックは船を失ったことに大きな罪悪感を覚え、作戦の遂行に自信を喪失してしまう。この時点では陸軍の地中海派遣軍はいまだ編制の途中であり、司令官のハミルトンだけがエーゲ海のレムノス島におかれた作戦本部に先乗りしていた。ド・ローベックは、数日間一人で悩んだ後、ハミルトンを訪問し、今後の作戦方針について相談すると、本国に対して艦船のみによる作戦は一旦中断し、陸軍との共同作戦によって海峡の制圧を目指すことを具申する。

チャーチルは、ド・ローベックの変心に驚愕し、作戦の続行を現場に命じようとするが、フィッシャー以下、海軍省内部の反対に直面する。政府全体としても、一月の戦時評議会における「集団ヒステリー」はとうに沈静化しており、アスキス自身はチャーチルの意見に同情的であったものの、制服組の説得が自分の役目であるとは考えていなかった。その結果、チャーチルは政府内で孤立し、ド・ローベックの具申を受け入れざるを得なくなる。

もとより、陸海の共同作戦への移行後も、海軍の関与が消えたわけではない。しかし、作戦の主体がガリポリ半島への上陸を敢行する地中海派遣軍に移ることは自明であって、海軍に残された役割は側面支援に限定される。これに伴い、作戦に関わる意思決定も必然的にキッチナー――ハミルトンのラインに移行し、チャーチルの影響力は急速に低下する。

さらに四月に入ると、チャーチルを取り巻く政治状況は厳しさを増していく。

チャーチルは、自由党への鞍替えの経緯やその後の活動の急進性から、大戦前から保守党系メディアの攻撃目標となっていた。開戦後も、地中海でドイツの軍艦を取り逃がしたことを含め、海軍の失態が続いたことに加え、彼自身がアントワープ防衛戦を巡り判断の未熟さを露呈したことから、マスコミにおけるチャーチル批判は危険水域に入りつつあった。その一方で彼とフィッシャーの関係も悪化の一途を辿った。

そして五月十五日朝、フィッシャーがアスキスとチャーチルのそれぞれに辞表を提出し、行方をくらますと、事態はチャーチル個人に留まらず、政権全体を巻き込む政治危機に発展していく。当日、人を介してフィッシャーの辞表を受け取った際、チャーチルは事態がさほど深刻なものとは考えなかった。フィッシャーには、過去に十回近くも辞任を表明した前科があったためである。そしてその辞意が固いことが明らかになるに至っても、軍令副部長のウィルソンを昇進させて事態を乗り切ろうとするのであるが、そのこと自体チャーチルの危機意識の甘さを露呈している。

一方のアスキスは、当初から事態の深刻さを認識していた。ダーダネルス海峡突破作戦は言うに及ばず、西部戦線を含む全体的な戦況は深刻さを深めつつあった。戦時ということもあり、野党の保守党はみだりに政争に打って出ることは差し控えていたものの、政権の基盤は極めて脆弱な状況にあった。また、フィッシャーの辞表提出と相前後し、『タイムズ』紙は、西部戦線における砲弾の不足についてセンセーショナルなスクープ記事を掲載しており、この件も大きなスキャンダルに発展するおそれがあった。そうした中で、「シニア・サービス」の制服組トップの辞任は、政権の息の根を止めることにもなりかねない。

このためアスキスは、ロンドン市内のホテルに身を潜めていたフィッシャーを探し当てると、「国王の名において職務に戻ることを命令する」という、この上なく強い語調で翻意を迫るが、フィッシャーは言を左右にして辞表を撤回しようとはしない。埒があかないと見たアスキスは、保守党との連携を通じて政治危機を乗り切る決意をする。挙国一致内閣の設立である。

アスキスとの連立交渉に際して保守党党首のボナー＝ローが提示した条件は、保守党にとって不倶戴天の敵とも言えるチャーチルを連立内閣から排除することであった。アスキスはチャーチルを別のポストに横滑りさせることでかろうじて閣内に留めることには成功したものの、海軍大臣からの更迭は受け入れざるを得なかった。

この間、遅まきながら事態の深刻さに気付いたチャーチルは、必死の延命工作を試みる。クレメンティーンがアスキスに手紙を出して、顰蹙を買った経緯については前章で触れた。アスキスは、チャーチルの才幹を評価することにおいて人後に落ちなかったが、彼と心中して、政権を投げ出す気はさらさらなかった。

一九一五年五月二十六日に発足した挙国一致内閣において、チャーチルはランカスター公領大臣という閑職に追いやられる。戦時評議会への出席が引き続き認められたことは、アスキスのせめてもの温情であったが、彼の発言力は昔日の勢いを失うこととなる。

一方この政変にも拘らず、ガリポリ上陸作戦の歯車は回り続ける。

連立政権発足に先立つ四月二十五日に始まった上陸作戦は、翌年一月、連合国側部隊が完全に撤退するまでの約八ヶ月間に、双方で十三万人以上の戦死者を出しながら、連合国側にとって何らの戦果をもたらすことなく終わる。

大戦史の権威であるジョン・キーガンは、上陸作戦の確実な成功を期すためには、ガリポリ半島の南端、半島の付け根のエーゲ海側、ダーダネルス海峡のアジア側の三つの地点を確保するのに十分な兵力を投入することが必要であったと分析している。しかし、彼が指摘する通り、そもそもこの作戦の基本的狙いは、西部戦線の兵力を分散させることなく戦果を挙げることにあり、ハミルトンにはそのような兵力は与えられなかった(14)。

兵站面においても、上陸作戦に係る軍事技術も当時は未発達な段階にあり、戦力の消耗を一層深刻なものとした。例えば、兵士を上陸させるための揚陸艇としては、石炭船が一隻あっただけで、大半の兵士は、ロープで数珠つなぎされた小船の中に寿司詰めになって上陸地点を目指した。そもそも連合国側には、半島の正確な地図すら存在せず、航空機による空からの偵察も悪天候のため不十分なものに終わった。

こうした状況の中、ハミルトンにとっての唯一の望みは、トルコ側の防御が整う前に雌雄を決することにあったが、三月の艦船による攻撃と上陸作戦の間に一ヶ月のタイムラグが生じたため、奇襲効果を狙うことも困難となった。

英国側には、作戦の計画段階からトルコ軍の戦闘能力を過小評価する傾向があった。確かに、トルコ軍は連合国側を上回る死傷者を出したが、作戦指揮の上では連合国側と比べても遜色がなかったと評価して良い。半島守備に当たった第五軍の司令官は、ドイツ人のライマン・フォン・サンダースで、お世辞にも質が高いとはいえない配下の兵隊を良く指揮した。彼の最大の功績は、優秀なトルコ人司令官を積極的に登用したことで、その結果勇名をはせるのがムスタファ・ケマル、後の共和国初代大統領ケマル・アタチュルクである。

結局八ヶ月にわたる作戦において連合国側が成し遂げたことは、四月の上陸の際に確保した猫の額ほどの拠点にしがみつくことで、何度か試みた内陸への侵攻はことごとく排除される。西部戦線の膠着を打開するため派遣された兵士たちが、上陸後間もなく塹壕を守ることに汲々とするようになるとは、皮肉としか言いようがない。

作戦家としての限界

ダーダネルス作戦の失敗は、疑いなくチャーチルにとって最大の政治的危機であり、彼が自らの「汚名」をすすぐため膨大なエネルギーを費やしたことは不思議ではない。

ガリポリ上陸作戦が失敗に終わった後、英国議会は、ダーダネルス＝ガリポリ作戦に係わる政府の対応を検証するための査問委員会を設置する。チャーチルは、この委員会を名誉挽回の機会と捉え、関係する文書を証拠として提出したり、委員会に出席し証言を行ったりして、その活動に積極的に参画した。

また、チャーチルが大戦後出版した戦争回想録においても、ダーダネルス作戦の経緯について極めて詳細な記述が行われている。実際のところ、作戦推進の背景にある考え方や戦略観を敷衍したという意味で、全五巻の回想録すべてが名誉回復の手段として意図されたものと言っても、あながち誇張ではない。

しかしながら、一世紀を経た今日、当時の状況を振り返ると、こうしたチャーチルの努力はいささか的外れなものにも映る。というのは、彼が海軍大臣の座を追われた理由は政局であり、ダーダネルスではないからである。作戦の失敗は連立政権への移行の一つの契機となったが、当時の戦況の推移を考えれば、たとえこの失敗がなくても、アスキスが自由党の単独政権をいつまでも維持できたとは思えない。

また、チャーチルのダーダネルス＝ガリポリ作戦への主体的な関与は、艦船のみによる海峡突破作戦を断念した三月末の段階で事実上終わっており、多大な犠牲者を出した上陸作戦の失敗まで彼の責任に帰することは公正とは言えない。

とは言え、この作戦を巡る経緯には、彼の軍事戦略家としての評価を行うための重要な手がかりが潜んでいることも事実であり、ここでは作戦・戦術と戦略の二つの視点から考察を加えてみたい。

先ず作戦・戦術の視点から見て、チャーチルが当初推進した艦船のみによる海峡の制圧が失敗であったことは否定できない。根本的問題は、一月十三日の戦時評議会で決定された作戦目的そのものが曖昧で、希望的観測を交えたものであった点にあるが、戦術的にも、艦砲射撃だけではトルコ側の可動式榴弾砲を抑え切れなかったために、掃海作業が不十分なものに留まり、ナローズ攻撃において艦船の損害を防ぐことができなかった。

この攻撃については、もしド・ローベックが三月十九日以降も攻撃を続行していれば、海峡突破が可能であったか否かが長年議論されてきた。チャーチル自身は突破が可能であったと確信しており、大戦回想録においてもド・ローベックの逡巡を批判しているのであるが、筆者はこの点が作戦の評価を左右するものだとは考えない。

というのも、仮にド・ローベックが攻撃を継続し、ナローズを突破することが可能であったとしても、それによって何が達成されるのか。艦隊はマルマラ海を経て、コンスタンティノープルに迫ることは出来るかもしれないが、それだけで黒海への海上交通路を恒常的に確保できる保証はなかったし、いわんやトルコがおそれをなして戦線を離脱するというのは希望的観測以外の何物でもない。

ダーダネルス作戦から約二十年後、チャーチル自身も当時を振り返って、キッチナーが陸軍の投入を三週間余りも遅らせる決定を行った際、艦船による攻撃を延期すべきであった、との反省の文を認《したた》めている。この点から見ても、この作戦がいくばくかでも成功の可能性があったとすれば、陸海の共同作戦とすべきであったことは明らかであろう(15)。

問題は、何故チャーチルは待たなかったのか。

「功を焦った」と言えばそれまでであるが、この判断の深層には彼の戦略家としての特質が潜んでいるように思える。

チャーチルが一九三〇年代に出版した初代モールバラ公爵の伝記には、彼の戦争観を理解する多くの手がかりが含まれている。中でも興味深いのは、軍事指導者の役割に関する考え方である。彼によれば、戦争における用兵の是非を決めるのは、教科書に書いてあることではなく、その時々の戦場の状況であり、「軍事的天才とは、いかなる瞬間においても、(戦場において)常に変化している諸々の要素の総体を正しく理解すること」にほかならない。そして、戦場における決断は、「一個の人間の目と頭脳と魂から生まれる」のである(16)。

戦闘の雌雄が天才的指揮官の直感的判断によって決するという考え方は、十八世紀の将軍の評伝としては傾聴に値するとしても、近代戦争における軍事指導者の行動規範としては甚だ危険と言わざるを得ない。特に、チャーチルの場合、こうした指導者観の上に軽騎兵としての経験で培われた攻撃精神が相まって、一旦心を決めると後戻りすることが難しくなりがちである。

そもそも一個の指揮官が戦場の状況をリアルタイムで把握しながら、作戦指揮した十八世紀の戦争と異なり、数千キロも離れた場所で作戦が展開される現代戦争においては、本国の指導者と現場の指揮官との間で適切な役割分担が必要となる。チャーチルのように一個の指揮官――すなわち自分――が全ての判断を行うことに拘る場合、現場への過度の容喙《ようかい》から却って判断を誤る危険が存在する。先に指摘した通り、チャーチルがカーデンの意見を求めるために送った電報は一種の誘導尋問であり、結果的にチャーチルの直感的判断を補強する以上の意味を持たなかった。

チャーチルの戦争観のもう一つの特徴は、兵力よりは用兵を重視する傾向である。

「戦闘は殺戮と用兵によって決する。将軍が偉大であればあるほど、用兵の貢献が増大し、殺戮の必要性は低減する。(中略)軍事的技術の傑作とみなされる戦闘の殆どすべては(中略)用兵の闘いであって、そこでは敵はしばしば何らかの新たな方策や工夫、奇抜で、素早く、予想されない襲撃や計略によって敗北を喫するのである」(17)

このように正面対決を避け、用兵の妙によって勝利を収めることは、チャーチルにとっては一つの妄念のようなものであった。彼にとっては、陸軍投入の態勢が整うのを待って、艦船だけでダーダネルス海峡を制圧する機会を見送ることは、本能に逆らうようなものであった。

第二次大戦に至っても、アラン・ブルックが「戯言」と呼んだ多くのアイデアはこうした妄念の産物であった可能性が高い。例えば、一九四〇年のノルウェー上陸作戦にも、「偉大な周辺主義者（グレート・ペリフェラリスト）」と呼ばれた彼の戦争観が色濃く表れている。

もっとも用兵を重んじることは、前例や因習にとらわれない自由な発想を奨励する点で、積極的な意味を持つこともある。戦車や航空機といった軍事技術の革新においてチャーチルが果たした役割はその良い例である。

しかし、「自由な発想」と「思いつき」の差は往々にして紙一重であり、チャーチルの戦術的発想は、多くの場合軍事専門家の目には「邪道」としか映らないのである。

特に、陸軍騎兵科出身のチャーチルは、海軍の本質的に防御的な役割や艦隊行動の意味について終生理解するところがなかった。ダーダネルス作戦も艦船を野戦砲として使う発想に立っているわけで、フィッシャーを始めとする制服組が違和感を抱いたのも無理はない。第二次大戦中、シンガポール陥落を食い止めるため、戦艦「プリンス・オブ・ウェールズ」と「リパルス」を対空防御能力のない裸の形で送り出し、日本軍の空からの攻撃の餌食となるのを許したことも、軍事専門家から見れば弁解の余地のない失態と言えよう。

このように見てくると、戦略家チャーチルの評価は、少なくとも作戦、戦術の次元で見ると辛口のものとならざるを得ない。

政治と戦略のはざまで

ダーダネルス作戦をより大きな戦略的視点から見た場合、どう評価すべきか。

チャーチルの戦時内閣の後を受けて政権についたクレメント・アトリーは、南ランカシャー連隊の一員としてガリポリ作戦に従軍し、最終的撤退直前の一九一五年末まで奮戦した経験を持つ。

そのアトリーは、ダーダネルス作戦に示されたチャーチルの戦略観に極めて高い評価を与えている。

「第一次世界大戦の全体を通じ、素晴らしい戦略的アイデアは一つしかなかった。それは、ウィンストンのアイデアであり、ダーダネルスであった。それは、西欧の泥と血の中での泥仕合から逃れる一つの試みであり、敵に一撃で損害を与え得る、創造的で、戦略的な側面攻撃であった。私は当時彼が正しいと思っていた。ドイツ人は近東における攻撃に敏感であった。もし、戦争の指導がキッチナーのように優柔不断な人物に委ねられず、また、キッチナーの任命した無能な指揮官に作戦を任さなければ、ウィンストンの計略は上手くいったはずである(18)」

ダーダネルス作戦は、正しい戦略に基づきながら、作戦面での計算違い――それがキッチナーとその部下の責任であるかどうかは別にして――から失敗したという見方は、アトリー以外にもかなり幅広く共有されている。チャーチル自身も、大戦回想録のほぼ一巻を費やしながら、結局のところ作戦は、運の悪さ、指揮官の逡巡、敵の戦力の見込み違いといった、細かな要因が積み重なった結果失敗したと結論付けている。

しかし、国家の総力を動員して闘われる近代戦争においては、一口に戦略と言っても、軍事的な方策としての戦略と、より高度な戦争指導としてのそれを区別して考える必要がある。

このうち、軍事的方策の次元においては、現時点で明らかになった史料を前提にする限り、ダーダネルス作戦の戦略的正しさを証明することは難しい。

すなわち、この作戦の戦略的価値は、第一に、西部戦線の膠着を打破する効果を持つか否か、そして第二に、ロシアの継戦能力の強化につながるか否かによって評価される。

しかし、第一の基準について言えば、ダーダネルスは同盟国側に側面的圧力を加える地点として検討された、いくつかの選択肢の一つであり、結果としてダーダネルスが選ばれたのは、それが最も戦略的に価値が高いからではなく、当初の段階では最も安上がりに見えたからである。

例えば、一九一四年末の段階で、ロイド＝ジョージはギリシアのサロニカへの上陸作戦を提言しているのであるが、この作戦が採用されなかったのは、ダーダネルスに比べてサロニカの戦略的価値が低いからではなく、作戦に必要な兵力が存在しなかったからである。また、いずれにしても、仮にダーダネルス海峡の制圧に成功した場合でも、西部戦線における戦局への影響は、トルコやバルカン諸国の動向に依存しており、予め計算できるものではない。

第二の基準についても、海峡の交通を確保した場合に、ロシアの継戦能力にどの程度の影響があったか評価は難しい。確かに、緒戦の東プロイセン侵攻が失敗に終わった段階で、ロシアにおいては軍需物資の欠乏が深刻な問題となりつつあった。しかし、当時の英仏の余剰生産能力は限られており、黒海経由の輸送路がオープンであったとしても、状況の改善に大きく役立ったとは思えない。

さらに、ロシア革命につながる戦闘能力の喪失は、ロシアの内在的要因に基づくもので、ダーダネルス作戦が成功すれば革命が回避されたかもしれないという、見方には相当の無理がある。

一方高度の戦争指導の次元において、チャーチルは疑いなく正しかった。

西部戦線での消耗を続ければ、早期の勝利を望めないばかりか、戦争を継続する国民の意思そのものが挫けてしまうおそれがある。そうした危機意識は、ただひたすらに敵を上回る効率での殺戮に腐心する軍事指導者にとっては、二義的なものでしかない。それは、すぐれて政治の問題なのである。

チャーチルは指摘する。

「戦争においては、様々な形の用兵が存在し、戦場で用いられるのはその一部に過ぎない。（戦場の）はるか側方、あるいは後方において用いられる用兵もある。用兵は、時間、外交、軍事技術、心理戦といった側面においても存在する。そのすべては、戦場から遠く離れてはいるものの、しばしばその帰趨に決定的な影響を与える。そしてそれらの目的は、単なる殺戮ではない、より容易なやり方で主要な目的を達成することにある。視点を上げれば、政治と戦略の違いはなくなる。頂点から見下ろせば、政治と戦略は一つとなるのである(19)」

この見解は戦後の回想録に含まれたものであるが、チャーチルは大戦中から政治と戦略の間の隙間を埋める意識的な努力を払っていた。前述の通り、一九一四年末の段階で、西部戦線からの局面の転換を提案したのは、チャーチルだけではなかった。しかし、当時の戦時内閣において、チャーチルこうした政治的判断を具体的な軍事戦略に反映させる意思と能力を有していたのは、チャーチルただ一人であった。

また、彼は海軍大臣の立場からダーダネルス作戦の実施準備に専心する一方で、その政治・外交的意味合いにも関心を怠らなかった。実際のところ、作戦と並行して、バルカン諸国への外交的働きかけを促すチャーチルの要請が余りにも執拗だったため、外相であったエドワード・グレイとの関係がこじれたほどであった。ここでもチャーチルが軍事面に留まらぬ幅広い視野から戦略を考えていることがわかる。

チャーチルが海軍大臣を更迭された後、ロイド゠ジョージ政権に閣僚として復帰するまで二年以上の月日を要するのであるが、その間においても彼は引き続き政治と戦略の問題に腐心する。一九一七年五月、議会の秘密会で行った演説はその一例である。

当時の戦況と言えば、この年の初めからドイツがUボートによる無差別攻撃に踏み切った結果、四月の米国の宣戦布告につながり、長い目で見ればこの時点で同盟国側の敗北は確実となったと言って良い。しかし、同年三月のロシア革命で東部戦線が崩壊する一方で、西部戦線においては、ジョフルの後を継いだ新司令官ニベールが率いた春季攻勢が英軍の死傷者十五万人以上という惨憺たる結果に終わるなど、到底将来を楽観できる状況ではなかった。

こうした中で、チャーチルが提唱した戦略は、一言で言えば「闘わざる」ことである。すなわち、彼は、英仏連合軍が当面ドイツに対して軍事的優位を築き得る状況にないことを理詰めの議論で説き起こした上で、次のように訴える。

「当院として、（ロイド゠ジョージ）首相に対して、フランスと英国の軍指導部が新たな血なまぐさい、破滅的な冒険にお互いをひきずり込むことがないよう、その権威と個人的な重みの全てを用いるよう訴えようではないか。Uボート攻撃に勝利しよう。数百万のアメリカ軍兵士を連れてこよう。そしてそれまでの間は、フランス人と英国人の生命を節約すると共に、来年以降の決定的戦いに向けて、我々の軍隊と用兵を練り上げ、強化し、完璧なものとすべく、西部戦線では積極防御の姿勢を維持しよう」[20]

ここには、最早天才的な用兵で敵を打ち破ることを夢見るロマンチストの姿はなく、あるのは現実主義的な政治家の姿である。

軍事的犠牲がもたらす緊張は、他の交戦国においても同様に存在しており、大戦も末期に近づくと、国家の安定そのものを脅かしかねないほどに深刻化していった。フランスにおいては、一九一七年の春季攻勢が失敗に終わった後、軍は事実上の叛乱状態に陥り、三千人以上が軍法会議にかけられ、五百人以上が死刑の宣告を受ける事態に至っていた。ドイツとロシアにおいては、最終的には軍事的犠牲の負担に耐え切れなくなった政府が崩壊する。

英国は、第一次大戦の交戦国の中で、戦時評議会という形で政府首脳と軍指導部が協議を行う公的なメカニズムを備えていた唯一の国であった。にも拘らず、文民たる政治家が軍事作戦・戦略上の問題についてキッチナーを始めとする軍指導部の権威に挑戦することは決して容易ではなかった。特に、開戦初期、アスキス政権の間はその傾向が強く、フィッシャーの辞任が政治的危機を招いたこともこうした背景の下で理解する必要がある。

軍に対する文民の統制が実質的な意味で確立していくのは、ロイド＝ジョージ政権発足以降のことであり、チャーチルは、一九一七年七月、軍需大臣として戦時内閣に復帰する。ロイド＝ジョージが保守党の反対を押し切ってチャーチルを閣内に迎えたのは、軍部との関係を含め、強力な戦争指導体制を確立するためには彼の力を必要としたからであろう。

軍需大臣時代のチャーチルは、政府・軍の各部署から寄せられる資源配分の要求を調整するために必要な権限を与えられなかったため、相当の苦労を強いられたが、同時に近代戦争において国家が取り組むべき課題の広範さについて理解を深める貴重な機会を得た。例えば、西部戦線に何百万人もの兵士を動員する一方で、鉄鋼、造船といった基幹産業における労働力をどのように確保するかは、ただでさえ頭の痛い問題であるが、仮に必要な労働力が確保できたとしても、非熟練工の導入と制限的な労働慣行をどのように調和させるか等々、解決すべき問題は際限なく広がっていく。

興味深いことは、こうした膨大な課題に取り組みながら、チャーチルが第二次大戦下の首相として採用した仕事のスタイルを開発していった点である。例えば、部下に対して書類での報告を義務付け、しかも報告の内容は必ず一ページ以内に収めるよう命じたことなどは、第二次大戦の予行演習と言っても良い。

このように第一次大戦においてチャーチルは大きな政治的挫折を味わう一方で、第二次大戦における戦争指導に際して役立つ貴重な経験と教訓を得た。その中で、彼がおそらく最も痛切に感じたことは、戦時において国家を指導するためには、軍事、外交、経済のあらゆる側面を指導、監督する権限を確保する必要があるという点であろう。

チャーチルは、陸軍を含む軍全体の運用や外交工作など、作戦実施のために必要なすべての事項について権限を与えられていれば、ダーダネルス作戦を成功に導くことができたと信じていた。

そして、彼の大戦回想録には、戦争指導全体について権限を与えられていれば、あれほどの犠牲と損失を回避することができた、との思いが見え隠れする。

しかし、一九一五年の英国にはチャーチルに国家の運命を委ねる用意はなかった。そして、二十五年後、その用意が整うまでには、まだ多くの紆余曲折が待ち受けているのである。

ダーダネルス＝ガリポリ作戦は、第一次大戦における最も不毛な作戦の一つであった。しかし、作戦指導の拙劣さを埋め合わせるかのように、兵士はよく戦った。

特に有名なのは、オーストラリアとニュージーランドの兵士からなるアンザック軍団の勇猛さである。この二つの国にとって、ガリポリは国家としてのアイデンティティーを確立する上での通過儀礼であったと言える。四月二十五日のガリポリ上陸を記念するアンザック・デーは、いまだに両国国民にとって最も厳粛な機会と言って良い。

アンザック軍団の陰に隠れ、余り知られていないのは、王立海軍師団（Royal Naval Division）である。

王立海軍師団は、第一次大戦開戦と同時に、海上任務に必要とされない海軍の予備役兵によって編制された。この師団の創設はチャーチルの指示に基づくもので、ガリポリに先立ち、アントワープの防衛戦にも投入されたことからも明らかな通り、当初は彼の「私兵」に近い位置づけを有していた。

この師団に参加した著名人として、アスキスの次男、アーサーのほか、詩人のルパート・ブルックがいる。ブルックは一八八七年生まれで、大戦前にはヴァージニア・ウルフなど、ブルームズベリー・グループの文人と親交があり、詩人のウィリアム・イェーツが「イングランドで最もハンサムな若者」と呼んだように、美しい容貌でも知られた。

ダーダネルス＝ガリポリ作戦は、ブルックのような知識人にとって単なる軍事作戦に留まらぬ、特別な意味を持っていた。コンスタンティノープルは、詩人の想像力をかきたてる歴史を有していたし、ダーダネルス海峡のアジア側はホメロスが詠ったトロイ戦争の地である。

ブルックは、バイオレット・アスキスに宛てた手紙の中で、ダーダネルス作戦に参加する喜びについて、「おお神様。僕はこれほど幸せであったことはないと思う。（中略）僕は、二歳の頃からの人生の野望が、コンスタンティノープルへの軍事作戦に参加することだったことに急に気がついた」と書き綴っている[21]。

そのブルックは、エジプトからの移動の際に蚊に刺されたのが原因で伝染性の肺炎に罹り、ガリポリ上陸作戦開始の二日前、ギリシアのスキロス島で永眠する。

私が万一死んだら、このことだけを考えて欲しい
異国の野の一角には
永遠にイングランドと呼べる場所がある

「兵士」と題するブルックのソネットには、戦争の栄光に対する哀切な憧れが感じられる。チャーチルは、ブルックの死に際し、『タイムズ』紙に追悼文を寄稿し、彼の声は途絶えたものの、「その響きと記憶が」消え去ることはないと記している。

しかし、こうした憧れが、サスーンやオーウェンといった反戦詩人の絶望にとって代わられたのは、ほんの数年後のことであり、チャーチル自身、この戦争が解き放した狂気との長い戦いを始める運命にあるのである。

第五章　迫り来る嵐——チャーチルと歴史

歴史の創造者

「当院の各党は過去のことは歴史に委ねることが上策と考えます。特に、この私自身がその歴史を書くことにしておりますから」（一九四八年、下院審議における発言）

ウィンストン・チャーチルは、歴史に名を残しただけでなく、歴史の創造者でもあった。一九五三年、ノーベル賞選考委員会は、チャーチルの「歴史、伝記における卓越した叙述と、崇高な人間的価値を擁護する輝かしい弁舌」に対して文学賞を授与することを決定する。

彼は、若い頃にはアンソニー・ホープの『ゼンダ城の虜』をモデルにした恋愛冒険小説を書いたりもしているが、生涯で二十作近くに上る彼の著作の中核は歴史である。その一部は、モールバラ家の始祖ジョン・チャーチルの伝記など、文字通りの歴史書であるが、より重要なのは、彼自身を主人公とする同時代史である。

第一章でも触れた通り、従軍した戦争の軍記を書いて生計を立てることは、チャーチルが社会に出てすぐに開発したビジネス・モデルである。一八九八年の『マラカンド野戦軍従軍記』に始まり、一九五四年に完結する第二次大戦回想録に至る半世紀の間、彼の戦争への関わり方は当然のことながら大きく変化する。一騎兵の見聞録であった処女作から、戦争の最高指導者の目を通して描かれた全六巻の大叙事詩まで、作品のスケールは拡張を続ける。しかし、すべての作品に共通するのは強烈な自己主張である。
チャーチルの書く歴史はこの上なく主観的であり、時として客観的な史実との間に懸隔《けんかく》も生じる。しかし、対象となる歴史的出来事における自らの役割が大きくなればなるほど、彼の紡ぎだす歴史は一層の権威と説得力を帯びていく。
ノーベル賞の授与式に際して、当時首相に復帰していたチャーチルは欠席を余儀なくされ、名代としてクレメンティーンを派遣するのであるが、授賞理由説明においてスウェーデン学士院の代表は次の通り述べている。

「彼（チャーチル）の歴史作品においては、個人的な要素と事実に基づく要素が渾然一体となって交じり合っている。彼は自分が何を話しているかわかっている。歴史的出来事の力学を評価するに当たって、彼の深い経験は見間違いようもない。（中略）時として、恐らく個人的要素の方が勝ることもある。バルフォアは、『世界危機』（第一次大戦回想録）を『ウィンストンの、世界史を装った素晴らしい自伝』と呼んだ。文献や史料を尊重しつつも、歴史を創造するのに一役を買った人物が書いた歴史には、何か特別なものがある」(1)

チャーチルの作品群の中で、歴史の創造者としての権威でひときわ輝いているのが、全六巻からなる第二次大戦回想録である。特に、『迫り来る嵐（*The Gathering Storm*）』と題された第一巻は、人々の歴史観、世界観に与えた影響から言って、二十世紀に書かれた最も重要な本の一つと断言して良い。

『迫り来る嵐』は、第一次大戦終戦直後の一九一九年から、第二次大戦の勃発を経てチャーチルが首相に就任する一九四〇年五月までをカバーしている。従って、戦争自体の記述は一年にも満たない。しかしながら、チャーチルは戦間期の進展を克明に振り返ることで、ヒットラーに対する宥和政策の誤謬に光を当てると共に、「自由民主主義対ナチズム」という（彼が見るところの）戦争の性格を劇的に描き出している。

チャーチルの回想録、特に、『迫り来る嵐』が欧米の精神文化に強い影響を与えた背景には、いくつかの要因がある。

一つは、言うまでもなく、戦争指導者が自ら書いた本が持つ権威である。第二次大戦における主要な戦争指導者の内、ルーズベルト、ヒットラー、ムッソリーニは終戦を待たずこの世を去った。生き残ったスターリン、東条もまとまった回想録は残していない。唯一の例外は、チャーチルであり、彼の証言は殊更に重要なものとなる。

特に、後述する経緯を経て、回想録の各巻に自らが戦時中に書いたメモランダムを付属として添付したことは、作品の史料的価値と権威を一層高めた。関係国の公文書の公開手続きは、当該文書の作成後三十年ないし五十年は非公開とすることを原則としていたため、この巻末史料は戦後長らく貴重な一次資料としての意義を保つこととなる。

さらに重要な要因は、作品発表当時の国際情勢である。

『迫り来る嵐』は単行本として出版される前に、欧米の主要紙でその抜粋が連載され、英国で版権を獲得した『デイリー・テレグラフ』紙では一九四八年四月から六月の間に連載が行われた。折しも、ソ連と欧米諸国との対立は日を追うごとに深刻化し、連載が終了する六月にはスターリンによるベルリン封鎖が始まる。

こうした状況の中で、独裁者の暴挙に対して宥和的な譲歩を繰り返したために大戦の惨禍を招いたという、チャーチルの指摘が多くの人々の心の琴線に触れたことは想像に難くない。『迫り来る嵐』は、戦間期、厭戦ムードが蔓延する英国で、チャーチルが政治的孤立を顧みず、ナチズムの脅威について警鐘を鳴らし続けるという、ドラマ仕立てになっている。一方チャーチルが有名な「鉄のカーテン」演説を行ったのは、連合国の一員であったソ連に対する友好ムードがまだ根強く残る一九四六年の三月で、ミズーリ州のフルトンでの演説を傍聴したトルーマン大統領も、チャーチルの「好戦的」メッセージから距離を置こうとした形跡がある。東西対立が深刻化する中でこの本を手に取った読者は、チャーチルの予言がまたしても現実のものとなりつつある、という切迫感をもって読み進めていったに違いない。

そしてこのことは、「反宥和主義」を一種のドグマに変え、戦後外交の針路に少なからぬ影響を与えてきた。実際のところ、「ミュンヘンの教訓」という言葉は、朝鮮戦争、ベトナム戦争といった、戦後の重大事態を巡る議論において何度となく繰り返されてきた。冷戦後においても然りであり、近年ではイラクのサダム・フセインへの対応が問われた際、当時のブッシュ大統領を含む米国政府関係者から、ヒットラーに対する宥和主義の失敗とのアナロジーを強調する声がしばしば聞かれたことは記憶に新しい。

また、戦後の政策決定者にとって、チャーチルの遺訓は政策正当化のための道具であったばかりではなく、時として呪縛ともなった。その典型は、チャーチルの後継者、イーデンである。一九五五年に首相に就任したイーデンは、翌年の七月、ナセルによるスエズ運河国有化宣言を引き金とする危機に直面する。イーデンにとってナセルの挑発的行為は、ヒットラーによるラインラント進駐であり、戦間期の教訓は彼に最も強硬な対応を選択させる。結果として、この選択は大失敗に終わり、五七年一月には退陣に追い込まれる。

回想録の周辺

イギリスの歴史家、デーヴィッド・レイノルズが二〇〇四年に出版した『歴史を操って（*In Command of History*）』は、チャーチルによる第二次大戦回想録執筆の過程を克明に解明した労作で、近年彼について書かれた著書の中でも異色、かつ出色の本と言って良い。この本を読むと、回想録を巡る興味深い事情が浮かび上がってくる。

チャーチルは、一九三九年九月の開戦と同時に海軍大臣として政府に復帰するが、驚くべきことにその当時から出版界には、彼がいずれ回想録を執筆するであろうとの期待感があった。例えば、チャーチルの第一次大戦回想録の出版元であったバターワース社は、開戦から一月も経たない内に、新たな回想録の出版に関心を表明する書簡を送っている(2)。

チャーチルにとっても、文筆業は彼の生計のよすがであり、政府に復帰した当初から回想録の執筆は常に念頭にあった。彼は、海軍大臣に就任後、自分が書いたメモランダムを月毎にまとめてタイプ打ちし、整理して記録に残すことを指示しているが、これには明らかに後々回想録を書くための材料を確保する狙いがあった。

彼が内閣の同僚に宛てて送った手紙なども、ゆくゆくは本の材料として活用することを意識して書かれていたことは明らかであり、ルーズベルトなど外国政府の首脳に宛てた手紙についても、常に「私の個人的な書簡」と呼ぶことを忘れなかった。

一九四〇年一月、外務大臣のハリファックスがチェンバレン首相にチャーチルの手紙を転送した際のカバーノートには、「本の材料となる手紙がまた一通来たよ！（It's one more for the book!）」という皮肉が記されている。彼の魂胆は見透かされていたわけである。[3]

このようにチャーチルの大戦回想録は書かれるべくして、書かれた、と言って良いのであるが、実際には彼が執筆にとりかかるまで様々な紆余曲折があった。

まず何よりも、七十歳で終戦を迎えたチャーチルにとって回想録の執筆は時間との戦いでもあった。最終的に全六巻の出版が完了するのは一九五四年で、この年チャーチルは八十歳を迎えている。結果的に彼の人生はそれからさらに十年余り続くのであるが、七十代で十年がかりの事業を完成させることは当然視できる話ではない。

回想録執筆の観点に限って言えば、チャーチルが一九四五年の総選挙で不覚を取ったことは幸いであった。彼がこの選挙で勝利し、首相の座を維持したとすれば、執筆の開始は四、五年遅れたはずで、回想録が今のような形で完成したか定かではない。

また、チャーチルの回想録に対しては、戦争開始当初から出版界で熱い期待が寄せられていたこともあって、出版契約を巡る交渉は極めて複雑なものとなった。第一巻の『迫り来る嵐』は、まず英国においては『デイリー・テレグラフ』紙、米国においては『ニューヨーク・タイムズ』紙と写真雑誌の『ライフ』誌で連載された後、両国で単行本として出版される段取りとなったが、これに加えて非英語国における翻訳版の準備もあり、戦後の混乱期にこれらの契約をすべて取りまとめるプロセスは容易ではなかったはずである。

ただでさえ複雑な契約交渉をさらに複雑にしたのは、税金の問題である。

執筆活動は、チャーチルの到底質素とは言えないライフ・スタイルを支える収入源であった。「金を貰わずにものを書くのは、馬鹿だけである」という、サミュエル・ジョンソンの警句を口癖にしていたことから察せられる通り、書くからには出来るだけ稼ぐ、というのが彼の信条であった。

レイノルズの試算によると、回想録の執筆でチャーチルが得た所得は、現在の価値に直すと二十億円から五十億円の間とされているから、大変なお金である(4)。しかし、如何に札束を積まれようが、その大部分を税金で持っていかれるのであれば、書く気にはならないというのが、チャーチルの言い分であった。

戦後間もなく、回想録の版権を巡って争奪戦が行われていた頃、彼を追い回していたある出版社の重役がようやく休暇先のモナコのホテルで五分の面会を取り付けると、「百万ドルをオファーする権限を与えられている人と会うのがこんなに難しいとは思ってもみませんでした」と愚痴をこぼした。これに対し、チャーチルは「稼いだ一ポンドの内、十九シリングと六ペンスを政府に納めるのであれば、物書きなどやっている価値はない」と言い返している(5)(一九七一年に十進法を取り入れる前の英国の貨幣単位では、一ポンドは二十シリングで、一シリングは十二ペンスであるから、一ポンドの所得に対して十九シリング六ペンスの税金を納めると、手元には六ペンスしか残らない計算となる)。

後世の読者にとって幸いであったのは、弁護士たちが知恵を絞った結果、この問題を解決する方策が見つかったことである。

その方策とは、まずチャーチルが保有する膨大な文書を信託財産化する。そしてその受託者は、チャーチルが回想録の執筆を開始する前にこの財産を出版社に売却するが、これはあくまで資産の売却であるから所得税の対象とはならない。その後出版社はチャーチルに回想録の執筆を委託するが、出版社が払うお金のかなりの部分は資産の売却の形であらかじめ彼の手に渡っているので、所得税の対象となる執筆料は大幅に圧縮され、相当の節税が実現する。

このやり方は確かによく考えられた方策であるが、チャーチルの保有する文書の相当部分は、彼が首相就任後書いた公文書であり、それを個人の資産として処分し、対価を得ることに違和感を覚える読者も多いと思われる。

英国における公文書の取り扱い、特に、政治家が著書において公文書を引用することの是非を巡っては、第一次大戦以降、種々の歴史的経緯がある。紙幅の関係で詳細は省くとして、大事なことは、チャーチルが一九四五年に首相を退任する直前の閣議で、回想録の執筆に好都合なルールを決めていることである。

このルールによれば、閣僚が政府から退任する際に自分自身が書いた文書を持ち出すことばかりでなく、退任後調査などの目的で閣僚在任期間に政府内部で作成された文書を閲覧することも認められた。この二つの特権が、回想録の執筆に当たって極めて重要な意味を有していたことは容易に想像がつく。実際、それらなしにはこの事業は不可能であったと言っても過言ではなかろう。

このような紆余曲折を経て、チャーチルが回想録の執筆に取りかかったのは一九四七年に入ってのことであったが、彼の著作のスタイルについても若干触れておきたい。

レイノルズの解説によれば、回想録の執筆作業は三つのDに立脚している[6]。

第一のDは、文書（documents）のDであり、チャーチルが戦時中に海軍大臣、首相として作成したメモランダムを含む。前述の通り、これらの文書は、回想録の随所で引用されるばかりでなく、多くは回想録各巻の巻末に付属文書として添付されている。

チャーチルは、大戦中部下に対して政府内部でのコミュニケーションは文書で行うよう指導し、自らもこれを実践していた。そして彼は関心の赴くところ何にでも口を出すタイプの指導者であったから、彼のメモランダムは政府が戦争遂行に当たり直面した森羅万象の課題をカバーしている。従って、これらの文書を辿っていけば、当時の政府の動きが自然と浮かび上がって来るわけであり、回想録の骨格を構成するものとも言える。線路にたとえれば、枕木と言っても良い。

第二のDは、口述（dictation）のDである。これは、チャーチルが戦時中に出席した国際会議の印象などを秘書に口述し、文章に起こしたものである。

口述は、チャーチル独特の文書作成スタイルで、戦時中のメモランダムも殆どこの形で作成された。夜型の彼が口述を行うのは、大体夕食の後から深夜にかけてで、専任の秘書を椅子に座らせ、自分は部屋の中をうろうろしながら文章をひねり出す。秘書はタイプでこれを打ち直すのであるが、チャーチルの思考を邪魔しないように消音型の機械が用いられたと言う。

回想録の執筆に当たっても、チャーチルはこのスタイルを踏襲し、旅行先で作業する場合には秘書を同行させることが必要になった。チャーチルのチャートウェルの書斎には、図書館にあるようなマガジンラックの大きなものが備え付けられているが、これは執筆の参考となる本を広げておくためのもので、部屋の中を歩きながら口述する彼の仕事のスタイルに合わせたものである。

最後のDは、草案（drafts）のDであり、これは特定のテーマについて助手が準備するものである。

チャーチルは、一九三〇年代に『モールバラ伝』を書いた頃から、資料の調査などが必要となる特定の事項については、助手に草案を準備させ、これを推敲して著書に組み込む方式を採用していた。何事につけ一流好みのチャーチルは、助手とは言え、学生のバイトなどでは満足せず、常に気鋭の若手歴史学者を採用しようとした。実際に彼が採用を検討した助手の候補には、アラン・ブロックやジェームズ・ジョルなど、英国歴史学界における将来の泰斗が含まれている。

第二次大戦回想録の執筆に当たりチャーチルが協力を依頼したのは、『モールバラ伝』でも助手を務めた、歴史学者ウィリアム・ディーキンであった。彼は一九四九年にはオックスフォードで新たに創設されたセント・アントニーズ・カレッジの学長に就任しているので、もはや助手とは言いにくいような地位を確立していた。

一方軍事問題に関する助手を務めたのは、ヘンリー・ポウノール退役中将で、戦時中は東南アジア方面連合軍のマウントバッテン司令官の幕僚長を務め、戦後は軍史編纂委員会にも関与した。回想録の中でも、軍事問題の比重は大きなものとなったので、必要な情報を迅速に収集・分析し、議論を構築する上で、彼の知見や軍関係者とのパイプは重要な財産となった。

回想録全体において、これらの助手――チャーチル自身は「シンジケート」と呼んでいたようであるが――が書いた草案に基づく部分がどの程度を占めるのか。正確な情報はないが、レイノルズによる検証によっても、草案がほぼそのまま最終稿として採用された部分もあるところからみると、相当部分にのぼると見られる。しかし、作品全体を読めば、「チャーチル節」で貫かれているところは、彼の「編集者」としての腕の冴えと言えよう。

内容面から見ると、この回想録は、チャーチルの歴史へのアプローチを反映したいくつかの特異性を有している。

まず、第二章でも述べた通り、チャーチルは、歴史は偉人の行為によって形作られるという信念を持っていたが、こうした歴史への個人的なアプローチは主観的な回想録と客観的な歴史との境界を極めて曖昧なものとしている。

チャーチルの歴史を主観的なものとしているもう一つの重要な特徴は、「反事実的」手法である。この点は、『迫り来る嵐』で最も顕著である。

「反事実的（counter-factual）」手法とは、史実と異なる事実が起こっていれば、事態がどのように展開したか推量することで、歴史分析の手法としてはいささか邪道に属する。しかし、『迫り来る嵐』の中心的メッセージを伝達する上でこの手法は極めて効果的であった。

すなわち、その核心は、第二次大戦は「不必要な戦争」であり、「（戦争の発生を）防ぐことがこれ以上容易な戦争はかつてなかった」という主張にある。言い換えれば、チャーチルの目から見て、第二次大戦に至るプロセスは、失われた機会の連続であり、この点に関する論証を「反事実的」議論に求めているわけである。

「いかにして英語圏の人々が、愚かさや不注意さ、そして善良な性質を通じて、邪悪な者たちによる再軍備を許したか」

『迫り来る嵐』の巻頭、チャーチルはこの巻のテーマとしてこの一節を大書した。これを見ても、この本が一種の教訓譚として意図されていたことは明らかである。そして第二次大戦直後、チャーチルはこうしたメッセージを発する上で揺るぎない権威を有していた。レイノルズのフレーズを借りれば、歴史を「操る」立場にいたのだ。

しかし、時間の経過と共に、彼のこうした立場は当然相対化されていく。さらに、各国において戦前、戦中の公文書の公開が進むにつれ、チャーチルの歴史的解釈の一部は否定され、一部には異なる解釈が唱えられるに至っている。もっとも、戦後六十年以上を経た今日に至っても、特に、ロシアにおける文書公開が不十分なこともあって、この時代に関する我々の理解は未だ完全なものではない。しかし、チャーチルが『迫り来る嵐』の中で描く戦間期の動向が、この時期における国際関係の複雑な様相のごく一部しか捉えていないことは否定しがたい。

軍事の失敗

戦間期における軍事政策の失敗に関するチャーチルの主張は、一九三〇年代の歴代政権がドイツによる再軍備に適切に対応しなかったために、ヒットラーの冒険主義を抑止することが出来なかったばかりか、大戦緒戦の敗北を招いたというものである。

確かに、ヒットラーによる再軍備に対して警鐘を鳴らしたチャーチルの先見性は評価すべきであり、ボールドウィン政権が軍備増強の面で無為無策のままに時間を浪費していることについて、「イナゴに食い荒らされた年月」と厳しく糾弾した、三六年十一月の議会演説などは、数多い彼の演説の中でも白眉の出来と言える。(7)

他方でこれまで明らかになった史料によれば、チャーチルがこの時点で主張していたドイツの軍拡の動向には相当の誇張があったことは疑いない。もっとも、彼が議論の根拠としていたインテリジェンスは、相当程度政府内部からの漏洩情報に基づいていたこともあり、その意味で彼が意図的に脅威見積もりを誇張していたとは言えない。また、ナチス・ドイツによる巧みなディスインフォメーションが彼の判断を狂わせた面もあろう。いずれにしても、議会人としてのチャーチルの役割が、厳密な脅威評価ではなく、国民意識の覚醒にあったとすれば、多少の誇張は許されて良いであろう。

問題は、チャーチルの政府に対する要求が、排他的と言ってよいほど、空軍力の増強に集中していたことで、この点の功罪については議論が多い。

戦間期において、最大の軍事的脅威と考えられていたのは、航空機による戦略爆撃であり、チャーチルが空軍力の強化に関心を集中させたことは理由がないことではない。三六年七月、陳情のためボールドウィンと面談したチャーチルは、ロンドンに対する一度の空襲で五千人が死亡、十五万人が負傷するという、いささか大げさな予測を述べているが、これは当時の軍事常識から外れた見方ではなかった。

さらに、軍事技術面からは、爆撃機の襲来を防ぐ手だてはないと見られていたため、ドイツの主要都市に報復爆撃を行う能力を持つこと、言い換えれば、冷戦期の「相互確証破壊」に似た状況を造ることが唯一の抑止手段と考えられていた。航空能力の増強が焦眉の急と位置付けられたのは、このためである。

結果論としては、第二次大戦全体を通じても、英国における航空爆撃による死亡者は十五万人弱であり、チャーチルの予言を大きく下回った。レーダーを始めとするその後の軍事技術の発達を勘案すれば、そのこと自体は問題視すべきでないとしても、航空力への過剰な関心が陸海の軍備を軽視する傾向を生んだことの弊害は小さくない。

特に、海軍大臣の経験者である彼が、艦船の防空体制の強化やドイツの潜水艦攻撃に備えた艦船護衛体制の整備、さらには、日本の脅威に対応するためのシンガポール海軍基地の増強といった、海軍が直面する課題に冷淡であったことには首を傾げる向きが多い。また、徴兵制の導入についても、チャーチルは常に慎重であり、三八年五月の段階でも「もし我々の艦隊と空軍が十分な体制をとっていれば、平時における徴兵制の必要はない」と主張している(8)。

そもそもチャーチルが空軍力の強化を最優先課題と位置付けたことは、軍事戦略的には本土防衛に重点を置いた、孤立志向のアプローチであり、英仏を軸とする自由主義国の連合によってドイツに対抗するという、外交面の戦略に直接資するものではない。チェコスロバキア危機の際、チェンバレンがフランスに提供できた陸軍兵力はわずか二個師団であり、三九年九月の開戦に際して実際に大陸に派遣されたのは四個師団に留まる。対独戦開戦の暁に、ドイツ軍を封じ込めるのはフランス陸軍の役割である、というのが、英国の基本的な戦略観であり、チャーチルもこの見方に立っていた。

さらに皮肉なことは、チャーチルが強調した戦略爆撃の脅威は、防空体制が強化されるまでの間、ドイツに対して対決的姿勢を避けるべきとの宥和主義的議論を助長したことである。

例えば、ミュンヘン会談に先立つ、二回のヒットラーとの会談を通じ、ドイツ側への譲歩止むなしと判断したチェンバレンは、帰国後の閣議の席上、「ドイツに向かう飛行機の中で、眼下に広がる数千の家々に対して（戦略爆撃から）どの程度の保護を与え得るか自問したが、今日戦争に踏み切ることを正当化できるものではないと感じた」との印象論を述べ、閣内の抵抗を抑えようとした(9)。

立場を替え、ドイツ側の視点に立つと、戦後明らかになった史料を検証する限り、当時独軍首脳の間で敵国の都市に対する航空爆撃が重要な戦略と位置付けられていた形跡はない。とすれば、チャーチルの求めていた空軍力の強化が、仮に彼の主張する形で進められていたとしても、ドイツを抑止する効果を持ったかどうか疑問が残る。

こうした事情を踏まえ、軍事研究家のキャメロン＝ワットは、「英国の再軍備に関するチャーチルのキャンペーンは、ドイツの軍事思考にインパクトを与える課題――武器の製造、徴兵制、大陸への軍事的コミットメント――に焦点を当てるものではなかった、というのが、厳然たる事実に違いない」と結論付けているが、妥当な見方に思える(10)。

いずれにしても、軍事面から見て、宥和政策の評価を決める究極的命題は、一九三八年のミュンヘン危機の時点で、連合国とドイツのどちらが戦略的優位を有していたかである。言い換えれば、英仏連合国の側から見て、ミュンヘン危機の時点で開戦に踏み切るのと、三九年のドイツのポーランド侵攻まで待つのと、どちらが有利であったか、という問いかけである。仮に、後者のタイミングが有利だとすれば、少なくとも結果論として宥和政策は正しかったことになる。

この点についてチャーチルは、『迫り来る嵐』の中で相当の紙幅を割きつつ、「ミュンヘンで確保されたとされる一年間の猶予期間の結果、ヒットラー・ドイツとの比較において、英仏の立場はミュンヘン危機の当時より大きく悪化した」と結論付けている(11)。

すなわち、開戦を一年先延ばししたことによって、開発中であった新型戦闘機ハリケーン、スピットファイアーを四〇年の英本土空中決戦（いわゆるバトル・オブ・ブリテン）に投入することが可能となったことは認めつつも、（一）ドイツの軍備拡張が全体としては英仏を上回るペースで進んでいたこと、（二）チェコスロバキア侵略の結果、連合国側は同国の精鋭師団を失い、逆に高い生産能力を誇るスコダ軍需工場をドイツ側に渡すこととなったこと、（三）バトル・オブ・ブリテンについては、独軍が緒戦の勝利により英仏海峡の対岸に前進基地を確保しなければ、そもそも闘う必要がなかったこと、などに照らせば、連合国側の不利は明らかとされる。

この結論は、ミュンヘン合意を「完全かつ情状酌量の余地もない敗北」と評したチャーチルの立場から見れば、当然とも言えるのであるが、戦後六十年を経てもその是非について議論は尽くされていない。筆者の見るところ、種々の研究においてチャーチルの結論を支持する見方と、反対する見方が相半ばしているのが現状であろう。

外交の失敗

一方、チャーチルが指摘する外交の失敗とは、言うまでもなく全体主義国、特にドイツに対する宥和政策の失敗である。

すなわち、この政策の下で、ヒットラーの冒険主義に対して譲歩を続けたことで、彼のドイツ国内における地位を却って強化し、最終的には欧州全土を巻き込んだ大戦という、大博打に打って出ることを許した。宥和政策が、また一方で、ドイツに対抗する関係国からなる「大連合（Grand Coalition）」結成を阻害したことは、ヒットラーの抑止をより困難なものとした。

チャーチルのこうした主張を吟味する上でまず留意すべきは、宥和政策（appeasement）という言葉の否定的な意味合いは、まさに戦間期の外交に対する事後的な評価によって生まれてきた点である。それまでは、この言葉は、中立的、若しくは文脈によっては、積極的な意味合いを有していた。キャメロン＝ワットが指摘する通り[12]、「宥和政策は、反逆罪と同様、失敗して初めて、非道徳的で非現実的なものとなる」のである。

例えば、一九三六年三月、ドイツのラインラント進駐を受けた議会審議において、当時のイーデン外相は、「この時期における我々の一貫とした目的は、平和的で、合意に基づく解決を模索することであった。（中略）私は、当院に対して、常に我々の念頭にあるのは、欧州全体の宥和であることをお約束したい」旨答弁しているが（傍点筆者）、この時点では、宥和政策の平和的性格は明らかに積極的な意味合いを持っている[13]。

また、チャーチル自身の宥和政策への反対も、同時期のイタリア、日本への対応を見ると、選択的で、首尾一貫したものとは言えない。

例えば、彼は、一九二七年一月、ローマでムッソリーニに二度面談しており、現地での記者会見では「もし、私がイタリア人だったら、レーニン主義の野蛮な貪欲さと情熱に対する戦いにおいて、皆様方と心から、徹頭徹尾志を同じくするでしょう」と述べている[14]。

こうしたコメントは、多分にローカル・プレスに対するサービスであったとしても、三〇年代に入り、イタリアがアビシニア侵攻を始めとして対外拡張政策を積極化する中でも、チャーチルの対応は微温的であった。その背景には、少なくとも三五年四月のストレーザ会議頃までは、ムッソリーニをヒットラーに対するカウンター・バランスとして活用する戦略的狙いがあったことは間違いない。同時に、引用したプレスへのコメントに見られる通り、チャーチルはファシズムに対してボルシェヴィズムへの防波堤として一定の評価を与えていた節がある。彼は、戦間期を通じて、一貫して反ナチ主義者であったが、反ファシズム主義者であったかどうかについては議論の余地があろう。

また、チャーチルは、日本についても極東における反ソ安定勢力として評価する立場をとっており、アジアの英国権益に対する日本からの脅威についても過小評価する傾向があった。

一九二四年に大蔵大臣に就任した後、海軍省が日本の脅威を理由にシンガポール基地の増強を含む予算要求を行ったのに対し、「日本との戦争だって！ なぜ、日本との戦争があるというのだ。我々の生きている間に、そんなことが起きる可能性がごくわずかでもあるとは思えない」と述べている。彼の先見性のなさを示す、数少ない例の一つである。(15)

因みに、『迫り来る嵐』においても、極東情勢については、三一年から三五年をカバーする第五章に二ページ足らずの記述があるのみである。レイノルズによれば、この明らかなバランスの悪さについては、本書の出版直前になって「シンジケート」の間で議論となったが、結局第三巻で太平洋戦争の開戦を記述する際にまとめて手当てすることとなったとされる。(16)

このようにチャーチルのイタリア、日本に対する態度は、現実にはいささか腰の定まらないところがあったのであるが、対独観の厳しさは戦間期を通じて決して揺らぐことはなかった。実際のところ、彼のドイツに対する不信感と警戒感は、ヒットラーの台頭以前から顕著であり、一種のオブセッション（妄念）に近いものがあった。

例えば、一九二四年九月、チャーチルはある雑誌への寄稿の中で次のように述べている。

「ドイツ国内の隅から隅まで、フランスに対する強烈な憎悪が全ての国民を団結させている。（中略）恐るべき数のドイツの若者が年々軍齢に達しては、極めて強い感情に煽られており、ドイツ人の魂は解放、若しくは復讐のための戦いを夢見てくすぶっている。こうした考えは、現時点では物理的な能力の欠如によってのみ抑制されている。（中略）しかし、世界の世論の支えのない、力だけでは、安全保障のための持続的な基盤は築けない。ドイツはフランスよりはるかに強力な存在であり、恒久的に隷属させることはできない[17]」

折しも、英国外交は、ドイツの国際社会への復帰を方向付けた、ロカルノ体制の構築に向け動き出しており、チャーチルの一文も、対独関与政策の必要性を示唆する点で、こうした流れに沿ったものとも読める。しかし、ドイツの軍事的エトスに対する警戒感は、チャーチルがその後の言論活動において繰り返し立ち戻るテーマであった。

重要なことは、当時の英国エリートの知的潮流は、ヴェルサイユ体制を不当なものとし、ドイツの不満を和らげることが欧州の平和と安定に資するという認識によっていた点で、このことはチャーチルの対独観をひときわ特異なものとしている。

実際のところ、三〇年代後半に入り、ヒットラーによる軍事的脅威が深刻化するまでの間、英国外交の比重は、ベルサイユ体制を堅持するよりは、変更する方向に置かれた観がある。英国が主導した一九二五年のロカルノ条約にしても、ドイツの西部国境に保障を与えた点でベルサイユ体制を補完する意義を有していたことは言うまでもないが、東部国境を保障しなかった点では、この体制が崩壊する契機を内包していた。

さらに、英国の知的エリートの間で、ドイツへの同情心に反比例する形で、フランスに対する不信感、敵対感が存在していたことも見逃せない。

例えば、ヘンリー・（チップス）・チャノンは、戦間期の保守党政治家で、彼が生涯綴った日記は英国政治史を研究する上で欠かせない史料となっているが、一九三五年三月には、「今日の大ニュースは、ドイツが再軍備を決定し、徴兵を命じたことだ。これはヴェルサイユ条約の終焉を意味する。いつも通り、フランスのせいだと思う」と記している(18)。

チャーチルもヴェルサイユ条約締結当時、条約に批判的な立場をとっていたが、これはボルシェヴィズムがドイツの弱体化に付け入ることを懸念してのことであった。その後欧州における共産主義革命の危険が後退するにつれ、ドイツの軍事的脅威の方がより重要な関心となる。

チャーチルは、「勝者の愚行」と題した、『迫り来る嵐』の第一章で、ベルサイユ体制の評価について議論を行っているが、賠償条項を含め条約の瑕疵を認めつつも、最も問題視しているのは、ドイツの軍備を制限した軍縮条項が遵守されなかった点である。彼にとっては、条約自体が問題であったわけではなく、それが適切に実施されなかったことが問題であったわけである。

チャーチルのドイツへの妄念がどうして生まれたか、史料を吟味しても、明確な理由を特定することは難しい。既に指摘した通り、彼の対独警戒感がヒットラーの台頭に先立つものであることを考えれば、国際情勢の変化によって生み出されたものではなく、より根源的な戦略観なり、歴史観に根ざしたものである可能性が高い。ある時、ドイツに対する厳しい態度を批判された際、チャーチルは、こうした態度は、エリザベス女王（一世）の時代から実行され、クロムウェルが体現した、英国の伝統的な勢力均衡政策の表れであると反論しているが、このあたりに手がかりがあるのかも知れない[19]。

ややや不可解なことは、ドイツの軍事的エトスに対するこれだけの不信感に拘らず、チャーチルがヒットラーと独軍部との対立の可能性について過大とも言える期待を抱いていたことである。実際、彼は、ミュンヘン合意がヒットラーに対する軍部の叛乱の芽を摘んだ可能性がある点を、この合意に対する批判の主要論拠としている。この点は、開戦当初ドイツの参謀総長を務めたフランツ・ハルダーのニュルンベルク裁判における証言などから見ても、全く根拠のない観測ではないが、『迫り来る嵐』の中の彼の主張はやや誇張気味に思える。

また、彼のドイツに対する妄念は、対独包囲網である、「大連合」の結成に関する見通しを過度に楽観的なものとしたきらいもある。

現実の問題として、一九三九年夏の独ソ不可侵条約締結までのいずれかのタイミングで、ソ連を交えた「大連合」が結成できたかどうかは、当時のスターリンの判断を示す追加的な史料が出て来なければ、結論を下すことは難しい。しかしながら、中・東欧諸国の間に強い対ソ不信があったことは否定できない事実であり、これらの国々は、ヒットラーがオーストリア、チェコスロバキアを呑み込んだ後に至っても、ドイツとソ連のどちらをより大きな脅威とみなすべきか決めかねていたと言っても良い。

チャーチルは、『迫り来る嵐』の中で、こうした問題を認めつつも、関係国が一旦同盟関係に入れば、違った感情も生まれたはずとした上で、「戦時における同盟国はお互いの願望を尊重するものだ。前線に武器の音が響けば、平時においては嫌悪されるような、ご都合主義も歓迎される」と述べている[20]。

こうした希望的観測の根底には、すべての国が自分同様のドイツへの警戒感を共有しているはずだと言う思い込みがある。ましてやドイツとソ連が手を結ぶ可能性などは、当時の彼の頭をよぎったことすらなかったはずである。

いずれにしても、『迫り来る嵐』の中に書かれた、戦間期外交に関するチャーチルの考察を読む際に注意すべきは、この時期の大半を政府の外で過ごした彼にとって、こうした考察の相当部分はハインドサイト（後知恵）である点である。そして、彼は、こうした後知恵の次元においても、三七年にボールドウィンからチェンバレンに政権が移ると、英国の宥和外交に質的変化が起きていたことを十分に理解しているようには見えない。

宥和外交の質的な変化とは何か。

一九三七年十一月、後の外相、ハリファックス卿がベルリンを訪問し、ヒットラーと会談する。この訪問は、私的なものであったが、チェンバレンとの綿密な打ち合わせの下で行われた。

この際、ハリファックスがヒットラーに伝えたことをかいつまんで言えば、ドイツが平和的な手段を追求する限り、ポーランドのダンツィヒ自由都市にしろ、オーストリアにしろ、チェコスロバキアにしろ、英国は欧州の現体制に拘泥するものではないし、現状を変更する解決策をブロックする積もりもない、ということに尽きる。重要なことは、このメッセージは、それまでの宥和政策が内包していた「戦略的曖昧さ」を放棄した意味合いを持つことである。

すなわち、チェンバレン以前の政権は、いずれもドイツに対する宥和的な性格を共有していたが、究極的に現状変更の動きを実力で阻止する用意があるか否かについては、意図的に明言を避けていた。こちら側の意図を曖昧にすることで、ドイツを牽制しようという戦略である。例えば、三六年のドイツのラインラント進駐に際し、英国は舞台裏ではフランスによる強硬措置に水をかける一方で、公には、ドイツの西部国境を保障したロカルノ条約へのコミットメントを再確認した。

これに対し、チェンバレンのアプローチは、英国側が現状変更を実力で阻止する積もりがないことを明確にすることで、ドイツ側にも懸案の平和的解決を志向するように促すことを狙いとしており、発想の逆転がある。それまでの政策が「戦略的宥和政策」とすれば、チェンバレンのそれは「確信的宥和政策」であり、ミュンヘン合意へのレールはここに敷かれたと言って良い。

現実にチャーチルが、チェンバレンとの間に橋渡しが出来ないほどの立場の相違が存在することに気付くのは、ミュンヘン危機の際であるが、このときには事態はもはや外交の巧拙ではなく、指導者の国家観そのものが問われる段階に入っていたのである。

ミュンヘンの悲劇

チャーチルは、『迫り来る嵐』の中で、ミュンヘン会談を回顧する第十七章に「ミュンヘンの悲劇」というタイトルを付けた。

この悲劇の主役は、疑いなくチェコスロバキアであるが、実は舞台の上に登ることすら許されていない。英、仏、独、伊の四大国首脳がミュンヘンのナチ党本部で祖国の事実上の解体について議論する間、チェコスロバキア政府の代表は、ゲシュタポの監視の下、近くのホテルでなすすべもなく待つほかなかった。

ズデーテン地方の割譲は、ドイツに対する防衛線の放棄をも意味し、ミュンヘン会談後のチェコスロバキアは玄関を開けて強盗を待つ状態にあったと言って良い。しかも、ドイツ系住民による「民族自決」が正当化されたことによって、チェコ系、スロバキア系のみならず、ハンガリー系、ポーランド系、ルーマニア系などを含む多民族国家であるチェコスロバキアは、国としての一体性を完全に失う。

結局ミュンヘン合意の後、ヒットラーがスロバキア系住民の「自治」要求を煽った挙句に、チェコスロバキア全体をドイツの保護下に置くまで、半年足らずしかかからなかった。チャーチルは、ミュンヘン会談直後、十月五日に行われた議会審議で、「何年かの単位、あるいは何ヶ月かの単位の期間の内に、チェコスロバキアはナチ政権に呑み込まれるであろう」と述べたが、予言は完全に的中する[21]。

ミュンヘン会談で大戦が回避されたことに狂喜しながら、一年の内に大戦の惨禍に引きずり込まれた自由主義国の人々も、悲劇のもう一人の主役と言えよう。

実際、ミュンヘン会談から帰国したチェンバレンに対する英国国内の歓迎ぶりは熱狂的であった。筆者の知る限り、バッキンガム宮殿のバルコニーから国王・王妃両陛下と共に、群集の歓呼に応える栄誉に浴した首相は、ミュンヘン会談後のチェンバレンと第二次大戦戦勝の日のチャーチル以外にない。

バッキンガム宮殿からダウニング街の首相官邸に至る道中も人で埋め尽くされ、チェンバレンの車が前に進めなくなるほどであった。普段は冷静なチェンバレンも人々の熱狂に浮かされたように、ヒットラーと共に署名した共同声明を振りかざしながら、不用意な言葉を発してしまう。

「これは、我々の時代の平和（Peace for our time）であります」というフレーズは、一八七八年のベルリン会議から帰国したディズレイリが使った「名誉ある平和」という言葉を意識したものであるが、以来反宥和主義者の間では、チェンバレンの先見性のなさを象徴的に示す言葉として侮蔑の対象となる。

勿論、ミュンヘン会談の直後から、批判がなかったわけではない。閣僚の中では海軍大臣のダフ・クーパーが抗議の辞任を行ったし、チャーチルを中心とする反宥和政策派からも強い反対の声が上がった。しかし、会談後数週間の内に、チェンバレンが英国内外から受け取った祝福の手紙は四万通に上るのに対し、クーパーが受け取った激励状はその十分の一に留まったとされるから、世論の支持がどちらにあったかは明らかである。チャーチルが十月五日の議会演説を、「最も不人気で、歓迎されざることを申し上げる」と、持って回った形で切り出さざるを得なかったのもそのためである。

一方、平和への期待が大きかっただけに、舞台が暗転し、戦禍に直面した時の、大衆の復讐は迅速で、苛烈であった。チェンバレン自身、ミュンヘンから帰国した当日、群集の歓喜する様子を見ながら、「これもみんな三ヶ月で終わるさ」と述べたと伝えられているが、実際にどれほど厳しい審判が待っているかは理解していなかったに違いない[22]。

一九四〇年七月、チェンバレン退陣、ダンケルク撤退、フランス降伏など、第二次大戦中でも最も暗い日々が続く中、『罪深きものたち（*Guilty Men*）』と題する小冊子が出版される。これは、後年労働党の党首となったマイケル・フットを始めとするジャーナリスト三名が偽名で出版した宥和政策告発の書であり、余りに過激な内容のため、大手の書店は販売を自粛したにも拘らず、最初の六ヶ月で二十万部も売れた。

『罪深きものたち』を嚆矢とする宥和主義批判の中で、チェンバレンは戯画化され、実像を捉えることは難しくなる。こうしたカリカチュアの中でのチェンバレンの典型的イメージは、ヒットラーに騙される、人の良い、間抜けな田舎者である。「田舎の下水管を通して、欧州情勢を眺めている、年老いた町役場の役人」という、チャーチル自身の人物評も同様のイメージを印象付ける。

しかし、チェンバレンは、蜘蛛の巣に迷い込んだ昆虫のように、勝手もわからず、フラフラとミュンヘンに出かけていったわけではない。それどころか、チェンバレンの強い意志がなければ、ミュンヘン会談自体が成立しなかった。

英国の歴史家ピーター・ネヴィルは、ミュンヘン危機に際する英国政府の立場について、チェコスロバキアに対して条約上の防衛義務を有するフランスに対応を白紙委任し、自らは不関与政策をとる選択肢が検討されなかったことは驚きであるとしているが、この指摘は重要である[23]。

この時点での英国のプライオリティーが戦争の回避にあったのであれば、ドイツとの折衝はフランスに委ねる一方、ドイツがチェコスロバキアを侵略し、フランスとの防衛条約が発動される事態に至った場合、英国がフランスの側に参戦するか否かについては言質を与えない、という選択肢はなかったのか。

もとより、当時の状況を踏まえれば、英国による参戦の保証なしには、フランスがチェコスロバキアに対する防衛義務を遵守する可能性は極めて低かった。従って、この選択肢は一種のブラフであるが、チェンバレンの実際の行動との重要な相違は、英国の意図に関する曖昧さを維持することである。

この点は、ヒットラーの対チェコスロバキア強硬策に対して、当時の参謀総長ルートヴィヒ・ベックを筆頭とする、ドイツ軍の指導部から強い懐疑論が示されていたことを考えれば、特に重要である。これらの将軍たちは、チェコスロバキア侵攻が独仏戦の開戦につながれば、英国の参戦は必至であり、その時点でのドイツの実力では、英仏を相手にした戦争に勝ち目はないと判断していた。

実際には、「確信的宥和政策」を信奉するチェンバレンは、曖昧さを残さないことが、戦争を回避する途であると判断した。そして、フランス政府に一切相談することなく、ヒットラーとの直談判に臨むこととし、六十九歳にして初めて乗る飛行機で、一回目の首脳会談に乗り込む。この時の彼の行動には、意思の薄弱さも、目的の曖昧さも一切ない。

ベルヒテスガーデンにおける第一回会談におけるチェンバレンの対応も、外交交渉の通常の常識ではなかなか測りきれない。

ヒットラーとの最初の顔合わせで、チェンバレンは、英国政府を代表して約束する権限はないが、個人的意見では、ズデーテンラントの割譲に原則として反対しないと明言するが、この発言は驚きとしか言いようがない。

チェンバレンがこの交渉において持っていたレバレッジ（梃子）は、ヒットラーに対して、英国が彼の領土的野心を実力で阻止するかもしれないという脅威感を抱かせること以外にない。そのレバレッジを交渉の最初から放棄することは、外交交渉の教科書にはない。しかも、この段階で問題となっているのは、ズデーテンラントの自治であり、チェンバレンは自ら交渉の賭金（ステーク）を割譲へと吊り上げてしまっている。

さらに、ヒットラーとの第一回会談からミュンヘン会談に至る過程を通じて不可解に見えることは、チェンバレンが一見、対価（quid pro quo）のない交渉を行っていることである。と言うのも、この過程を通じて彼が交渉しているのは、ヒットラーが武力に訴えないような、ズデーテンラント割譲の条件であるが、これは本来彼が前面に立って交渉する筋合いにはない。

ヒットラーと握手するチェンバレン（左） AP/AFLO

むしろ彼はヒットラーの言い値を聞いては、チェコスロバキア政府に妥協を強いることを繰り返しているので、どちらを向いて交渉しているか判然としない状況であった。チャーチルは、十月五日の議会審議で真っ先にこの点を取り上げ、「チェコ人が、（中略）西側列強から支援はないと言われて、自ら交渉した方が、（ミュンヘン合意より）よい条件を得たはずだ」と述べているが、的外れな指摘ではない[24]。

英国政府が、本来関与する必要のない交渉に乗り出す理由があるとすれば、その対価は、ヒットラーがこれ以上の領土拡張に訴えないような何らかの歯止め——不可侵条約の締結や軍縮交渉の開始等——にあったはずである。その際、結果として、そのような歯止めが有効であったか否かは別問題であり、対価を目指す真剣な交渉努力が行われた形跡がないことが不可解なのである。

最終的に、チェンバレンは、ミュンヘン会談の翌朝、ヒットラーを単独で訪れ、「二度と戦争をたたかわないという両国民の願望」を謳った共同声明案への署名を取り付ける。彼が帰国後、「我々の時代の平和」と述べた際に手にしていた紙がそれであるが、すべての交渉が終わった後で、思いつきのように作ったペーパーを真剣な交渉の対価と呼ぶことには躊躇がある。

後日チェンバレンは、この共同声明の意味について、もしヒットラーが約束を反故にすれば、自分が全くシニカルで、信用のおけない人間であることを世界中に示すことになり、このことは、特にアメリカにおいて、ヒットラーに反対する世論を喚起する上で重要であるとの解説を行っているが、そうであれば、この声明は世論対策上のアリバイに過ぎないことになる(25)。

二つの国家観

チェンバレンがミュンヘンにおいて外交常識を無視してヒットラーとの宥和を図ったのは、なぜか。

戦間期の英国における戦争に対する強い嫌悪感やチェンバレン自身の平和主義的性向が彼の行動を説明する重要な手がかりであることは間違いない。

次章で詳述する通り、英国国内においては、第一次大戦の悲劇がもたらした厭戦感情は、一部の平和主義者だけでなく、王室から大衆まで幅広く共有されていた。宥和政策が民意を反映したものであることは、ミュンヘン会談後の人々の熱烈な歓迎からも明らかである。

チェンバレン自身も、兄弟同様であった従弟のノーマンの戦死から戦争に対して強い嫌悪感を抱くようになり、第二次大戦開戦後、肉親に送った書簡にはこうした感情が率直に吐露されている。例えば、三九年十月に妹のヒルダに宛てた手紙には、「どれほど僕がこの戦争を嫌い、うんざりしていることか。僕は、決して戦時の大臣に生まれついたわけではない」と記されているが、肉親との私的なやり取りとは言え、戦争の最高指導者の口から出る言葉とは思えない(26)。

しかしながら、先にも指摘した通り、ミュンヘンにおけるチェンバレンの行動は余りにも確信に満ちており、筆者から見ると、「戦争を避けたい」という消極的な心理のみでは説明はつかず、より積極的な動機があるように思えるのである。

一つの解釈として、ズデーテン危機に際し、チェンバレンが繰り返し英国の軍備の不十分さを強調したことに照らせば、ミュンヘン合意はドイツとの軍事的対決を先延ばしするための戦略的撤退とする見方は可能かもしれないが、この解釈にしても、筆者から見ると十分なものとは思えない。

と言うのも、チェンバレンの対独姿勢は、ミュンヘン会談以降、翌三九年九月の開戦までの間に厳しさを増し、国内的にも戦争の準備に向けた体制造りに拍車がかかるのであるが、その一方で開戦ぎりぎりまでヒットラーとの間で何らかの妥協を達成する可能性を捨て去っていないからである。

例えば、三九年三月のヒットラーによるチェコスロバキア解体後、英国政府はポーランドに対する保障を表明するのであるが、この保障はポーランドの独立に対するものであり、領土の一体性に対するものではない。このことは、ドイツがポーランドに対する領土要求を平和的、外交的手段で実現しようとするのであれば、交渉の余地があることを意味しており、ヒットラーに対するメッセージが込められている。

さらに、同年四月、チェンバレンは、限定的な徴兵制の導入に踏み切るが、チャーチルを閣内に迎えて挙国一致内閣を設立すべしという、世論の圧力には最後まで抵抗する。チェンバレンにとって、対独強硬派のチャーチルの入閣は、ヒットラーとの妥協の途を閉ざすものであり、こうした妥協に一縷でも望みがある間は受け入れられなかったのであろう。

こうした状況を見て、当時の在英ソ連大使のマイスキーは、スターリンの側近に対して、チェンバレンがチャーチルの入閣を拒む政治的動機は、そのことがドイツとの決定的な決裂を意味するからと分析した上で、「チェンバレンは心の中では相変わらず『宥和主義者』のままである」との報告を行っているが、慧眼と言える(27)。

結局、筆者の見るところ、チェンバレンの「確信的宥和政策」は、ドイツの軍事的脅威にどう対応するかという狭い文脈ではなく、第一次大戦後の国際情勢の激変に対応し、新たな国際秩序を構築しようとする能動的な努力として理解すべきであり、そうしない限り、辻褄が合わない。

既に指摘した通り、第一次大戦が終わった時点で、大英帝国の版図は史上最大に拡大するが、戦前から退潮気味であった英国の国力は、四年に及ぶ総力戦によって一層疲弊する。戦間期において為政者が常に直面した課題は、広大な帝国を維持するためのコストと衰退する国力とのギャップを如何に埋めるかであった。

こうした矛盾は、国際情勢が比較的安定し、復興ブームで経済の拡大を見た一九二〇年代にはさほど顕在化していなかったが、三〇年代になると一気に噴出する。引き金となったのは、言うまでもなく一九二九年の世界恐慌とドイツ、イタリア、日本の現状変更勢力による脅威の台頭である。

世界恐慌の結果、英国の貿易量は四割縮小し、失業保険加入者の五分の一が失業した。政府の財政も悪化し、慢性的な対外収支危機に悩まされることになる。そうした状況の中で、日本が極東の権益を、イタリアが「王冠の宝石」インドに連なる地中海、中東の権益を、そしてドイツが英国の生存の基盤である欧州の安定を脅かす、悪夢のシナリオが刻々と現実のものとなる。当時の政府・軍関係者は、その時点での国力をもってしては、この三方向からの脅威に同時に対応することは不可能であるとの認識で一致していた。

宥和政策の本質は、経済力、軍事力だけではとても守りきれない帝国権益を、英国の伝統的強みである外交交渉力で擁護しようとする狙いにある。この政策は、安上がりではあるが、現状変更勢力の動きに対応することを基本とするため、対症療法的で、一貫性を欠くことが難点である。このため、ボールドウィン政権下の外交はしだいに「漂流」し始める。

一九三七年に政権を継承したチェンバレンは、現状変更勢力の動きを待つことなく、積極的な外交を展開することで、こうした勢力の不満を解消し、帝国の権益を中長期的に擁護し得る平和的な国際秩序を築くことが出来ると考えた。

その年の十二月の議会における演説で、チェンバレンは、彼の外交の目的が「全般的な問題の解決を追求すること、言い換えれば、もっともな不満が除去され、疑惑が解消され、信頼が再び回復する状態に達すること」にあると述べた上で、「我々は漂流しているわけではありません。目前には明確な目的があります。その目的は、戦争に訴えることなく、世界中の不満の全体的解決を図ることであります」と力説している[28]。

半世紀以上を経た今日振り返ると――半世紀を待たずしてもミュンヘン合意が失敗した段階で

明白になったはずであるが――「世界中の不満の全体的解決」を目指すことが、傲慢で、不毛な企てであることは明らかである。しかし、長年のビジネス経験を経て、政界に入ったチェンバレンは、国際関係を市場に見立て、相手は誰であれ、価格さえ折り合えば取引は成立すると本気で信じていた。

このため彼は、政権の初期、フランスやポルトガルの植民地を餌にドイツとの取引を画策するが、これが上手く行かないと見ると、チェコスロバキアなどの小国の犠牲の下で対独宥和を図る。こうした交渉において、「身銭を切る」ことなく、他人に対価を支払わせようとするところは、誠にシニカルと言わざるを得ないが、歴史的に見れば大国の外交の常套手段の一つである。

むしろチェンバレン外交の致命的欠陥は、「世界中の不満の全体的解決」という目的の不毛さもさることながら、ヒットラーの性格を読み違え、理性的な取引ができる相手と考えたことである。

ハリファックス卿は、先に触れたベルリン訪問中、ヒットラーと会談した後、「(訪問を通じ、英国とドイツとは) 完全に異なる価値観を持ち、異なる言葉をしゃべっているという感じを禁じ得なかった」と日記に記しているが、ナチス・ドイツについてチェンバレンに比べてはるかに現実的な評価を行っている。ズデーテン危機が深刻化する中で、チェンバレンとハリファックスとの間で立場の相違が顕在化していくのも、こうした認識のひらきが影響している可能性が強い(29)。

こうして見ると、二回のヒットラーとの直接交渉とミュンヘン会談を通じ、チェンバレンはヒットラーと話をつけられるのは自分だけであり、他人には任せられないという、強い意識にかられていたはずである。ミュンヘン会談の直前、チェンバレンの腹心の外交顧問、ホレス・ウィルソンが特使としてベルリンを訪問した際、ウィルソンは、ナチ・シンパであった駐独大使ヘンダーソンに対して、英国政府が発出する声明の中で、首相官邸から出るもの以外はすべて無視するよう、ドイツ側に伝えるよう指示する。この指示は、チェンバレンが外務省ですら信用していなかったことを端的に示している[30]。

こうしたチェンバレンの知的傲慢さは、今となっては侮蔑の対象となりがちであるが、経済人たる彼にとっては、のるかそるかの大商談にトップが乗り出していくことはごく自然なことであった。そしてミュンヘンでの「商談」が終わった段階では、彼はヒットラーが今後とも取引のできる相手だと判断した。会談の翌朝、ヒットラーの署名を取り付けた紙は、ミュンヘンでの合意を土台に、自らに課した使命である新たな国際秩序の構築に向けて、取引を続けていく枠組みとして意図されたものであったのであろう。

結局のところ、第二次大戦前夜のこの時期に、チャーチルとチェンバレンは、転換期の英国の国家像について対照的なビジョンを提示していた。

チャーチルは、「守旧派」の代表格であり、大英帝国の歴史と伝統を擁護することを重視する。彼の見るところ、国力の低下や独立運動の激化に対応して、インドへの自治権の付与を試みることは、歴史に対する裏切りである。ナチス・ドイツが自由、民主主義といった伝統的価値に挑戦し、欧州大陸においていかなる国にも覇権的地位を許さないという、英国の歴史的な戦略的立場を脅かす場合には、武力をもってこれを阻むべき、と考える。

一方、チェンバレンは、英国が国力の低下の中で帝国の権益を堅持するためには、変化が必要だと考えた。広大な植民地を維持するコストを圧縮するため、インドへの自治権の付与などの現実的な対応が求められる。帝国を維持するための国力を涵養するためには、平和的な国際秩序を模索する必要があり、ヒットラーとの妥協も排除すべきではない。

宥和主義を巡る事後的な論議を捨象して見た場合、この二つの内、当時の世論がチェンバレンのビジョンをより「現実的」な選択肢として支持していたことは間違いない。

チャーチルとチェンバレンが保守党の主導権を争ったのは、ほんの十年位の期間であるが、第二章でも述べた通り、二人の間には親の代からの不思議な因縁がある。

こうした因縁にも拘らず、息子たちは政治家としては対照的な人生を歩む。二十代で政界入りし、三十代で閣僚として活躍し始めたチャーチルに比較して、チェンバレンの政治家としてのスタートは遅い。もともとジョゼフ・チェンバレンの政治家としての後継者とみなされていたのは、異母兄のオースティン・チェンバレンであり、ネヴィルは家業を継ぐことが期待されていた。二十歳そこそこで、父親からバハマで農園を経営するよう命じられたのも、そのための修業であり、教育面でも、オースティンがラグビー校からケンブリッジに進んだのに対し、バーミンガムの専門学校で冶金学と工学を専攻した。

政治家としての出発点は、地元バーミンガムの市議会議員であり、このとき既に四十歳を越えていた。バーミンガムの市長を経て、中央政界入りしたのは、第一次大戦後であるが、その後は急速に政治力を蓄え、ボールドウィン首相の下で保健相、蔵相を歴任すると、一躍その後継者として躍り出る。一方、チャーチルは第二次ボールドウィン内閣で蔵相を務めたものの、その後は党内で孤立を深めていくので、二人の政治家としての立場は数年の内に逆転してしまう。

ミュンヘン危機から第二次大戦勃発の経緯の中で、政治劇の主人公としての二人の立場は再度逆転する。しかし、勝利者であるはずのチャーチルも、結局は大英帝国の崩壊に歯止めをかけることができず、戦間期に提示したビジョンを完全な形で実現することはかなわなかった。

チャーチルは、ミュンヘン会談がチェコスロバキアの独立を犠牲にしたことを許しがたい道義的汚点と考えていたが、第二次大戦末期、スターリンとの妥協のためにポーランド亡命政権の利害を犠牲にすることを余儀なくされる。ポーランドの主権を擁護することが、ドイツに対する直接の交戦事由であったことを考えれば、このことはチャーチルに特に苦い後味を残したはずである。


『迫り来る嵐』は、史実を客観的に叙述するものではなく、特定の目的をもって書かれた政治文書であり、そのように読まれるべきであろう。チャーチルが指摘する「史実」の真偽については、これまでも議論があったし、今後も議論され続けていくであろう。

しかし、歴史の審判は、政治的ないとなみであって、非情である。政治の評価は、常に結果論で決まる。

ミュンヘン以後、チェンバレンの余命はわずか二年で、歴史の審判において自らを弁護する時間は残されていなかった。そのためか、チェンバレン逝去の際に、チャーチルが下院で行った追悼演説は、驚くほど故人に対する敬意と同情に溢れている。


「歴史は、ちかちかと光るランプを手にして、よろめきながら過去の探求に乗り出し、過ぎ去った場面を再構築し、音の響きを復活させ、過去の日々の思いに火を点けようとする。しかし、そんなことがいったい何の役に立つのであろうか。人を導くものは、その人の良心以外にはない。そして彼の声価を守る盾となるのは、本人の行動の正しさと真摯さ以外にはない。この盾なしに人生を送ることは無分別なことである。というのは、我々は、余りにも頻繁に、希望が失われたり、計算が狂ったりすることで裏切られる運命にあるからだ。しかし、この盾さえあれば、運命が如何なる悪さをしようとも、我々は常に誇り高き人々の隊列に伍して歩むことが出来るのだ。（中略）

　この恐ろしい、すさまじい年月について歴史が何を語り、何を語らないかに拘らず、我々は、ネヴィル・チェンバレンが自らの信念に従い、完全な真摯さをもって行動し、強力なる能力と権威の限りを尽くして、我々が今巻き込まれている悲惨で、破壊的な闘争から世界を救おうとしたことを確信できる。このことだけをもってしても、彼はいわゆる歴史の審判において立派な地位に身をおくことになるのである」[31]

　歴史の審判の曖昧さに思いを馳せ、真摯に生きること自体に価値を見出そうとする感慨は、歴史を「操る」ことを得意としたチャーチルには、似つかわしくない。

　時は一九四〇年十一月、僚友フランスは既にヒットラーの軍門に降《くだ》り、米国は依然として孤立主義の殻に留まる中、英国は孤独の戦いを続けていた。いかに自信家のチャーチルであっても、自分自身がどのような歴史の審判を受けるか、確信は持てなかったはずである。

「人を導くものは、その人の良心以外にはない。そして彼の声価を守る盾となるのは、本人の行動の正しさと真摯さ以外にはない」というくだりは、ネヴィル・チェンバレンという好敵手を悼むだけではなく、自らに言い聞かせる言葉に聞こえるのである。

第六章　一九四〇年五月――運命の月

世界を変えた一ヶ月

議会政治の母国であるイギリスには、政治の機微を捉えた名言がいくつもある。

筆者のお気に入りの一つは、チャーチルの二代あとの首相、ハロルド・マクミランが若手の記者から、政権が倒れる要因は何か、と聞かれた時に答えて述べた言葉である。

「出来事（events）だよ。坊や。出来事」

予測もしない「出来事」で政局が動くのは、洋の東西を問わないが、この言葉が特別の重みを持つのは、マクミラン自身の運命を暗示しているためである。

一九五七年にイーデンから政権を引き継いだマクミランは、五九年の総選挙で勝利し、長期政権に向けた基盤を固めるが、六三年に国防担当の国務大臣、ジョン・プロヒューモと売春婦との関係にかかわるスキャンダル（プロヒューモ事件）が発生すると、政権への国民の信頼は大きく揺らぐ。

そして、同年秋の保守党大会直前、マクミランは末期の前立腺ガンと診断され、首相辞任に追い込まれる。しかし、その後この診断は誤診と判明し、「不治の病」から立ち直ったマクミランは一九八六年に九十二歳の天寿を全うする。辞任から二十三年後である。政治家にとって「出来事」がいかに残酷なものかを示す好例と言えよう。

「選挙というものは、野党が勝つものではない。与党が失うのだ。（The Opposition don't win the election. The Government lose it.)」という言葉も味わい深い。政権交代は、野党の躍進によって実現したように見えても、本質的には与党の自滅によって起こる、という格言であるが、この言葉も普遍的な真実を含んでいる。

六〇、七〇年代に、労働党政権を二期八年率いた、ハロルド・ウィルソンには、「政治では一週間は長い時間だ（A week is a long time in politics)」という言葉がある。政治において将来を当然視することを戒める言葉であり、マクミランの観察と相通じる。

政治において一週間が長い時間であれば、一ヶ月は永遠に近い。英国の現代史を振り返っても、一月の間に政治の風景が完全に変わってしまった例は枚挙に遑《いとま》がない。

一九六三年九月から十月にかけての一ヶ月間――マクミランの病状「誤認」からダグラス＝ヒューム内閣発足まで――は、その一例であるし、少し遡れば、一九五六年秋、スエズ紛争勃発からイーデンの「静養」までの一ヶ月がそれに劣らず劇的である。記憶に新しいところでは、一九九〇年十一月、サッチャー首相を辞任に追い込んだ「宮中クーデター」は、シェークスピアの悲劇さながらの起伏に富んでいる。

しかし、これらのエピソードは、それぞれ興味の尽きないドラマであっても、国際的な意味合いから言えばコップの中の嵐と言えなくもない。

その点、一九四〇年五月の激動は、英国政治のみならず、国際政治の帰趨にも重大な影響を与えた。やや大げさに言えば、「世界の歴史を変えた一ヶ月」という言い方が許されるのではないか。

この月の七日、八日に行われた戦争指導方針に関する下院審議（通称「ノルウェー討議」）は、予想もつかない政府弾劾の場と化し、保守党内からの大規模な叛乱に直面したチェンバレン首相は退陣を余儀なくされる。

首相後継人事は、外務大臣のハリファックス卿か、チャーチルかの選択となり、チェンバレンを含め指導層の大勢はハリファックスを選好したが、本人が下院に議席を持たないことを理由に峻拒したため、十日、大命はチャーチルに下る。

チャーチルが首相に就任した当日、ドイツ軍はオランダ、ベルギー、ルクセンブルク、フランスの四ヶ国に侵攻する。前年九月の開戦以来、西部戦線は不気味な沈黙を守ってきたが、一旦戦端が開かれた後のドイツ軍の攻撃は苛烈であった。いわゆる電撃戦（Blitz-krieg）である。

その勢いの前に、十五日にはオランダが、そして二十八日にはベルギーが降伏する。月末までにドイツ機甲師団はフランスに奥深く侵攻、パリの北、約百キロまで迫ると共に、数十万人の英国派遣軍とフランス守備隊を英仏海峡に面した小さなポケット——ダンケルク——に追い詰める。

二十六日から六月四日にかけて、商船から漁船、ヨットの類まで、掻き集められた八百六十隻の船がピストン輸送でダンケルクに孤立する英仏の将兵を救出する。その数、三十万人以上、「オペレーション・ダイナモ」と呼ばれたダンケルクの撤退作戦は西部戦線緒戦のハイライトである。

と、ここまでは、チャーチルの第二次大戦回想録を含めて、繰り返し語られてきた「神話」である。この「神話」によれば、チャーチルは、強力な指導力を発揮することで、首相就任前に存在した彼への不信感を一掃し、フランスの降伏から英国本土防空戦（バトル・オブ・ブリテン）に至る未曾有の危機を克服する。言い換えれば、一九四〇年五月は、チャーチル自身が英国史上「最も輝けるとき（finest hour）」と呼んだ英雄劇の序章ということになる。

戦後公開された史料やそれに基づく研究は、大方においてこの「神話」の筋立てを確認しながらも、いくつかの点で修正を迫っている。特に注目すべきは、政権初期におけるチャーチルの政治基盤が想像もつかないほど脆弱であった点である。最近の研究では、彼に対するエスタブリッシュメントの猜疑心が解消されるのは、四一年の夏頃とされるので、対チャーチル不信は相当に根深かった(1)。

さらに、当面の戦局により重要な係わりを有するのは、五月下旬に戦時内閣で行われた議論である。

すなわち、二十四日から五日間、断続的に開催された閣議においては、チャーチルと外務大臣ハリファックスとの間で、フランスの降伏後の戦争方針について激論が交わされる。日付からわかる通り、この段階ではダンケルク撤退作戦の成否は明らかになっておらず、議論の背景には、西部戦線開戦から一月も経たない内に主力兵力を失いかねないという、現実の危険が存在していた。

英国がただ一国取り残されようとも、あくまで戦争を継続することを訴えるチャーチルと、ヒットラーとの妥協の可能性を排除すべきでないとするハリファックスの論争は、この段階では「仮定」の議論であって、二人の立場の相違を余りに誇張することは適当ではない。しかし、この論争を経て、チャーチルが徹底抗戦の方針で閣内の政治的意思を統一したことが、その後の戦局の推移に与えた影響は測り知れない。

ジョン・ルカーチは、『ロンドンの五日間――一九四〇年五月（*Five Days in London, May 1940*）』と題する著書で、この五日間をヒットラーが第二次世界大戦の勝利に最も近づいた瞬間と結論付けている。(2) この主張の是非については議論の余地はあるが、英国が敗北に最も近づいた瞬間であったことは間違いない。

激動の前夜

一九四〇年五月の意味合いを考える前に、三九年九月の開戦以降の動きを簡単に振り返ってみたい。その際、手がかりとするのは、戦時中チャーチルの秘書官を務めたジョン・コルヴィルの日記である。

ジョン（ジョック）・コルヴィルは、一九一五年生まれで、ケンブリッジ大学で歴史を専攻した後、外務省に入り、三九年十月にチェンバレンの秘書官として首相官邸に出向する。翌年五月のチェンバレン退陣後も官邸に残り、四二年の一時期空軍パイロットとして従軍した以外は、第二次大戦中は常にチャーチルの傍らにいた。戦後は、短期間アトリーに仕えた後官邸を離れるが、五十一年の第二次チャーチル内閣発足と共に首席秘書官として復帰、五五年春の首相辞任まで苦楽を共にする。

コルヴィルが三九年から五五年にかけて書いた日記は、『権力の周辺（*The Fringe of Power*）』というタイトルで出版され、チャーチル研究に欠かせない史料となっている（邦訳のタイトルは『ダウニング街日記――首相チャーチルのかたわらで』）。この日記が、政権初期の状況を知る上で特に有益なのは、彼が政敵とも言えるチェンバレン、チャーチル双方の秘書官を務めた立場から、客観的な視点を提供しているからである。

さらに、コルヴィル自身は恒産を有していなかったものの、父母双方の血筋は貴族の名家につながっており、当時のエスタブリッシュメント――歴史家アンドリュー・ロバーツの言葉を借りれば、「ちゃんとした人達（Respectable Tendency）」――の見方、考え方を幅広く吸収し得る立場にもあった。

さて、前段で「九月の開戦以来、西部戦線は不気味な沈黙を守ってきた」と書いたが、英国ではこの間のことを俗に「いんちき戦争（Phoney War）」と呼ぶ。ポーランドへの電撃戦の開始に伴い、ドイツと英仏連合国は戦争状態に入ったはずであったが、実際に砲火を交える兆しが一向に見えなかったからである。

チェンバレン首相は、対独宣戦布告に踏み切ると同時に、挙国一致の体制を造るために宥和主義批判の先頭に立ってきたチャーチルを海軍大臣に登用する。彼にとっては、「荒野の時代」が始まってから約十年、ダーダネルスからは四半世紀ぶりの海軍省復帰であったが、開戦初期は不完全燃焼の日々が続いた。

この時期のコルヴィルの日記を見ると、早朝には乗馬を楽しみ、昼には会員となっているクラブでランチ、週末は知り合いのカントリー・ハウスに滞在といった具合に、上流階級の日常が戦争の影響を殆ど受けていないことがわかる。

国民生活全般に目を転じれば、三九年四月に限定的な徴兵制度が導入され、開戦直前の八月には国防授権法が公布されるなど、戦時体制への移行が進展していた。特に、都市部では、空襲警報下の避難訓練やガス・マスクの配給といった、航空爆撃に備えた対策がとられたため、市民の間に一定の緊張感はあったであろう。

しかし、右に述べたような軍事情勢の中では、国民の戦意を維持し、高揚させることは容易ではなかったはずである。特に、開戦一ヶ月後にポーランドが降伏し、英国が対独宣戦布告に踏み切った直接の事由が解消されてしまうと、戦争の目的自体が曖昧化してしまったきらいがある。

たとえば、当時の外務次官、アレクサンダー・カドガンは、ポーランドの降伏後、戦争目的を問われた際に答えに窮し、「(ソ連がドイツのポーランド攻撃に乗じて、同国の東半分を占領してしまった以上)もはやロシアと戦争せずに、『ポーランドから撤退せよ』とは言えなくなったが、そんな戦争などはしたくない。『ヒットラー主義を粉砕せよ』というのが、掛け声になるだろうが、ヒットラーがゲーリングに政権を移譲したらどうするのか。また、ドイツがこのまま持久戦を続けたらどうするのか」と自問している(3)。戦前における反宥和主義派の代表格といわれるカドガンですらこの状況であれば、国民に迷いが出るのは当然と言える。

また、英国がこの時期に待ちの姿勢に徹していたのは、戦争目的に迷いがあっただけではなく、戦術的にもそれが得策であるとの判断があった。すなわち、この時点における英仏両国の空軍力は、防空能力を含め、ドイツに大きく水を開けられており、決戦を先に延ばせば延ばすほど、その差を縮めることができるとの判断である。

もともと、英仏両国の戦争指導者の脳裏には、第一次大戦の塹壕戦の記憶が色濃く残っていた。このことは、人的な犠牲を含め、戦力の消耗につながる正面対決は避けたい、という強い欲求につながる。

一方、軍事面での悲観論と好対照をなすのが、ドイツの政治・経済的安定性に対する懐疑的見方であり、このことも持久戦を志向する傾向を強めた。英国内には、ヒットラーに対するドイツ国内の不満を過大評価する傾向が常にあり、チャーチルのミュンヘン合意批判の一つの根拠が、軍事クーデターの芽を摘んだとの見方にあることは前章で触れた。

見逃せない点は、ヒットラー失脚に対する強い願望の背景には、彼が犯した対外的拡張主義の誤りさえなければ、共産主義の防波堤としてのナチズムの役割を評価しても良いのではないかとの空気があったことである。この空気は、「ちゃんとした人達」の間で特に強かった。

十月十三日のコルヴィルの日記を見ると、チェンバレンの首席秘書官であったアーサー・ルカーとの会話が記されているが、その中でルカーはこう述べている。

「共産主義は今や大きな危険であり、ナチス・ドイツによる危険より深刻である。ヨーロッパの独立国家はすべて反ロシアであるが、共産主義は国境をものともしない伝染病である。ソヴィエトのポーランド侵攻によって、東欧諸国の共産主義への抵抗力は大幅に弱まるであろう。このため、我々がロシアとの関係を非常に注意深く取り扱うこと、そして共通の危険に立ち向かうため、必要があれば、新たなドイツ政府と連携する可能性を殺さないことが枢要である。必要とされるのは、ドイツにおける穏健な保守の回復、軍首脳による現政権の転覆である」[4]

第一次大戦後の英国で極めて強い戦争アレルギーが生まれたことは、第二次大戦後の日本と相通じるところがあるが、英国の場合、上流階級、知識階級の総体としてのエスタブリッシュメントにおいて特にこの傾向が顕著であったことが特徴的である。

一九三三年二月、オックスフォード大学の学生会は、「本学は国王、若しくは国家のために闘うことを拒む」との動議について討論会を開催し、二百七十五票対百五十三票で、この動議を可決する。数世紀に亘り、国家の体制を支える人材を輩出してきたオックスフォードの学生会が国に殉じることを否定したことは、大きな社会的衝撃を与えた。

英国エスタブリッシュメントの頂点に位置する王室も、平和主義、宥和主義の影響を免れることはなかった。

一九三五年のアビシニア危機に際し、ジョージ五世は、当時のホア外相に対し、「私は老人だ。一つの世界戦争を生き抜いたが、どうやって新たな戦争を生き抜けというのだ。もし私が国王を続けるとすれば、今度の戦争に引きずり込まれることがないようにしてくれないと困る」と述べたとされる。また、別の機会には、ロイド＝ジョージに対し、「この国が戦争に巻き込まれる位なら、自らトラファルガー広場に出かけ、赤旗を振り回す」と述べたとされており、その極端な厭戦感情に驚かされる[5]。

ジョージ五世の次のエドワード八世の場合、こうした戦争アレルギーが積極的な宥和主義につながった。シンプソン夫人との「世紀の恋」で退位した後の一九三七年には、政府の助言を無視し、ベルヒテスガーデンの山荘でヒットラーと会談、ナチスのプロパガンダに利用される。第二次大戦開戦後は、夫人と共に欧州を転々とするが、ナチスに身柄を奪われ、宣伝に利用されることを懸念したチャーチルによって、カリブ海バハマの総督として「島流し」の目に遭う。

エドワードの弟のジョージ六世は、生来の慎重な性格もあって、戦時中を通じて立憲君主の範となる役割を果たした。しかし、開戦前は、チェンバレンの宥和政策の強力な支持者であり、彼の退陣に際しては、チャーチルではなく、ハリファックスの後継を希望した。

以上のようなエスタブリッシュメントの雰囲気だけをとって、開戦初期の英国で敗北主義が蔓延していたと結論付けるのは、おそらくは誤りであろう。

むしろ重要なことは、上述のようなエスタブリッシュメントの雰囲気を考えれば、開戦当初の段階では、好戦的で、宥和政策を批判し続けてきたチャーチルがいかに異端の存在として映っていたかである。

再びコルヴィルの日記に戻ると、開戦後日がたつと、チェンバレン退陣の可能性が囁かれるようになるが、「ちゃんとした人達」のチャーチルへの評価には極めて複雑なものがあったことがうかがえる。いくつかの例を抜粋してみよう。

【三九年十月一日、チャーチルのラジオ演説を聴いた後】

「彼が人々に自信を与えるのは確かだし、この戦争が終わる前に首相になるような感じもする。しかし、彼の経歴が物語る、信頼性のなさと不安定な性格を考えると、彼は我々を最も危険な道に導くことになるかも知れない(6)」

【十月十二日、祖父であるクルー侯爵との会話において】
「(祖父は)ウィンストンを首相にすべきでないことが最も肝心であり、チェンバレンが続投すべきと考えている(7)」

【十一月十七日、外務大臣秘書官のハーヴィとの会話において】
「(ハーヴィは)もしチェンバレンに何かが起こった場合、平穏な情勢であれば、ハリファックスが後継者になるであろうが、仮に軍事面で深刻な状況が生まれれば、チャーチルが出てくると考えている(神様、そんなことになりませんように)(8)」

【四〇年一月一日】
「ウィンストンのかけ声の下で、内閣はスカンジナビア北部への大胆な攻撃作戦を検討しているが、(中略)その計画は、私にとっては、危険なほどガリポリ作戦のことを思い出させる(9)」

こうした記述を通じて浮かび上がってくることは、類い希な弁舌や軍事的な知見を備えたチャーチルに対しては、危機の指導者として一定の期待感がある一方で、ダーダネルスを始めとする過去を振り返ると、彼に国運を委ねて良いか、強いとまどいが存在していたことである。このことは、四〇年五月の激動への重要な伏線となる。

戦端開く

開戦後約八ヶ月の間に西部戦線に目立った動きが見られなかった理由は、連合国側の受身の姿勢だけではない。ドイツの側でも、ポーランド降伏後、戦局をどのように展開させるか具体的な戦略を欠いていた。歴史家イアン・カーショウが指摘する通り、「ドイツ軍は、一九三九年秋、大規模な戦争のための精緻な計画なしに敵対行為に入ったばかりでなく、西部攻勢については全く戦略を有していなかった」のである(10)。

大きな戦略の次元で、ヒットラーが考えていたことは、ドイツ軍の態勢が整い次第、全力を投入してフランスを屈服させることであった。彼には、そうなれば、英国はドイツとの講和を求めてくるという確信があった。英国が戦争から離脱すれば、彼が最も恐れるアメリカが欧州に介入する危険はなくなり、後顧の憂いなく、「千年帝国」の建設に努めることができる。

こうした大戦略を実現するための現実的方策を立案したのは、西部方面A軍の参謀長、フォン・マンシュタイン中将である。いわゆる「マンシュタイン計画」は、パンサー戦車を中核とする機甲師団の機動力で、ベルギー南東部とルクセンブルクからフランス北東部に拡がるアルデンヌの森林地帯を突き抜けることを狙いとする。大規模な部隊ではアルデンヌは突破不能というのが当時の軍事常識で、連合軍の意表をつくことが期待できる。しかも、この地点を突き抜けたドイツ軍は、北部からの侵入に備えて展開した連合軍を南北に分断し、北部に取り残された敵部隊を英仏海峡に追い詰め、殲滅することができる。

ただ、「マンシュタイン計画」はその革新性のために陸軍中枢の支持をなかなか得ることが出来ず、しばらくは店ざらしとなっていた。最終的に、半ば直訴のような形でヒットラーの耳に届き、正式な作戦計画として採用されるのは、四〇年二月のことであり、それまでは攻撃開始の日程が決まっては、取り消されることの繰り返しが続いた。むしろ、この間戦局を動かしたのは、ドイツでもなく、英仏連合国でもなく、ソ連であった。

ソ連は、ドイツのポーランド侵攻に便乗し、その東部を占領した後、バルト諸国に目を転じ、十月にはエストニア、ラトビア、リトアニアを支配下におく。その上で、バルト海に面したレニングラードの防衛を確実にするため、フィンランドに対して領土の割譲を求めるが、数次の交渉が不調に終わると、三九年十一月末には武力行使に踏み切る。

「冬季戦争（ウィンター・ウォー）」と呼ばれるソ連・フィンランド戦争では、兵員や戦車、航空機等の装備で圧倒的な優位に立つソ連が、フィンランド軍の英雄的な抵抗に会い、大苦戦を強いられる。三ヶ月余りの激戦の末、フィンランドが降伏した時点で、ソ連側の死傷者は四十万近くに上った。

甚大な人的・物的コストの他に、この戦争がもたらした帰結の一つは、ソ連の国際的孤立である。フィンランド侵攻に伴い、ソ連は国際連盟から除名され、英、仏との関係も冷却化する。さらに、軍事的には、この戦争はドイツ、連合軍の双方にスカンジナビア半島の戦略的重要性を改めて印象付けることとなる。

ドイツ側において、北欧方面の作戦計画で主導権を取ったのは、海軍であった。第二次大戦におけるドイツ海軍の主要な任務は、英国海軍による経済封鎖を打破し、逆に英国に向かう大西洋の輸送ルートに圧迫を加えることにあった。この任務の遂行に当たり、スカンジナビア半島に作戦拠点を確保することは、重要な意味を持った。特に、ドイツは鉄鉱石の供給を中立国のスウェーデンに依存しており、しかもバルト海が凍結する冬季には、北海に面したノルウェーのナルヴィク港から積み出す必要があった。

一方、連合国側でスカンジナビア半島の戦略的重要性にいち早く注目したのは、誰あろうチャーチルであった。宥和政策との孤独な戦いの末に、ようやく宿敵ドイツと一戦交える機会を手にしたチャーチルは、海軍大臣としての所掌に縛られる気はさらさらなく、軍事に疎いチェンバレンに代わって戦局全体を指導する気概で職務に当たっていた。

もとより、いかに攻撃精神に富んだチャーチルであっても、ドイツとの決戦を出来る限り先延ばしするという、大方針から逸脱することはなかったが、「偉大な周辺主義者」の名に恥じず、ドイツに一撃を食らわせる機会を常にうかがっていた。

当時チャーチルが推進したお気に入りの作戦計画、いわゆるペット・プロジェクトは二つあって、一つは、ストラスブール周辺からライン川に浮遊機雷を流し、ドイツの水上輸送を攪乱するアイデア、そしていま一つがナルヴィク港の機雷封鎖であった。

しかし、ダーダネルス同様、彼のペット・プロジェクトには常に産みの苦しみがつきまとう。ライン川での機雷敷設は英国海軍が請け負うこととしていたが、ドイツ空軍による報復爆撃を恐れたフランスからの同意の取り付けに時間がかかった。

ナルヴィクでの作戦についても、ノルウェーの中立を侵犯することについて、ハリファックス外相を始めとして政府部内から慎重論が相次いだ。コルヴィルが一月一日付の日記で記した、「スカンジナビア北部への大胆な攻撃作戦」とは、ナルヴィクの機雷封鎖を指すが、「ガリポリ作戦のことを思い出」していたのは、コルヴィルだけではなかった。

決定的な転機が訪れたのは、四〇年の二月で、英海軍の駆逐艦コサック号は、チャーチル直々の命令により、ドイツ海軍の補助艦アルトマルク号をノルウェー領海内で臨検し、艦内に監禁されていた英商船員約三百人を解放する。英国が国際法に違反して領海に踏み入ったことについて、ノルウェー政府は強硬に抗議するが、中立侵犯に対する連合国側の心理抵抗は大幅に低減する。

逆に、ヒットラーの目から見ると、アルトマルク号事件は、ノルウェーに対する連合国側の野心を裏書きするものであり、もはや同国が中立を標榜していることに頼ることはできないという判断に傾く。さらに、この頃になると、対仏侵攻に向けた準備も本格化しつつあり、西部戦線を睨んだ作戦拠点として、デンマークを含む北欧全体の戦略的重要性は一層高まっていた。

こうした流れの中で、四月初めに始まったノルウェー作戦は、ドイツ、連合国軍の双方が異なる検討過程を経ながら、ほぼ同時期に、同じ標的に向けて作戦を開始した、という意味で奇妙な戦争であった(11)。これが偶然であるか、必然であるかは迷うところであるが、特に、連合国側では初期の混乱につながった。

すなわち、それぞれの作戦遂行のため、双方の艦隊が母港を出港したのは、ほぼ同日で、連合国側は航空機等による偵察によって早い段階でドイツ艦隊の動きを察知する。しかし、英国海軍省は、これをドイツ海軍が英国海軍の封鎖網を破って大西洋に展開しようとする動きと誤認し、迎撃態勢を取るために作戦艦隊を迂回させる誤りを犯す。

もっとも、ドイツ軍がノルウェーを攻撃するとすれば、陸路による侵攻を予想するのが常識であり、連合国側がドイツ艦隊の動向とノルウェー侵攻を結びつけるのに時間がかかったのはやむを得ない面もある。

実際、ノルウェー沿岸六地点への同時上陸と、戦略拠点への空挺部隊による降下を組み合わせたドイツ側の作戦は、大胆かつ、独創的なもので、完全に連合国側の意表を突いた。英国海軍省は、ドイツ軍がナルヴィクに上陸したとの報告を受けても、しばらくの間はオスロ・フィヨルドにあるラーヴィクの間違いだと思い込んでいたほどであった。

連合国側は、ナルヴィクの海戦などでドイツ艦隊に一定の打撃を与えるが、緒戦の混乱が尾を引いて、以降の作戦指揮にも乱れが生じる。特に、陸軍大隊の上陸地点を巡っては、予定通りナルヴィクの確保を目指すのか、ノルウェー軍と連携して、ドイツ軍に対抗するため中部への上陸を目指すのか、方針は二転、三転する。

結局連合国は、中部ノルウェーとナルヴィクの双方において上陸作戦を敢行するが、何れの地点も持ちこたえることは出来ず、前者は五月初めに、後者は六月初めに撤退を余儀なくされる。

このような紆余曲折はあったものの、最終的にノルウェー作戦の勝敗を分けたのは、投入した兵力の違いと言って良い。ドイツ側が投入した兵力が師団規模であったのに比べ、連合国側のそれは大隊規模であり、しかも航空機は殆ど投入されていない。

連合国側の作戦は、もともとナルヴィク港への機雷敷設に際して不測の事態が生じるとしても、相手として想定したのは、ノルウェー軍の守備兵であり、航空機による支援を受けたドイツ陸海軍精鋭との戦闘は予測していなかった。

従って、連合国側が負けたのは、必然であったと言ってもあながち間違いとは言えないが、負け方が良くなかった。現場の将兵は与えられた環境の中で最善を尽くしたが、戦術の拙劣さ、指揮命令系統における混乱ぶりなどを見ると、事後の厳しい評価は不当とは言えない。チャーチル自身も、現場指揮官への過度の干渉など、ダーダネルス当時の過ちを繰り返しており、作戦の失敗に重い責任を負っていると言わざるを得ない。

チャーチルに幸いであったのは、チェンバレンにとって、国民の人気の高い彼を失うことは政権の崩壊を意味したことで、アスキスが政権維持のために彼を排除せざるを得なかったダーダネルスの際とは、全く逆の政治環境にあった。言い換えれば、ダーダネルス作戦が失敗した際には、職責上は必ずしも更迭には及ばないものの、政治的な理由で職を追われたチャーチルが、今度は職責上更迭されてもおかしくない状況の中で生き延びることになったのである。

ノルウェー討議のドラマ

一九四〇年五月七日、八日の両日行われた「ノルウェー討議」は、疑いなく英国議会の歴史の中で最も劇的な審議の一つである。

当然のことながら、この審議についてはこれまで数知れない論評、研究が行われてきたが、どうしてあのような経過をたどったのか、未だに納得の出来る説明は行われていない。結局、議会というものが、一旦モメンタムを得ると、全く筋書のない形で、予期しない政治的意思を示すことがある、ということに尽きるのかも知れない。

当時の下院は、一九三五年の総選挙で選出された議員で構成されていた。下院議員の任期は通常五年であるが、戦時下ということで、政党間で政治休戦が合意され、結局これらの議員は四五年夏の総選挙まで十年近くの任期を務めることとなる。

政権与党は、『国民政権（ナショナル・ガバメント）』であり、保守党に、労働党、自由党から分裂した議員（それぞれ『国民労働党』、『国民自由党』と呼ばれる）が加わる連立政権である。連立政権とは言っても、三五年の選挙で与党が獲得した四百二十九議席の内、保守党が三百八十七議席を占めていたため、実質的には保守党政権と言って良い。これに対して、最大野党の労働党は百五十四議席で、他の少数政党を加えても百九十議席に満たないので、与党は圧倒的な優勢を築いていた。

三五年の総選挙当時、保守党の党首はボールドウィンであったが、党内の実権は実質的にはチェンバレンに委譲されており、この選挙で当選した議員達の忠誠心は自ずとチェンバレンに向けられた。

チェンバレンに対抗する実力者の筆頭格は、チャーチルであったが、彼は派閥をつくるのを不得手としたため、マクミランなど、チェンバレンへの不満分子が担ごうとしたのはイーデンであった。当時の主流派は、映画俳優並みの容貌を誇ったイーデンの周りに集まる若手議員を「グラマー・ボーイズ」と呼んで軽蔑したが、何れにしても優柔不断なイーデンがチェンバレンとの対決を避けたため、派閥と呼ぶに足る実質を備えていたとは言い難い。

さらに、チェンバレン以下与党指導者は、数の優位に安住することなく、党内規律の維持のために万全の体制を敷いた。デーヴィッド・マージェッソンをヘッドとする与党院内幹事団は、チェンバレンの支持者で固められ、英国の憲政史上最も強力な国会対策マシーンとして猛威を揮った。

このため少なくともミュンヘン会談の時点までは、チェンバレンの国内における政治基盤は盤石であった。チャーチルが過激なチェンバレン批判を展開しながらも、政府を問責する動議には、反対票を投じることなく、棄権に留めたことは、この点を裏書きしている。

ヒットラーによるチェコスロバキア解体から開戦に至る過程は、チェンバレンの宥和政策が崩壊する過程であり、当然のことながら彼の政治基盤には少しずつ綻びが生じる。ドイツへの宣戦布告と同時に、チェンバレンがあれだけ忌避していたチャーチルの入閣を受け入れたことも、単に挙国一致の姿勢をアピールするばかりでなく、政権基盤を拡充する必要性を認識していたことの証左といえる。

また、戦後公開された史料によれば、外相のハリファックスがチェンバレンに対して労働党を閣内に取り込むことで、真の挙国一致内閣に移行することを繰り返し進言していたことが明らかになっているが、チェンバレンが最も信頼する閣内の重鎮からも政権の先行きに懸念が示されていたことは重要である(12)。

このように「ノルウェー討議」を迎えた時点で、チェンバレン政権に一定の軋みが生じていたことは否定しがたい。しかし、このことは直ちに保守党内の人心がチェンバレンから離れつつあったことを意味しないし、ましてや、下院において圧倒的な優位を享受するチェンバレン政権が一気に倒れることになろうとは、誰も予想していなかった。

七日、八日に予定された下院の討議は、形式的には、聖霊降臨祭の休会に入るための動議について審議することを目的としていた。野党労働党は、この審議をノルウェー戦争における政府の不手際を追及する機会として利用することを意図していたが、チェンバレンの問責にまで踏み込むか否かについて、事前に明確な戦略があったわけではない。戦時下において政府攻撃を続けることは、非愛国的との批判を招く懸念があったし、問責に打って出たところで、政府に対する支持を確認する結果に終わる危険もあった。

実際、討議の前日、マージェッソンは審議の様子を見つつ、むしろ与党の方から政府の信任動議を提出する可能性を示唆していた。労働党の指導部が問責動議の提出を決断するのは、討議の二日目、八日の朝であり、このことから見ても、ノルウェー討議がシナリオのないドラマであったことがわかる。

政府にとって雲行きが怪しくなるのは、七日の午後、北ポーツマス選出の保守党議員ロジャー・キーズが質問に立ったときである。キーズは、全艦隊司令官を務めた海軍のドンであり、発言に際しては海軍提督の正装に身を固め、胸には何列もの勲章が飾られていた。敢闘精神と一貫性を欠く、海軍の作戦指導に対するキーズの苛烈な批判は、軍の大立者の発言として特別の重みを持った。

だが、初日の討議で政府の背中にナイフを深々と突き刺したのは、何と言っても夕食後の審議で発言に立ったレオ・アメリーである。アメリーは、ハロー校でチャーチルの先輩に当たるベテラン保守党議員で、政治的にはイーデンに近く、戦前からチェンバレンに批判的な立場をとっていた。

アメリーの回想によると、演説を事前に準備した際に、オリバー・クロムウェルの言葉を引用することを思いついたが、余りに強烈な内容であるため、本番で使うかどうか決めかねていた。しかし、実際に演説を始め、拍手の音がクレシェンドのように高まると、「分別をかなぐり捨て」、その言葉を政府に突きつけることを決意する。

「汝らは、何をやっているにせよ、余りにも長く居座り続けた。汝らに告ぐ。去れ。そして汝らとは決別しよう。神の名において、行け（In the name of God, go）[13]」

この言葉は、清教徒革命後の一六五三年四月、クロムウェルが長期議会に解散を迫った際に発したもので、ただでさえ白熱した議場に電撃のようなショックを与えたことは容易に想像できる。留意すべきは、アメリーが聴衆の興奮に押されるように、事前には決心がつかなかった辞任要求を突きつけたことで、この段階になると議場があたかも一つの生命体のように自らのモメンタムで動き始めたことがわかる。

討議二日目の八日に入り、労働党が問責動議の提出に踏み切ることが明らかになると、議場の緊張は一気に高まる。マージェッソン以下の院内幹事団は、党内の動揺を抑えるために院内を飛び回り、態度がぐらついている議員に対しては露骨な恫喝をかけて引き締めを図った。

その日の午前中、労働党のハーバート・モリソンが政府の問責に打って出ることを仄めかした時、チェンバレンがたまらず立ち上がり、野党の挑戦を受けて立つ用意があると発言するのであるが、その際の対決的姿勢が与党内の反感をさらに煽ったとの見方がある。

すなわち、チェンバレンは、問責動議の提出を歓迎するとした上で、「少なくとも誰が味方で、誰が敵か知ることができる。私は、私の友人に対して今晩の投票で我々を支持するように求める」と述べるが、国論の統一を目指すべき時に、「友人」の支持を呼びかけた、その傲慢さが多くの議員を敵に回す要因となったとされる。

討議二日目のハイライトは、第一次大戦当時の首相ロイド＝ジョージによる痛烈な政府批判である。ロイド＝ジョージは当時七十七歳、かつて率いた自由党の一部は保守党の下に去り、近年では下院でも孤立した存在となっていたが、かつて「（演説に聞き惚れて）鳥も木から落ちる」と言われた弁舌は久々の冴えを見せる。「国民は、リーダーシップがある限りあらゆる犠牲を払う用意がある。（中略）首相は犠牲の手本を示すべきである。何となれば、彼が首相の公印を返上する以上の勝利への貢献はないからである」と結んだ演説は、議場を大いに沸かした(14)。

討議の締め括りに当たり、政府側の反論を行ったのは、チャーチルである。この時の彼の立場には、潜在的には非常に微妙なものがあった。というのも、ノルウェー作戦の実質的な責任者である彼にとっては、チェンバレンへの忠誠心に一切の疑いを抱かせることがないようにしながらも、自らに過度に傷がつくことを避けるのは、至難の業であった。特に、討議が首相の進退問題に発展する可能性が現実味を帯びてくると、チェンバレンとの共倒れは避けたいという気持ちが一層強くなったとしてもおかしくない。

実際には、夜十時過ぎから五十分近く続いた彼の演説は、政府の反対演説としては模範的なものであり、自らの野心をうかがわせるところはかけらも見えなかった。ただ、彼の熱弁をもってしても政府に対する逆風を抑えるには十分ではなかった。

英国議会における採決は、議員が賛否それぞれのロビーを通過することで決せられるが、深夜ともなると酒も入った議員たちが違うロビーに向かおうとする同僚に罵詈雑言を浴びせる光景も珍しくない。ノルウェー討議後の採決も大変な喧騒の中で行われ、結果は定員六百十五名の内、投票数四百八十六名、与党の中から四十名程度が問責動議に賛成票を投じた。与党議員の中で、意図的に棄権に回った議員の正確な数はわからないが、六十名程度と見積もられている。

この結果、与党の多数は二百十三から八十一に激減するが、通常の場合は、八十以上の多数を持つ政権が倒れることはまずない。しかしながら、戦時下で政府の指導力を問う決議が採択に付されたこの瞬間が、「通常の場合」であるはずはなく、与党内の大規模の叛乱に直面したチェンバレンが政権の維持が困難と判断したことはやむを得ないことであった。

問題は、動議に賛成もしくは棄権した与党議員のどれほどが、実際にチェンバレンの退陣を望んでいたかであるが、この点は必ずしも明確ではない。与党内には、チェンバレンの唯我独尊的な政治運営に対する不満が鬱積していたことは事実であるが、これが具体的な倒閣運動に発展する兆候は見られなかった。

むしろ政府を支持しなかった与党議員の多くは、白熱した議論に身を晒す中で、政府が気を引き締めて戦争指導に臨むようメッセージを送るべきという確信を深めていったのではないか。言い換えれば、与党の叛乱は、不信任と言うよりは、叱責の表明と解すべきであり、六十名前後の議員が棄権という行動に出たこともそのことを裏書きしている。

二分間の沈黙

「チェンバレンが政権の維持が困難と判断した」と書いたが、ノルウェー討議が終わった時点で、彼には三つの理論的な選択肢があった。

第一は、下院を解散し、総選挙で国民の信を問うことであるが、平時ならともかく、戦時下の選挙に大義名分が立つことはあり得ず、実質的にはこの選択肢は考えられなかった。討議が終わった翌々日の十日に、ドイツが西部戦線で戦端を開いたことを考えるとなおさらである。

第二の選択肢は、野党労働党に政権参加を求め、挙国一致内閣を設立することである。チェンバレンは、最後までこの選択肢を捨て去ることはなかったが、当初から余り大きな希望は抱いていなかった。アトリーを始めとする労働党の指導部の自分に対する敵意を自覚し、自らが首相に留まる限り、同党の協力を取り付けることは難しいと考えたからである。事実この判断は間違っていなかった。

チェンバレン（前列右端）、ハリファックス（同左端）、チャーチル（後列中央） AFLO

第三の選択肢は、保守党の後継者に政権を移譲することであるが、その場合でも労働党の政権参加は不可欠と考えられた。従って、後継者は党内のみならず、労働党の支持も取り付け得る人物でなければならなかった。
言い換えれば、チェンバレンに実質的に残された選択肢は、後継者による挙国一致内閣の設立であり、その際の後継候補は外相のハリファックスかチャーチルの二人に絞られた。
チャーチル自身の回想によれば、彼への政権の移譲が決まったのは、五月十日午前、首相官邸で開かれたチェンバレン、ハリファックスとの三者会談とされる。この会談の冒頭、チェンバレンが、労働党指導部の感触を踏まえれば、自分が挙国一致内閣を率いることは不可能との見通しを述べた上で、誰が後継首相となるべきか意見を求めたところ、二分ほどの長い沈黙が流れた後、ハリファックスが下院に議席を持たない上院議員として首相の責任を果たすことは困難である旨縷々力説し、チャーチルの後継が決まる。[15]

しかし、この回想はこのときの事情を正確には反映していない。まず、チャーチルが指摘する三者会談が開かれたのは、十日午前ではなく、九日の夕方であり、自ら「人生で最も大事なインタビュー」と形容した会合の日付を間違うとは不可解としか言いようがない。

また、チェンバレンは、三者会談に先立つ九日の朝、個別にハリファックスと会い、首相就任を打診している。この時点で、チェンバレンの選好がハリファックスにあったことは明らかであるが、彼はやはり下院に議席を持たないことを理由に要請を拒否した。従って、午後の三者会談が始まる前から、ハリファックスの腹は固まっており、多少の沈黙はあったとしても、彼がしゃべり始めるまで二分間もの沈黙が続いたというのは、チャーチルの事後的な脚色の匂いが強い。沈黙が何分続いたか、といった瑣末な点は別にして、真の問題はハリファックスが何故断ったかである。

確かに、上院議員が首相を務めるのは、一九〇二年にソールズベリー卿が退任して以来例がなく、政権運営の支障となり得た。しかし、成典憲法のない英国では、上院議員が下院の審議に出席しないのは一つの慣習であって、新たな院の意思として特別法を通せば、ハリファックスが（投票は無理にしても）下院で答弁を行うことは可能であり、そのことを彼が知らないはずはなかった。[16]

この点について、一部には、ハリファックスは、チャーチルの政権が長続きしないことを見越して、チャーチルの後、彼抜きの政権を造るために自重したという見方もあるが、筆者には、こうしたマキャベリ的策謀は彼の人となりには似合わないように思える。

ハリファックス子爵（後に伯爵）は、本名エドワード・ウッド、子爵家としてのハリファックス家の三代目で、当時五十八歳であった。父親の第二代子爵チャールズは、生涯を宗教の研究に捧げた、ヴィクトリア朝を代表する奇人で、エドワードがオックスフォード大学を優秀な成績で卒業した際、「お前は首相になって、イングランドとローマ法王庁を和解させるのだ」と述べたとされる[17]。

エドワードは、父親ほどの狂信性を有していなかったものの、信仰に篤かった。大の趣味は狐狩りで、生まれつき左手がない障害をものともせず、巧みに馬を操った。人柄は、沈着冷静で、謹厳な風貌ともあわせ、英国貴族の一つの典型のような存在であった。

一九一〇年に下院議員となるが、二五年に爵位を得て上院に転じ、この頃はアーウィン卿を名乗っていた。公職としては、二一年に植民地省の政務次官として当時のチャーチル大臣に仕えたのを皮切りに、国内の閣僚ポスト、インド総督などを歴任、どのポストにおいても静かではあったが、手堅い手腕を見せた。

チャーチルが彼につけたあだ名は、「ホーリー・フォックス（神聖な狐）」で、ハリファックスと語呂を合わせながら、彼の信仰心と狩り好きを皮肉ったものであるが、同時に彼が見かけによらない政治的したたかさを備えていることを含意している。

今となっては、ハリファックスの名前は、チェンバレンと二人三脚で宥和政策を推進した外務大臣として否定的に語られることが多いが、彼には、チェンバレンのような知的傲慢さや虚栄心はなかった。むしろ、彼は政策の失敗を認める勇気を持っており、チェンバレンがヒットラーとの第二回首脳会談から持ち帰った提案を閣議で拒否したのも彼であった。仮にミュンヘン会談が成立せず、戦争に突入していたとしたら、その責任（若しくは功績）を負ったのは、チャーチルではなく、ハリファックスであったはずである。

一九四〇年五月の時点で、ハリファックスの知的正直さは、首相としてどのような資質が求められているか、曇りのない目で吟味することを可能にしたとは考えられないか。バーケンヘッド卿による伝記が指摘する通り、「（ハリファックスは）自分の才能の優れた部分が、多くの意味で望みのない大義のために戦う指導者に求められる資質の正反対であること、そして自分には、状況が求めている決断力や非情さを欠いていることを強く意識していた[18]。そして彼はチャーチルがこの二つの点において極めて優れていたことを知っていた」のである。

ハリファックスの見るところ、チェンバレン退陣後、戦争を指導し得るのはチャーチルだけであり、そのことは、彼が首相になろうが、なるまいが変わらない。自分がなし得る最大の貢献は、チャーチルの脱線を食い止めるお目付け役としての役割であり、この役割を効果的に果たすためには、自らが首相になるより、チャーチルの内閣における閣僚の地位に留まる方が望ましい。

当時の関係者の回想などから推察されるハリファックスの心境は、以上のように要約されるが、いずれにしても、結果論から言うと、目の前にぶら下がった首相の座を受けなかったことによって、彼が英国の勝利に果たした貢献は大きい。

九日午後の三者会談で、チャーチルの後継が実質的に固まった後も、首相就任まではなお若干の曲折があった。

まず、翌十日早朝、ドイツが西部戦線で総攻撃に出たとの報せが入ると、チェンバレンは事態の変化を理由に首相続投に色気を見せる。しかし、午前の閣議で、チェンバレンがこの可能性を示唆すると、閣内から異論が出て、土壇場の続投構想は不発に終わる。

そして同日午後、労働党から、チェンバレン以外の首相の下で連立政権に参加する用意がある旨の正式な回答が行われたことを受け、彼はバッキンガム宮殿に赴き、国王ジョージ六世に辞任の意向を伝える。

ここで重要なことは、英国の憲法慣習において、首相の任命は国王個人の決定によることである。勿論立憲君主制の下で、国王が最大与党の党首を首相に任命することが慣習となっているが、それはあくまでも慣習であるし、そもそもチャーチルはこの時点では保守党の党首ではない。退任する首相が国王に対して後継者について助言を与えることはあるが、国王はそうした助言に従う義務はない。

ハリファックス夫妻は、ジョージ六世とエリザベス王妃の親しい友人であり、国王夫妻の同情は明らかにハリファックスに向けられていた。逆に、エドワード八世の退位の際に、チャーチルが兄エドワードに同情的な立場をとったこともあり、チャーチルとの関係には微妙な面があった。従って、国王が憲法上の大権を行使し、チャーチルではなく、ハリファックスに首相就任を求めることは（彼がそれを受けるか否かを別にして）あり得ないことではなかった。

この日、バッキンガムで実際にどのようなことが起こったかについては、ジョージ六世自身の日記が公開されている。

「お茶の後首相（チェンバレン）に会った。（中略）彼は私に辞任を申し出た。私は、辞任を受け入れる一方で、彼が如何に不公正に扱われたか、自分の思いを伝え、こうした論議が起こったことを大変残念に思っていると述べた。その後我々は非公式に後継者について話をした。私は、当然のことながら、ハリファックスを示唆したが、チェンバレンは、上院にいるのでは、実際の仕事が行われる下院では、影法師か、幽霊のような存在にしかならないので、ハリファックスは熱意を持っていないと述べた。私は、ハリファックスが自明の選択だと考えており、彼の爵位を当面停止することも可能だと思っていたので、この説明に失望した。（中略）そこで私は、国家の信任を得て政府を組織するため、私が招致し得る人物は、ウィンストンただ一人であることを自覚した。私は、チェンバレンの助言を求めたところ、彼はウィンストンこそが招致すべき人物であると述べた[19]」

以上の経緯からわかる通り、チャーチルが首相に就任したのは、ハリファックスとジョージ六世が自ら果たすべき役割を自覚し、冷静な判断を行ったことに負うところが大きい。ノルウェー討議からチャーチルの首相就任までのプロセスは、国家存亡の危機において最も相応しい指導者を選び出す能力を備えていたという意味で、英国の政治制度の強靭さを示している。しかし、制度を動かすのは、詰まるところ時々の人間の判断であることも忘れるべきではない。

ダンケルク

「（チャーチル首相就任の報せを受けて）首相官邸のスタッフの背中に冷たいものが流れた。（中略）この受け止め方は、内閣府、大蔵省、そして（官庁街である）ホワイトホール全体で共有されていた。（中略）首相就任に当たって、エスタブリッシュメントがこれほどその選択に疑問を持ち、その疑問が現実のものとなることをこれほど確信していたことは、殆どなかった[20]」

コルヴィルは、チャーチルが首相に就任した際の政府内の雰囲気を以上のように要約している。議会との関係においても、チャーチルが就任後初めて登院した際、一足先に議場内に入ったチェンバレンには与党席から大きな歓声が上がったのに対し、チャーチルが入場した際に歓迎の声を上げたのは野党席だけであったとされる。

この頃までには、ノルウェー討議で政府に反旗を翻した与党議員の多くは、チェンバレンを辞任に追い込んだことを後悔し、異端児のチャーチルが首相に就任したことに当惑していたに違いない。一部の議員は、政権移譲を当惑どころか明らかな敵意をもって迎えた。例えば、外務担当閣外相のラブ・バトラーなどは、コルヴィルとの会話において、「アメリカの血が半分混じった雑種ごとき」に弱々しく降参した、チェンバレンやハリファックスに強い不満を漏らしている[21]。

こうした政府・与党内の雰囲気は、取りもなおさず、チャーチル政権発足当初の政権基盤の脆弱性を物語っている。この点は人事面から見ても明らかであり、チェンバレン、ハリファックスを閣内に留めたのみならず、チェンバレンから敢えて党首ポストの移譲を受けようとしなかったこと、さらには、「荒野の時代」にあれほど迫害された、院内幹事のマージェッソンを留任させたことなどがその例である。

五月十日に火蓋を切った西部戦線における電撃戦が、瞬く間にベルギー、オランダを席巻し、英仏連合軍を壊滅の瀬戸際に追いやったことは、チャーチルにとって深刻な危機であったことには違いない。しかし、国内の不満分子に政争を企てる余裕を与えなかったという意味では幸運であったとも言える。

実際のところ、チャーチルはこの危機を乗り切ることで、政権の基盤を固めることとなるのであるが、そのためにクリアすべきハードルが二つあった。一つは、ダンケルク撤退作戦の成功であり、いま一つは、対独講和の可能性に関する閣内の意思統一である。

ダンケルク撤退作戦がそもそも必要となったのは、前述の「マンシュタイン計画」が図に当たり、開戦から二週間の内に、ドイツの機甲師団によって分断された連合軍が、英仏海峡に面する小さなポケットに追い詰められたためである。

この過程で大きな謎とされるのは、五月二十四日に前線を訪問したヒットラーが第一パンサー師団によるダンケルク攻撃の停止を命じたことである。この命令について、ヒットラーはいわゆる「遺書」の中で、英国を壊滅から救うための意図的な判断であったことを示唆し、「スポーツ精神を理解しない」チャーチルを批判しているが、これはどう考えても負け惜しみの類であろう。むしろ現在では、現場の司令官からパリ攻略に備えて戦力の消耗を避けるべしとの助言が行われたことと、ゲーリングが空軍による作戦のみで連合軍の撤退を阻止できると請け負ったことを理由とする見方が有力である。

いかなる事情にせよ、二十七日に攻撃停止命令が撤回され、パンサー師団が動き出すまでの数日間に、連合国側は撤退作戦の間、かろうじて持ちこたえるだけの守備体制を敷くことができた。この月に入って、幸運の女神はチャーチルに幾度となく微笑むのであるが、ここでも彼はついていた。

一方、投降の瀬戸際にあった三十万人以上の連合軍将兵を救出した作戦が、「成功」であったことは間違いないが、西部戦線壊滅の惨状を覆い隠すには全く不十分であった。撤退後、ダンケルクの海岸には、二千門の大砲、六万台のトラック、七万六千トンの弾薬、六十万トンの燃料が残された。作戦における英軍の死者は三万人、救出されずに捕虜となった連合軍兵士も多数に上った。

ドイツ軍は、北部に分断した英仏軍を取り逃がしたものの、首都パリを目指す勢いに全く衰えは見えなかった。

ダンケルク撤退作戦　AP/AFLO

連合国側においては、オランダが十五日に降伏したのに続き、ベルギーもダンケルク撤退作戦が進行中の二十八日にドイツの軍門に降る。

フランス政府は、二十日に最高司令官モーリス・ガムランを更迭、新司令官マキシム・ウェイガンの下で戦線の立て直しに懸命に努めるが、実際には緒戦でアルデンヌの防衛戦を突破された時点で戦意を喪失しつつあった。

十五日午前、フランスの首相ポール・レイノーは首相就任直後のチャーチルに対して敗戦を認める電話をかける。驚いたチャーチルは、翌日早速パリを訪れ、フランス政府首脳を叱咤激励するが、六月十四日のパリ陥落まで戦意が完全に回復することはなかった。

フランス敗北の瞬間が近づくにつれ、切実性を増してくるのが、果たして英国が生き抜けるのかという問題であった。

例えば、米国時間の二十四日、ルーズベルト大統領は、カナダの首相マッケンジー・キングに電話をかけ、「電話では話せない、ある事態について」討議するため特使を送るよう要請する。この時ルーズベルトの頭にあったアイデアは、英国の自治領であるカナダを通じて、チャーチルに対して海軍の艦隊を西半球に避難させるよう圧力をかけることにあった。その狙いは、英独講和の一条件として英国の艦隊がドイツに収用されることを回避することにあり、彼が英国の生き残りに高い望みを抱いていなかったことが判る(22)。

チャーチル自身は、決して自信を失うことはなかった。しかし、その彼にしても、フランス政府の説得に疲れたパリの夜には、英仏両国がドイツの爆撃によって焦土と化した後、カナダの奥地に亡命政権を設ける可能性を口にしたと言うから、弱気になる時もあった。

こうした状況の下、六月四日、チャーチルがダンケルク撤退作戦について下院に報告した際、「戦争は撤退によって勝利するものではない」と述べて、楽観を戒めたのは当然である。しかし、その上で彼は、作戦関係者の英雄的な努力に対して賛辞を贈ると共に、次のように聴衆を鼓舞する。

「(欧州の)多くの歴史ある、有名な国々が、ゲシュタポとナチス支配のすべての嫌悪すべき組織の手に落ちることがあっても、我々は決して動揺したり、屈服したりしない。我々は、最後まで行く。我々は、フランスで闘い、海で、大洋で闘う。一層の自信と力で、空で闘う。我々は、如何なる犠牲を払おうとも、この島を守る。我々は、海岸で闘い、敵の上陸地点で闘う。我々は、野原で闘い、街で闘い、山々で闘う。我々は決して降伏しない[23]」

百語余りの文章の中で、「我々は闘う(we shall fight)」というフレーズを六回も繰り返すのくだりは、チャーチルが戦時中に行った数多くの名演説の中でも、最も有名な一節の一つである。

この時英国がおかれた事態の深刻さは、勇敢な言葉だけで克服できるものではなかった。しかし、撤退作戦の成功によって二十万人の大陸派遣軍を本土防衛に投入できたことは、人々に相当の安心感を与えたし、何よりも、漁船やヨットを繰って作戦に参加した民間人が示した「ダンケルク精神」が国民の戦意(モラール)に与えた影響は測り知れない。

チャーチルが言う通り、戦争は撤退によって勝利するものではないが、戦力の上でも、モラールの上でもすぐには負けない体制を作った点において、ダンケルクが勝利に向けた小さな一歩であったことは間違いない。

戦時閣議の攻防

七十年以上の時を経て、一九四〇年五月という月を振り返る時に最も印象付けられることは、当事者がとても全体像を把握できないような形で、多くのことが同時発生的に起こりながら、一つの歴史の流れが形作られていったということである。

ここで言う、歴史の流れとは、チャーチルによる戦争指導体制の確立を意味しているのであるが、ノルウェー討議にしろ、チェンバレンの後継人事にしろ、ダンケルクにしろ、一つ一つを見ると、それぞれ独立した理屈で動いていながら、川の支流が本流に流れ込むように、太い流れを作っていく。別のたとえを用いれば、まるで無造作に投げたパズルのピースが所定の位置にはまって、大きな絵となるようにも見える。

五月下旬の戦時閣議におけるハリファックスとの論争も、そうしたパズルのピースの一つであるが、その全貌が明らかになるのは戦後もかなり時日が経った後のことである。

実際、チャーチルは、第二次大戦回想録ではこの経緯について一切の言及を避けている。そればかりか、第二巻の『最も輝ける時（*Their Finest Hour*）』における次のくだりでは、真っ赤な嘘とは言えないまでも、事実を相当に歪曲している。

> 「将来の世代は、我々が単独でも戦い続けるべきかという究極の問題が、戦時閣議の議事に上ることがなかったことに注目するかもしれない。国家のすべての政党を代表するこれらの人達にとって、それは言わずもがなの当たり前のことであり、我々は、そうした非現実的で、学術的な問題に時間を浪費するには余りにも忙しすぎた(24)」

レイノルズの研究によれば、チャーチルは「暫定最終稿」と題する出版一歩手前の段階では、ハリファックスの名前に触れつつ、ムッソリーニに対するアプローチを巡る議論について言及を行っていたが、ハリファックスの名誉を傷つけることを懸念した友人の助言を容れ、最終的に削除することに同意したとされる[25]。

注意すべきは、既に触れた通り、開戦以降ドイツとの講和を巡っては様々な動きがあり、その全体像は未だに解明されていない点である。実は、英国の公文書で対独講和に係るファイルの一部は特例により七十五年後、即ち、二〇一五年まで公開されないこととなっており、なお未知の部分が残されている。

当時の政府首脳の中でこうした動きを最も幅広く把握していたのは、外相であったハリファックスであり、そうした意味で彼の判断を評価するには今なお一定の限界がある。

いずれにしても、問題の戦時閣議は、ダンケルク撤退作戦とほぼ時期を一にして進行した。閣議のメンバーは、作戦が成功するか、失敗するか、明確な見通しのないまま、議論を行っていたのであるが、チャーチル自身ですら五万人程度救出できれば御の字と考えていたことからもわかる通り、楽観論が横溢するような状況ではない。

戦時閣議（War Cabinet）は、主要閣僚からなる戦争指導の最高機関であり、チャーチルは、首相就任と同時に構成員を五名に削減し、意思決定の合理化を図った。具体的には、チャーチルに加え、保守党からチェンバレンとハリファックスが、労働党からは党首のアトリーと副党首のグリーンウッドが参加するだけで、連立政権の最高意思決定機関としては、これ以上切り詰めようのない構成となっていた。

戦時閣議は、形式を排して、戦局の変化に従って機動的に運営され、五月末の危機的状況の中では、一日に数回開催されることもしばしばであった。討議の中身も、刻々と変わっていくので、議論の道筋を追っていくことも簡単ではない。

問題の戦時閣議の中心的課題は、ムッソリーニへのアプローチのあり方なのであるが、その目的については常に曖昧さが伴った。すなわち、ある時には、その時点で依然中立の立場をとっていたイタリアに参戦を思い止まらせるための働きかけについて議論が行われていたかと思うと、別の時には、ムッソリーニを通じて講和条件に関するヒットラーの腹を探る可能性について議論が及ぶ。そして、また別の時には、この二つの目的をめぐる議論が渾然一体となって進められる、といった具合である。

さらに、議論の背景では、ハリファックスと在英国イタリア大使バスティアーニの接触、そしてフランス政府からの働きかけが並行して動いていた。また、ムッソリーニに対するアプローチのルートについても、ルーズベルトを通じた仲介と連合国からの直接の働きかけの双方が検討されており、議論を一層複雑なものとしている[26]。

そもそもの議論の発端は、フランスの国防相ダラディエから、イタリアを中立の立場に留めるためルーズベルトの仲介を要請する提案が行われたことに始まる。

この提案が取り上げられた五月二十四日の戦時閣議で、ハリファックスはムッソリーニに対するメッセージの中で、単に参戦を思い止まるよう働きかけるだけではなく、連合国側がイタリアの合理的な要求に耳を傾ける用意があり、そのため交戦国と同等の資格で講和会議に参加することを認めることを示唆するよう提案する。

ハリファックスによる提案に対して、チャーチルは抵抗を覚えながらも、基本的な支持を与える。結局ルーズベルトからの働きかけは、二十六日に実施されるが、ムッソリーニはメッセージを携えた米国大使に会おうともせず、翌日には拒絶回答を行う。

重要なことは、ハリファックスの提案の意味するところである。イタリアの「合理的な要求」――言い換えれば、地中海、北アフリカにおける領土権益――に耳を傾けるため講和会議への参加を歓迎すると言うのは、実質的には、欲しいものを手に入れたければ、ドイツに講和を働きかけるべしと言うのに等しい。ここでは、既に触れた、ムッソリーニに対するアプローチにおける目的の曖昧さが垣間見えているわけで、チャーチルが提案に躊躇を感じたのもこのためであろう。

翌二十五日には、ハリファックスとバスティアーニの会談が行われる。この会談も、基本的にはイタリアの参戦を防ぐ働きかけを目的として行われたのであるが、ハリファックスは、「平和なヨーロッパを構築する上で、イタリアにとって重要な問題も、欧州における全体的な問題解決の一環として議論されなければならない」と述べ、講和を通じた戦争の終結への関心を滲ませる。

ハリファックスとチャーチルの立場の相違が鮮明になるのは、二十六日午前の戦時閣議である。この会合で、ハリファックスはバスティアーニとの会合の内容を報告するが、その前提として、「我々は、問題が、最早ドイツを完璧に負かすというよりは、むしろ我々自身の帝国の独立を擁護することにある点に直面しなければならない」と述べる。

その上で、ハリファックスが英国の平和と安全につながるいかなる提案も検討すべしと主張したのに対し、チャーチルは、ドイツが欧州を支配する状況の中で、英国が平和と安全を享受することについて懐疑的な見方を示すと共に、「我々の権利と国力の侵害につながるいかなる交渉」に対しても反対の姿勢を示す。

この日は、午前の会合を含め計三回の戦時閣議が行われたほか、日帰りで英国を訪問したレイノー仏首相との会談も行なわれ、極めて忙しい日であった。これらの会合を通じて、ムッソリーニへのアプローチについては、様々な角度から議論が続けられる。

レイノーの主張のポイントは、この働きかけが成功するためには、ムッソリーニに対して英仏両国とも何を譲歩する用意があるのか、明確にする必要があるという点にあった。具体的には、英国の場合は、マルタ、ジブラルタル、スエズといった地中海権益、フランスの場合には、ジブチ、チュニジアといったアフリカの権益が問題となるのであるが、後年のレイノーの回想によれば、ハリファックスがイタリアの協力次第でこうした権益について話し合う用意があるとしたのに対して、チャーチルは原則として如何なる譲歩についても敵対的であったとされる。

他方で、この時点のチャーチルの立場は、講和交渉に「敵対的」ではあっても、それを絶対的に排除するところまでは行っていない。例えば、チェンバレンの証言によれば、チャーチルはレイノーとの会談で、「マルタとジブラルタルとアフリカの植民地を差し出すことで、今の窮状から抜け出せるのであれば、自分もそうしたアイデアに飛びつくが、ヒットラーが我々の受け入れ得る条件に合意するとは信じられない。唯一安全な道は、ヒットラーに対して、我々を屈服させることができないことを確信させることだ」と主張したとされる。確かにこの言い回しは対独講和交渉の可能性を完全には排除していない。

チャーチルが、この段階で講和交渉の途を完全に閉ざしていないことについては、いくつかの理由が考えられる。

一つは、連合国の団結の維持であり、危機に直面した友邦がわらをも掴む思いで行う提案に無下な態度はとれないという事情があった。

二つ目の理由は、軍事情勢の不透明さであり、結局二十六日夜の戦時閣議では、チャーチルは、ダンケルク撤退作戦でどれくらいの兵士を救出できるか見極めるまで、判断を保留することを提案する。しかし後述の通り、チャーチルが翌二十七日以降、撤退作戦の成否が引き続き不明の状況の中で、講和交渉反対の姿勢を鮮明にすることから見て、この理由が決定的であったとは思えない。

因みに、二十六日朝の戦時閣議には、合同参謀会議から、「ある事態における英国の戦略」と題する報告が提出される。ここで言う「ある事態」とはフランスの降伏を意味し、報告では英国が単独で戦い続ける可能性について軍事的な見地から分析が行われている。その結論は、空軍力の優越性などから、ドイツの侵攻を排除することについて、慎重ながらも楽観的な内容となっており、閣議での議論に一定の影響を与えた可能性はあろう(27)。

より重要なことは、二十六日の時点では、チャーチルは交渉反対の立場で閣内を取りまとめることが出来るか、確信を持てなかった点である。この点、チャーチルにとっては、チェンバレンの支持を取り付けることが不可欠であったが、彼はそれまでのところチャーチルとハリファックスの何れを支持するのか、旗幟《きし》を鮮明にしていない。

五月十日、大命が降下し、チャーチルがバッキンガム宮殿から帰ってきて最初にしたことは、チェンバレンとハリファックスに協力を求める手紙を書いたことである。特に、チェンバレンに対しては、「相当程度わたしは、あなたの言うところに従うことになる（I am in your hands）」とまで書いた。国内にしっかりした政治基盤を欠くチャーチルにとって、それは前任者に対する儀礼的なジェスチャーではなく、本心からの懇請であった。

一夜明けた二十七日には、ドイツがダンケルクに対する攻撃を再開する一方、ベルギーのレオポルド国王が和議を申し入れたとの報せが入り、戦局は一層危機的な状況を迎える。このため、戦時閣議がムッソリーニへのアプローチに関する議論に戻るのは、午後遅くになってからである。

この会合において、ハリファックスの提案に対するチャーチルの反対は一層攻撃的なものとなる。彼の目から見ると、ムッソリーニへのアプローチは単に実現可能性を欠く、不毛なものであるばかりでなく、国民のモラールを含め、戦いに臨むイギリスの姿勢を損なう危険なものに映る。英国の声望は今や地に墜ちつつあるが、これを取り戻すためには、ドイツに負けていないことを世界に示すしかない。仮に、ドイツの軍門に降ることはあっても、今闘いを放棄するのに比べて、状況が悪くなるわけではない。

そう言い切った上で、彼は、「フランスに引きずられて滑りやすい坂を転がり落ちるようなことは避けるべきである。この工作は、我々を交渉に深入りさせ、引き返せなくさせるように出来ている」と力説する。

常に理性的なハリファックスから見ると、「和議を請うよりは、負けた方がまし」と言わんばかりのチャーチルの議論は暴論に思えた。彼は、「深刻な見解の相違」が明らかになったとしつつ、どんな条件の下でも最後まで戦い続けるというチャーチルの議論を受け入れることは出来ないし、「国家を回避可能な惨禍から救うような提案を受け入れることは、適当」であると反論する。

結局、この論争は、チェンバレンから、ルーズベルトによる仲介の結果を見た上で判断すべしとの助け船が出て、水入りとなるのであるが、一時は相当感情的な対立に発展したようである。ハリファックスの日記によれば、議論の過程で、彼の方から辞任を示唆したとされているが、沈着冷静な彼がこうした恫喝に及んだとすれば、よほどのことである。

チャーチルが、ハリファックスをここまで追い詰めるほど強気になった背景には、戦時閣議における空気の変化がある。労働党を代表するアトリー、グリーンウッドの二人は、もともとチャーチルに同情的な議論を行ってきたが、この会合に至って、ムッソリーニに対して英仏が連合してアプローチすることについて明確な反対を表明する。

チャーチルにとってより重要だったのは、チェンバレンの立場が次第にチャーチル寄りに傾いてくることである。チェンバレンは、ムッソリーニに対するアプローチを頭から否定することで、フランスとの関係が悪化することを心配し、そのためルーズベルトによる仲介の帰趨を待つべしという示唆を行うのであるが、アプローチ自体に積極的意義を見出さない点においては、チャーチルと立場を同じくする。

チャーチルとハリファックスの論争は、翌二十八日午後の戦時閣議でも繰り返される。この会合までには、ベルギーの降伏が明らかとなり、イタリアに対する働きかけについてのフランスの要請は一層切実なものとなる。一方、ローマからは、ムッソリーニがルーズベルトの仲介を歯牙にもかけず拒否したとの報告が寄せられ、ムッソリーニが果たし得る役割について大きな疑問を投げかける。

チャーチルは、ハリファックスとの間で異論を残しつつも、決断の機が熟したと判断し、レイノーに対する回答のラインを提案する。そのエッセンスは、今ヒットラーとの交渉のテーブルに着けば、オファーされる講和条件は英仏の独立と一体性を侵すものであることは必至であり、その段階で交渉のテーブルを去ろうとしても、現在我々が力としている戦いの決意が失われてしまうであろう、とするもので、実質的にムッソリーニへの働きかけを拒否するものであった。

この提案に対して、ハリファックスは依然として異論を唱えるが、チェンバレンが、将来的に講和の可能性を模索することを排除しないものの、現時点でのムッソリーニへの働きかけについて反対の姿勢を明確にしたため、五日間に及ぶ戦時閣議での論争は事実上の決着に向かう。

しかし、チャーチルは、この機を捉えて、自らの立場をさらに強固なものとするため、思い切った手を打つ。一旦戦時閣議を休憩し、全体閣議を招集したのである。

戦時閣議に入らない閣議のメンバーは、ムッソリーニへのアプローチを巡る外交的動きについても、それに関する戦時閣議の議論についても、一切知らされていない。ここでチャーチルが行ったことは、ことの経緯を説明して、理解を求める、といった実務的議論ではなく、戦争継続に向けた不退転の決意を示す大アジ演説をぶつことで閣僚全員に覚悟を迫ることであった。

ダンケルクから救出し得る兵力はせいぜい五万人程度であろうが、今和議を請えば、戦争を継続し、戦い抜いた場合より、ドイツからより良い条件を引き出せると考えることに根拠はない。ドイツは、軍縮の名目で艦隊の引渡しを求めるであろうし、そうなれば、英国は隷属国家に転じる。ダンケルクで何が起ころうが、我々は戦い続けるのだ。

チャーチル自身の回想によれば、この強い決意の表明に対して閣僚たちは熱烈な反応を示す。

「相当の数の閣僚がテーブルから飛び上がるようにして、私の席にかけよると、大声を上げて私の背中を叩いた。この時点で、私が国家を指導するに当たってふらつくようなことがあれば、疑いなく首相の職を追われたであろう。私は、すべての閣僚が、降伏するよりは、命を投げ出し、家族や財産を破壊される心構えが出来ていたと確信する。この点において、彼らは下院と殆どすべての国民を代表していた(28)」

この段階で、チャーチルの言う通り、閣僚や国民の殆どが命を投げ出す覚悟まで出来ていたかどうかはともかく、閣僚たちが、この瞬間にチャーチルを未曾有の難局を切り抜けるための指導者として受け入れたことは間違いあるまい。たとえば、この閣議に出席していたヒュー・ドールトンは、日記の中で、チャーチルの演説を「偉大」と評した上で、チャーチルを「この時のための男、この時のために我々が有する唯一人の男」と記している(29)。

全体閣議の終了後、再開された戦時閣議では、ムッソリーニへの働きかけを拒否する、フランスへの回答案が異論なく了承される。

この回答は、二十八日深夜、レイノー首相に伝達されるが、フランス政府は、英国側の回答の内容如何に拘らず、単独でムッソリーニへの働きかけを行うことを決めていた。しかし、その働きかけは、イタリア側から一蹴され、結局フランス政府はその後一月経たないうちに降伏する。一方、英国の戦いは五年間続くのである。

「頭を使って考え、判断しなければならない時に、彼（チャーチル）が自分自身を激情に駆り立てていくのを見ると、私は本当に絶望に追いやられてしまう」[30]

五月二十七日、戦時閣議でチャーチルと激論を交わした日の夜、ハリファックスは日記にこう記した。

戦時閣議の議論が純粋に論理だけの戦いであったとすれば、ハリファックスにも分があったはずであり、彼が日記の中で嘆くのも無理はない。前章で見た通り、宥和政策を巡る論争においても、チャーチルは理屈の上でチェンバレンを負かしたわけではない。

「非理の理」という言葉があるとすれば、右の二つの事例で、チャーチルが体現したものこそが正にそれであろう。そして、ハリファックスが理解できなかった「非理の理」には二つの側面があったように思える。

第一は、戦いにおける国家の戦意の脆さである。

ハリファックスの理性的な思考過程からすれば、講和条件を探ってみて、受け入れられないものであれば、闘い続けることに不都合があるとは思われない。むしろ、戦いに執着することで、講和の機会を逃し、国家の生存が危ぶまれるようなことがあれば愚の骨頂である。

一方、チャーチルは、劣勢の下で講和を模索し始めれば、国家の戦意を維持することが不可能であることを知っていた。「フランスに引きずられて滑りやすい坂を転がり落ちるようなことは避けるべき」といった見方は、理屈ではなく、喧嘩に慣れた者が身体で覚えた感覚に近いものがある。これに対し、ハリファックスの議論は、本で勉強したボクサーが説く戦法のようなものと言うべきかも知れない。

「非理の理」の第二の側面は、第一点といささか矛盾するようであるが、逆境における英国民の強さに対する信頼である。

「バトル・オブ・ブリテン」を勝ち抜き、ドイツによる英本土侵攻の危険が遠のいた四一年六月、チャーチルは、「英国民は、どれだけ状況が悪いか（中略）言われたがる唯一の国民である」と振り返ったが、彼の国民への信頼は当初から揺らぐことはなかった。そしてこの信頼の根底には、国家の歴史的使命に対する深い思い入れがある。

戦時閣議におけるハリファックスとの論争の最中、チャーチルは「戦いながら斃れた国家は再び立ち上がるが、従順に降伏した国家はおしまいだ」と言い切った。こうした議論も、ハリファックスの冷静な目から見ると、暴論に等しいものだったかも知れないが、閣議の流れを摑む力を持っていた。

前に述べた通り、ジョン・ルカーチは、四〇年五月の数日間をヒットラーが第二次世界大戦の勝利に最も近づいた瞬間と形容し、チャーチルが敗北を拒否したことを戦局の最大の転機と位置付けている。

こうした歴史的評価の妥当性については、様々な観点からの精査を必要としよう。しかし、筆者の目から見ると、戦時閣議における論争は、当時の危機的な状況の中で英国が求めていた指導者がハリファックスではなく、チャーチルであったことを疑問の余地のない形で示している。

すなわち、この論争における両者の決定的な違いは、チャーチルが、戦争に勝利することこそが自らに課せられた使命と受け止め、すべての議論をこの一点から出発させているのに対し、ハリファックスが勝利にそうした至上的価値を認めていないことにある。

しかし、英国を取り巻く状況は、明らかに勝利に向けた国民的団結を求めていた。そしてこうした団結を達成するためのリーダーシップは、勝利という目的実現のため妥協を許さない指導者以外からは期待できなかった。勝利を勝ち取るためには、「非理」も辞さない勇気と決意、ハリファックスはそうした資質を欠いていた。筆者は、チェンバレン退陣に際し、ハリファックスが首相就任を固辞した理由は、戦争指導者としての自らの資質に自信が持てなかったためだと考えているが、五月の戦時閣議を巡る顚末は、皮肉なことに彼の判断の正しさを証明している。

こうして考えると、四〇年五月の『ロンドンの五日間』の意義は、チャーチルが戦争指導者としての権威を確立する過程にあると言える。そして当時の彼の政権基盤が依然脆弱であったことに照らすと、チャーチル・ハリファックス間の論争の帰趨は、その後の戦局に大きな影響を与えた可能性がある。

第二次大戦回想録によれば、五月十日夜、首相に就任した夜、彼はベッドに横たわりながら次のような感慨を抱いたとされる。

「私は深い安堵を感じていた。ついに私はすべての局面において指示を下す権限を有するに至った。私は運命と共に歩んでいるかのように、そしてこれまでの人生すべてがこの時、この試練のための準備に過ぎなかったかのように感じた。（中略）私は自分が失敗するはずがないと確信していた(31)」

こうした自信が本当のものか、事後的な創作かは、今となっては知る由もない。しかし、すでに指摘したとおり、彼の首相就任は、エスタブリッシュメントの選択ではなかった。党内の大半は依然としてチェンバレンに対して忠誠心を抱いており、チャーチルの盟友とされる議員は一握りしかいなかった。また、政府内外の多くの関係者の間では、チャーチルの判断力に根強い疑念が存在した。

そうした状況の中で、チャーチルが権威を確立することに失敗した場合、強固な政権基盤を持たない彼はいずれかの時点で他の指導者に取って代わられたであろう。その場合、新指導者は、ハリファックス同様、国家の生存を確保するための「理性的」判断としてドイツとの講和を模索した可能性がある。

重要なことは、その際ヒットラーがオファーする講和条件は、「理性的」に見て受忍可能なものであり得たことである。ヒットラーがこの時点で頭に描いていた世界秩序は、欧州大陸のドイツ、西半球の米国、そして海洋帝国である英国の「天下三分」であり、英国を隷従させることを意図してはいない。

このため戦略面から見たヒットラーの目的は、英国が大陸に軍事的に介入することを排除することにあり、このことは海空の戦力を制限することで担保できた。あとは、ドイツに「協力的」な政権が樹立されれば、直接的な占領のコストも節約できるかもしれない。英国の植民地権益については、将来は別として、現時点では戦略目的としての優先順位は低い。そして何よりも、英国が戦線から離脱すれば、米国が参戦する可能性が遠のく。そうすれば、当面の最大の目的である対ソ戦に専念できる環境を整えることが出来る。

もちろん英国の狭い国益だけを見た場合、この時点で講和を求めることは賢明であったとの議論もあり得ないわけではない。実際、修正史観によるチャーチル批判の最大のポイントは、彼があくまで戦いを継続することに拘ったため、国力を徒に衰退させ、帝国崩壊の時期を早めたという点にある。

歴史の審判は、例によって一筋縄にはいかない。明確なことは、ヒットラーの野望を許容することは、チャーチルが目指した勝利とは相容れないものであったことと、閣僚も、国民も彼を指導者として信頼し、勝利に向けた苦難の道を共に歩む決意を固めていったことである。この歴史の重みを前にすれば、修正史観は文字通り「学術的な」議論以上のものではない。

四〇年五月十日、首相に就任した夜、チャーチルが感じた、運命と共に歩むという感慨が国民全体の共感に発展するまでには、なお時間を要した。ダンケルク撤退作戦の成功に見られるような天の配剤にも恵まれた。しかし、この運命の月に彼が踏み出した一歩には、勝利という目的への確信が込められていた。そしてそれは、チャーチルが第二次大戦を通じて提供したリーダーシップの核心を成すと言っても良い。

六月四日、「闘う」演説の後、それまでチャーチルの判断に懐疑的だったコルヴィルも「偉大な演説で、議場を感動させたことは明白」と日記に記した。(32) ヒットラーに対するむき出しの宣戦布告の前に、チャーチルは内なる戦いにおいてささやかではあるが、重要な勝利を収めていたのである。

第七章　「即日実行」（Action This Day）——戦争指導者チャーチル

全局を総覧する

二〇〇二年二月、チャーチルの公式の伝記を執筆した歴史家、マーティン・ギルバートはホワイト・ハウスに招かれ、ブッシュ大統領を始めとする米国政府の指導者に対して私的な講義を行った。講義のテーマは、チャーチルの戦争指導であり、その内容は二〇〇四年になって、『悩ませ、困らせ、噛みつけ（*Continue to Pester, Nag and Bite*）』というタイトルの小冊子として出版された。(1)

日付から判る通り、この時点でブッシュ政権は、前年秋に開始したアフガン侵攻によってタリバン政権を敗走させる一方で、フセイン政権との対決に向けた準備に着手しつつあった。第五章でも述べた通り、ブッシュ大統領は「テロとの戦い」を正当化する根拠の一つとして、戦間期の宥和主義の誤りに度々言及している。このことの是非については種々論議があるが、ブッシュ大統領のチャーチルへの傾倒ぶりは、ホワイトハウスの執務室にその銅像を飾っていたことから明らかであり、ギルバートの話からインスピレーションを得ようとしたことは不自然ではない。

この時のギルバートの講義は、軍事作戦の指揮に始まり、戦時経済の運営、議会との関係の処理、国民の士気高揚のためのプロパガンダを経て、米国、ソ連との同盟関係の維持に至る、戦争指導の多様な局面に触れており、現代の総力戦がいかに複雑な〝事業〟であるかを示している。チャーチルの戦争指導のユニークな点は、この事業全体を総覧することに拘り、それを——分野によって多少の濃淡はあっても——成し遂げていったことである。

一口に戦争指導と言っても、国民を勝利に向けて引っ張っていくリーダーシップ（war leadership）と、総力戦という複雑な事業の成功を目指した国家組織の指揮・運営（war direction）の二つの側面があろう。

第二次大戦の指導者の中で、チャーチル以外にこの二つの側面に同等の精力を傾注した指導者は見当たらない。ルーズベルトの主たる役割は、国民に対してリーダーシップを発揮することにあり、軍を含む国家組織の指揮・運営は、基本的には官々《つかさつかさ》に委ねるスタイルをとった。逆にヒットラーは、死の直前まで国家組織を強力に把握していたものの、開戦後は国民の前から姿を消し、リーダーシップを発揮したとは言い難い。同様に国内に鉄の規律を敷いたスターリンも、国民からは遠い存在であった。

前章でも触れたが、チャーチルは首相に任命された日の夜に寝床につくと、「（戦争指導の）すべての局面において指示を下す権限を有するに至った」ことに、「深い安堵」を感じる。ここでのポイントは「すべての局面において」という点であり、彼の戦争指導のエッセンスはこの点に凝縮されると言っても過言ではない。

チャーチルが「あらゆる局面」を総覧することに拘った背景には、いくつかの理由が考えられる。

まず彼には、物心がついて以来、自分には国家危急の時にその救世主として活躍する運命の星が宿っているという確信があった。勿論、大抵の人にとってそうであるように、チャーチルの青雲の志も六十代の半ばに達する頃にはいささか輝きを失っていたに違いない。

しかし、国家が敗北の危機に直面する中で、首相の大任を委ねられた際に、「運命と共に歩んでいるかのように、そしてこれまでの人生すべてがこの時、この試練のための準備に過ぎなかったかのように」感じ、「自分が失敗するはずがないと確信」できたのは、こうした志が熾火《おきび》のように燃え続けてきたことの証左であろう。

さらに、チャーチルは、彼の人生の最大の汚点である、ダーダネルス海峡突破作戦の失敗は、当時自分に戦争努力のすべての局面を指導する権限が与えられていなかったためと考えていた。大戦回想録において、彼は、「一九一五年、ダーダネルスを巡り、自分はしばらく破滅を味わった。そして、従属的な立場にありながら、大規模で、枢要な作戦を実施しようとしたことで、最高度に重要な事業が放棄されることとなった。このような企てを試みることは適当ではない。この教訓は私の身に染みこんだ」と記しているが、同じ失敗は繰り返さないという決意には強いものがあった(2)。

第二次大戦開戦に伴い、海軍大臣として政府に復帰した後も、チャーチルは所掌に捉われず戦争指導の各側面に口を出し、一部の閣僚と摩擦が生じる局面もあった。前章で触れたノルウェー作戦が難航すると、彼は政府内において作戦指導の全権を掌握し得る地位を求め、チェンバレンを困らせる。彼が首相就任に安堵感を感じた背景には、自分の運命を自分で決める立場にようやく立ったという感慨があった。

また、チャーチルの主観的な思い入れは別にしても、一九四〇年五月の時点で戦争指導のあらゆる局面で強いリーダーシップが必要されていたとすれば——実際に必要されていたと筆者は考えるのであるが——、客観的に見ても彼以外にそれを提供できる人材はいなかった。

首相に就任した時点で、彼の政治家としてのキャリアは四十年を数えた。この間、彼は商務長官、内務大臣、海軍大臣（二回）、軍需大臣、陸軍大臣、植民地大臣、大蔵大臣を歴任し、当時の政治家で行政経験の上で彼と肩を並べるのはロイド＝ジョージだけであった。特に、第一次大戦中、海軍大臣と軍需大臣を務めたことは、戦火の下で首相の任務を果たすための最善の準備であったと言えよう。

そして何よりもチャーチルの全身から溢れ出るエネルギーは、「いんちき戦争」の惰性を打ち破り、政府と国民の士気を覚醒させるカンフル剤の役目を果たした。彼は、政府各部局に与える指示の中で特に緊急を要すると考えたものについては、「即日実行（Action This Day）」という付箋を付けたが、まさにこの言葉はチャーチル政権の精神を象徴すると言って良い。首相秘書官のジョン・コルヴィルによる次の回想は、チャーチルの首相就任が政府全体に与えた効果を良く伝えている。

「チャーチルの熱意の効果は（官庁街である）ホワイトホールにおいて直ちに現れた。ネヴィル・チェンバレンの下では平時と変わらない速度で動いていた政府の各部局も戦争の現実に目覚めた。数日間のうちに切迫感が生まれ、実際に立派な公僕たちが廊下を走るのが目撃された。如何なる遅延も許されなかった。電話交換手の能率も四倍は向上した。参謀長や作戦部員たちは、いつもと言って良い程会議を開いていた。定時の勤務時間など消えてなくなり、それと共に週末もなくなった(3)」

体制・人事・情報

チャーチルがいかに自分の運命を信じ、豊富な経験と類まれなエネルギーをもって職務に臨んでも、戦争指導のあらゆる局面を総覧するためには、適切な体制を整える必要があった。前章でも述べた通り、首相就任の時点で彼の政治基盤は必ずしも磐石とは言えなかった。党内の大勢はチェンバレンの支持者であり、戦時内閣からチェンバレンとハリファックスを外すことは出来なかった。

しかし、当時のチャーチルには党内での権力闘争にかまける余裕は全くなかったし、またそのような関心もなかった。重要なことは、必要な時に自分の意志を通せるか否かであり、四〇年五月の戦時閣議でのハリファックスとの論争に勝ち抜いて以降、この点で大きな困難に遭遇することはなかった。

いずれにしても、四〇年の夏以降、宥和主義者に対する反対運動が激化すると、「チェンバレン派」の政治的影響力は急速に低下する。チェンバレン自身は十一月に他界し、十二月にはハリファックスが駐米大使に任命され、戦時内閣の席を失う。

首相就任当初、チャーチルにとってより重要な課題は、むしろ軍に対する指導力の確立であり、そのために大きな関心とエネルギーを払う。

この面での彼の最大の発明は、国防大臣のポストを新設し、自らがこれを兼任したことである。英国の行政システムは言うまでもなく責任内閣制であり、首相は本来陸海の軍務大臣を通じて軍を指導する。しかし、このやり方はチャーチルには迂遠すぎた。そこで、彼が編み出したのが、国防省という、今の言葉を使えば、バーチャルな行政組織であり、この省の大臣を兼任することで軍を直接指導する体制を確立する。
「国防省」の実体は、実質的にはチャーチルと彼を補佐するヘイスティングズ・イズメイ陸軍少将の二人であり、軍事面での政策はイズメイが首相と合同参謀会議のパイプ役となることで決定される仕組みが造られる。

この際、容易に想像できるように、イズメイの役割は決定的に重要であり、天才的な戦略家を自任するチャーチルと軍指導部との間に挟まりながら、円滑なコミュニケーションを図るために大変な苦労を余儀なくされる。チャーチルの篤い信任を得たイズメイは、戦後の第二次チャーチル内閣で閣僚に登用された後、初代のＮＡＴＯ事務総長に就任する。第二次大戦の隠れた功労者と言ってよい。

「国防省」の設置に限らず、戦争指導体制の構築に際してのチャーチルの発想は柔軟であり、大胆であった。軍事生産委員会、輸入庁、戦車評議会、英米合同原材料庁、英米船舶輸送調整庁など、戦争が生み出す無限とも思える行政需要に対応するため、様々な組織が形成された。

また、チャーチルは人材の登用に当たっても大胆であった。

例えば、四〇年五月、来るべき本土決戦に備え、航空機の増産が死活的に重要と見るや、新たに航空機生産省を新設し、旧友のマックス・エイトキン（ビーヴァーブルック男爵）を担当大臣に任命する。ビーヴァーブルックは、カナダ出身の新聞王で、政界のフィクサーでもあった。こうした経歴から、彼は「ちゃんとした人達」からは紳士とは見なされず、チェンバレンも国王ジョージ六世も彼の入閣には反対であった。

ビーヴァーブルックの他にも、チャーチルは昔からの同志やブレーンを要職に登用した。戦間期から彼と行動を共にし、「隠し子」という噂が絶えなかった、下院議員ブレンダン・ブラッケンは情報大臣に任命されたし、同じく戦間期から科学技術に関する顧問役を務めたフレデリック・リンデマン（チャーウェル子爵）は海軍省統計局に籍を置きながら、戦時経済から核兵器の開発に至る幅広い分野でチャーチルに助言を与えた。

これらの「取りまき達」が果たした役割については、歴史の評価は分かれる。当時の同僚の目から見ると、首相の威光を借りて何事にも口を挟もうとする彼らの態度は傲慢で、非生産的なものに映った。戦争も末期になると、閣僚たちのフラストレーションも限界に達したようで、副首相のアトリーがビーヴァーブルックやブラッケンの行状についてチャーチルに直訴する、自筆の手紙が残っている(4)。

チャーチルには、一旦誰かを信頼すると、その人間の短所が見えなくなる欠点があり、こうした批判の多くは正当化されるものであったはずである。しかし、彼の弁護のために言うと、彼は情実だけで人事を行ったことはなく、あくまでも（彼の目から見た）適材適所の原則を貫いたと言って良い。第四章で見たフィッシャーの登用のように、彼の判断は間違うときもあったが、正しいときの方が多かった。

第二次大戦中について言えば、労働組合運動の大立者であったアーネスト・ベヴィンを労働・兵役大臣に登用したことは、適材適所の最善の例であろう。ベヴィンは、チェンバレンの後任として枢密院議長に任命されたジョン・アンダーソンと共に、国内経済の動員体制の構築に成功する。ここで行政経験を積んだベヴィンは、戦後アトリー内閣で外務大臣に抜擢される。彼は歴代大臣の中で最も外務官僚に敬愛された大臣と評されているが、労働組合出身という経歴に拘らず、エリート臭の強い外交官の尊敬を集めたことから見ても、いかに人心掌握の能力に優れていたかがうかがわれる。

柔軟な組織、適材適所の人事と並んで、チャーチルの戦争指導の中核的な要素となったのが情報の徹底的な活用である。

チャーチルの軍事機密情報への関心は、第一次大戦に遡る。英国で最初の暗号解読機関は、一九一四年十月に設置された海軍省第四十号室であるが、言うまでもなく当時の海軍大臣はチャーチルである。

実際のところ、第二次大戦のリーダーの中で、彼ほど機密情報に個人的関心を払った指導者は見当たらない。ルーズベルトは、軍の運用は軍人に任せるという伝統を遵守した。スターリンは、機密情報にそれなりの注意を払ったが、持ち前の猜疑心のために情報の裏に陰謀を感じ取る性癖があった。東京発のゾルゲ情報を含め、ドイツの侵攻の兆候を知らせる情報に数多く接しながら、これを敵方による謀略情報とみなす誤りを犯したのもそのためである。

また、チャーチルは英国の情報組織が当時としては世界最高とも言える暗号解読能力を有していたことにも助けられた。

ロンドンの北東、ブレッチリー・パークにおかれた政府情報本部（GCHQ）が、ドイツ軍の無線交信で使われる「エニグマ暗号」の一部解読に成功したのは、チャーチルが首相に就任した一九四〇年五月であった。以後彼は「ウルトラ」と名付けられたこの情報に過大とも言える執着を示す。実際のところ、彼は「ウルトラ情報」が専門家の評価を経て上がってくるのを待ちきれず、GCHQから直接生の情報を入手するよう手配したため、一時は各軍のトップが知らない情報を首相が知っているという不思議な現象が生まれたほどであった。

　政府全体の情報の分析・評価については、合同参謀会議の下におかれた合同情報委員会（ＪＩＣ）が中心的役割を担うことになっていたが、実際にこの仕組みが機能し始めるのは四一年夏以降であった。それまでは、同じ情報を共有しながら、チャーチルと軍指導部の判断が異なることも多々あり、折角の「ウルトラ情報」が十分に活かされたとは言い難い。

　いずれにしても、「ウルトラ情報」は、多くの場合パズルの一部を示すだけで、ドイツ側の動きや真意の全体像を明らかにするわけではない。また、この情報が最高の秘匿度を要求するだけに、使い方が難しい面があった。例えば、四一年春のクレタ島における戦闘において、現地の司令官は、エニグマ解読の事実がドイツ側に判らないように、「ウルトラ」情報だけを元に用兵を行うことを上司に禁じられた。「ウルトラ」を守るためには、部分的に戦に負けることも止むなしとの判断である。

　チャーチルは、首相就任当初、ある研究者が「ワンマン情報機関」と評するほど、機密情報の分析に没頭したが、ＧＣＨＱにおける解読作業が進歩し、情報量が爆発的に増大すると、さすがにすべての情報を自分で消化することは不可能になる[5]。このためある時期からは、軍情報部第六課（ＭＩ６）のブリーフィングに依存するようになるのであるが、英国全体の国益にとってはその方が好ましかった。

　とは言え、チャーチルが首相として日常的に吸収する情報の量には膨大なものがあった。彼が毎日目を通す書類は、秘書官が鞄に詰め込んで届ける。その中には、「トップ・オブ・ボックス」と呼ばれた緊急事項に関するファイル、在外公館からの報告電報、軍内部の連絡電、軍需生産や兵器開発の状況に関する定期報告、議会質問、決裁書類などが含まれていた。この鞄の他に、「ウルトラ」を含む機密情報を入れた鍵付きの箱が随時届けられたと言うから、常人であれば読むだけで一日が終わる量である。

しかもこうした情報の流れは一方通行ではない。チャーチルからは、上がってきた情報を踏まえたコメント、質問、指示がメモランダムの形で下りてくる。第五章で触れた通り、こうしたメモランダムは第二次大戦回想録の付属として読むことができるが、例えば、チャーチルが首相となった翌月の四〇年六月分から抜き出してみても、

- ●国内抑留者の海外移送（三日）
- ●爆弾用導火線の生産状況（七日）
- ●西インド部隊創設の可能性（十六日）
- ●煙幕を利用した防空システムの研究（二十日）
- ●パレスティナにおけるユダヤ人の処遇（二十五日）
- ●アメリカからの鉄鋼輸入（二十五日）
- ●軍需産業における労働者の徴用（二十八日）

といった具合で、如何に彼が「全局を総覧」しようとしていたかが判る(6)。

チャーチルは、朝起きると、大抵午前中は寝巻きのままベッドで書類を読む。昼からは、戦時閣議や軍指導部との会議が行われるが、夕方五時頃から夕食までの間は必ず午睡をとる。午睡は一日に二日分のワーキングデー（仕事日）を詰め込むための彼なりの知恵で、夕食後に再び執務に戻り、就寝は真夜中過ぎとなることが通常であった。夕食後の仕事は主としてメモランダムの

口述で、専任の女性秘書が消音のタイプライターで書き取った。

茶目っ気の多いチャーチルは、秘書官に対して「今晩は女性を二人用意してくれ」と指示をし、事情を知らない人が目を白黒させるのを楽しんだという逸話が残っているが、周囲の人間にとっては、彼のスケジュールに合わせて仕事をすることは大きな負担であった。

しかし、六十代も半ばを過ぎたチャーチルが、こうした日常的な業務に加えて、議会出席、国内各地・前線の視察、首脳会議への出席などの激務を五年間にわたりこなし続けてきたことは超人的と言わざるを得ない。

こうした努力を支えていたのが、人一倍のエネルギーであったことは疑いない。しかし、それだけでは「あらゆる局面を指導する」という意思を貫くために十分であったとは思えない。豊富な行政経験で研ぎ澄まされた理解力と判断力、言い換えれば、優れた実務能力なしには首相としての激務に耐えられなかったはずである。しばしば見過ごされがちであるが、チャーチルが超一級の行政官であったことを忘れるべきではない。

地中海戦略

戦争指導者としてのチャーチルの最大の仕事は、言うまでもなく戦略的判断を下すことにあった。

ジョン・キーガンが指摘する通り、「戦略とは選択[7]」であり、チャーチルが最初に直面した選択は、西部戦線が壊滅する中で闘いを続けるか否かであった。そして、四〇年五月の戦時閣議での議論を通じ、彼が徹底抗戦という戦略的判断を下したことについては、前章で触れた。

それでは、この判断の上に立って、チャーチルにどれほどの戦略的選択肢があったか。軍事的な意味においては、殆どなかったというのが、正直な答えであろう。

英国政府内には、従来からドイツの経済基盤の弱さからその継戦能力に疑問符を付す見方が根強くあった。しかし、開戦後、北欧や東欧の資源を支配下に置くことに成功したドイツの勢いが衰える兆しは全くなかった。ドイツ軍の中からヒットラーに対する叛乱が起きるという希望的観測にしても、電撃戦でフランス軍を撃破したヒットラーが成功の絶頂を味わう中で現実性が遠のくばかりであった。

ドイツの自滅が期待できない場合に、盟友フランスを失った英国が単独でドイツを屈服させることができないことは火を見るより明らかであった。むしろ最大の急務は、ドイツ軍の侵略から本土を防衛することであり、これは戦略的な選択以前の問題である。

こうした中でチャーチルに残された唯一とも言える選択肢は、とにかく当面は「負けない」ことに集中し、国力の消耗を避けつつ反撃の機会を待つことであり、このことは、現実には米国の支援を恃み、究極的には対独戦への参戦を促すことを意味した。首相就任から四一年十二月の米国参戦までの間、彼が全身全霊をかけて追求したのは正にこの戦略であった。第二次大戦回想録の中で、チャーチルは日本軍による真珠湾攻撃の報せに接した時の感慨を次のように振り返っているが、それまでに彼が払った努力を考えれば、事後の脚色とは思えない。

「結局のところ我々は勝ったのだ。その通りだ。ダンケルクを経て、フランスの降伏を経て、オランでのおぞましい逸話(8)を経て、本土侵略の脅威を経て、我々は戦争に勝った。

（中略）これからどれだけ戦争が続くか、どのような終わり方をするか、誰も予測は出来なかったたし、現時点では私にとってはどうでも良いことであった。（中略）ヒットラーの運命は定まったたし、ムッソリーニの運命も定まった。（中略）多くの災厄、測りがたい犠牲と苦難が待ち受けているであろう。しかし、終着点については最早疑いはなくなった。[9]」

一方で、チャーチルが、「全局を総覧する」ことに拘った背景には、戦争指導が軍事的論理のみによって左右される事態を避ける、という強い決意がある。彼の目から見ると、政治と戦略は統一的に遂行されなければならず、軍事的には防御的姿勢に徹することが適切な場合でも、国民の戦意や士気といった政治の問題に無関心ではいられないのである。チャーチルが基本的には「負けない」戦略を追求する一方で、首相就任早々、ナチス占領地域で人民蜂起を扇動するための工作活動やコマンド部隊による大陸上陸作戦の検討を命じたのもこのためであろう。

本章冒頭に紹介したギルバートの小冊子のタイトルに用いられた、『困らせ、悩ませ、噛みつけ』という表現は、戦時中チャーチルが部下を叱咤激励した言葉からきているが、ドイツとの正面対決を避けつつも、「隙あらば突く」という、攻撃的姿勢を捨て去らなかった彼の指導スタイルをよく体現している。

そしてこうした攻撃精神を出発点として、大きな戦略イニシアティブに発展していくのが、いわゆる「地中海戦略」である。

地中海は、石油資源に富む中東、そして「王冠の宝石」インドに通じる要路であり、スエズ運河を守ることは英国の国益にとって死活的重要性を有した。特に、フランスの降伏直後の四〇年六月、地中海帝国の構築を標榜して、ムッソリーニが参戦に踏み切るとゲームの賭金《ステーク》はさらに積み上がる。

しかし、地中海がいかに戦略的に重要であっても、その重要性は相対的なものであり、本土侵略の脅威が存在する中で、多数の兵力をコミットしてここに戦線を開くべきかは別問題であった。しかも、四〇年の夏に至ると極東の緊張も極限に近付きつつあり、日本の脅威を前にオーストラリア、ニュージーランドの自治領部隊を中東に展開することは自殺行為にも見えた。

にも拘らず、四〇年八月、チャーチルは英国が当時保有していた戦車のほぼ半数に相当する百五十両余りをカイロの中東軍に送ることを決断する。この決断の裏には、守り一辺倒の姿勢のおかげで身の破滅を招いたフランスの轍は踏むまいとの強い決意があった。さらに、チャーチルは、鉄壁とも思える枢軸国の大陸支配の中で唯一の弱点があるとすれば、ムッソリーニが受け持つべき地中海方面にあることを本能的に嗅ぎ取っていた。

四二年八月、チャーチルはモスクワを訪問し、スターリンとの初めての会談に臨む。会談の目的は、ドイツ軍による対ソ攻撃の負担を軽減するため、西欧において「第二戦線」を開くことを求めるスターリンを宥めることにあった。その際、チャーチルはスターリンの目の前で鰐の絵を描いて、イタリアが鰐の「柔らかい下腹」であることを説明しつつ、地中海での作戦に対する理解を求めるのであるが、この逸話からも彼の戦略観がうかがわれる。

「地中海戦略」の収支決算について、チャーチルの熱狂的支持者は、連合軍の反撃が北アフリカを出発点として、ムッソリーニ失脚の契機となったシチリア上陸を経て、ノルマンディー上陸作戦に至る経緯を捉えて、この戦略が連合国の勝利を決定付けた主要な要因と見る。

さらに、冷戦初期、「誰が東欧を失ったか」という犯人探しが始まると、戦争末期ソ連がバルカン半島から東欧、東ドイツまでを支配下に治めることを許したルーズベルト政権が槍玉にあがる。そして、その文脈で、もし連合軍がチャーチルの「地中海戦略」を徹底的に追求していれば、ソ連の進出を牽制し、欧州の分断は避けることが出来たのではないかという議論が生まれる。その頃には、チャーチルには、戦時中からいち早くソ連の脅威に警鐘を鳴らした預言者という評価が定着しつつあったので、こうした議論にも一定の信憑性が与えられ、果ては、「地中海戦略」がもともとソ連の脅威をも念頭に策定されたという「伝説」まで生まれるに至った。

しかし、これはいくら何でも贔屓の引き倒しであって、現実はより複雑である。

既に述べた通り、この戦略のもともとの狙いは、枢軸国との正面対決を避けながら、「柔らかな下腹」に一太刀浴びせようとするもので、この時点でナチス打倒に向けたシナリオが書けていたわけではなく、ましてやソ連との兼ね合いは全く視野に入っていない。しかも、四二年十月の第二次エル・アラメイン戦車戦でモンゴメリーがロンメルを破るまで、軍事的に見てこの戦略はお世辞にも成功したとは言い難い。

しかし、四一年十二月、米国が参戦し、英米両国が合同作戦に取り組むようになると、「地中海戦略」は新たな戦略的文脈におかれることとなる。

チャーチルが先ず重視したことは、米国に「ドイツ第一政策」、言い換えれば、ドイツを敗北に追い込んだ上で、対日戦に臨む基本方針を採らせることであった。幸い、この点については、米国海軍の一部を除き、米国政府内では早くから基本的なコンセンサスが存在した。

問題は、英米合同の対独戦をいつ、どこから展開するかであり、チャーチルがルーズベルトとの首脳外交の中で最も調整に腐心したのもこの点である。既に触れた通り、この問題は「第二戦線」の早期実現を求めるスターリンの要求とも密接に関連しており、一層複雑な様相を呈してくる。

英国側においては、チャーチル、軍指導部の双方ともフランス本土に過早な上陸作戦を試みることで、第一次大戦の西部戦線のような消耗戦に巻き込まれることに強い警戒感があった。また、四二年八月、英仏海峡を望むディエップで決行した奇襲上陸作戦が投入兵力の半数を失う惨憺たる結果に終わったことは、英政府関係者に上陸作戦の難しさを改めて強く印象付けた。

北アフリカ前線を視察するチャーチル

こうした背景の下、チャーチルが既に戦線が開かれている地中海を足場にして、ドイツ軍との対決に臨む方針を選好したことは自然な流れであった。

一方、米軍内部においては、「ドイツ第一政策」で一応の意思統一が図られたものの、対日戦をいつまでも先延ばしするわけにはいかず、可能な限り早期に欧州大陸本土への上陸を敢行すべしという意見が強かった。こうした関係者から見ると、「地中海戦略」は余りにも迂遠に見えた。さらに、米国側には、英国がこの戦略を主張する裏には、植民地権益擁護の片棒を担がせる意図があるのではないかという猜疑心があった。

結局この問題の帰趨を定めたのは、連合軍における英米間の力関係の変化と言って良い。米国参戦から四二年の年央までの間、米軍の動員体制が整わない内は、英国側の「現実論」が主導権を握り、同年末の北アフリカへの合同上陸作戦（トーチ作戦）の実施につながる。米国側としても、国内世論対策上、そしてソ連の不満をいくらかでも緩和する観点から、四二年中にドイツ軍との間で戦端を開くことが至上命題であり、欧州大陸における「第二戦線」の代替としてこの作戦の効用を認めざるを得なかった。

その後チャーチルは、四三年一月のカサブランカ会談を経て、シチリア上陸作戦の実施についても米国の同意を得るが、これは北アフリカを占領してみると、シチリアに向かうのが当然の成り行きに見えただけの話で、米国側の戦略的関心は、翌四四年五月を目途とするフランス本土上陸作戦（オーバーロード作戦）の準備に移行する。

見逃せないのは、この頃になると軍事戦略の決定権は次第に欧州方面連合軍司令官であったアイゼンハワー大将に集中するようになったことで、これに反比例してチャーチルの戦略への影響力は後退していく。アイゼンハワーは、「嫌英派」が多かった米国の軍指導部の中にあっては、英国との協調に最も心を砕いた軍人と言って良いが、こと戦略的な判断に限っては、政治家の容《よう》喙《かい》を許さない米国の伝統を貫いた。

それでも四四年六月のノルマンディー上陸作戦までは、イタリアを北上する英国軍の行動は、ドイツ軍をイタリア、バルカン方面に引き付けることで、欧州北東部への上陸作戦を間接的に支援する効果があったと評価し得る。しかし、一旦連合軍がフランスに橋頭堡を築き、ここに戦線が開かれると、米軍の目からは、地中海方面の英軍の活動は「お荷物」としか映らなくなる。

これに対し、チャーチルを含め、英国側はイタリアでの作戦に固執するのであるが、その動機には不明確な点が多い。この方面の連合軍を率いたハロルド・アレキサンダーは、北イタリアからユーゴスラビア北部を経てウィーンを目指すことを進言するが、イタリア上陸からローマ陥落まで十ヶ月を要したことを考えると、こうした作戦が戦争の終結を早めるようなインパクトを持ったとは考えにくい。

また、四四年後半ともなると、チャーチルのソ連に対する不信感は日毎に深まっていくのであるが、如何なる時点においてもイタリア方面での作戦が東欧・バルカン半島におけるソ連の影響力増大を食い止めるための手段として位置付けられた証拠は見当たらない。

筆者の印象では、英国がイタリア戦線に執着した主要な動機は、自らの手で軍事的な成功を残したいという、利己的な欲求によるところが大きいのではないかと思われるのであるが、想像の域を出ない。

戦後第二次大戦回想録を読んだ読者は、連合軍の戦略的決断のすべてがチャーチルによるものであるかのごとき錯覚にとらわれる。しかし、実際には、英国は第二次大戦の如何なる局面においても幅広い戦略的選択肢に恵まれていたとは言えず、軍事戦略面における彼の実際の貢献も評価が難しい。彼の戦略観が最も強く発揮されたのは、地中海における戦線の開設であるが、これとて所期の目的が完全に達成されたわけではない。

しかし、前述のとおり、この戦略の意義を軍事的視点だけで評価しようとすれば、チャーチルのリーダーシップの本質を見誤るおそれがある。軍事的栄光を求めて挫折した第一次大戦当時に比べ、彼が政治、軍事双方をにらんだ大戦略として、西部戦線における「守り」と地中海戦線における「攻め」を並行して追求したことに、筆者は戦争指導者としての大きな成長のあとを見る。

そしてこのことが、英国が軍事的孤立に耐え抜き、連合国側が究極的な勝利を収めることに貢献したことは疑いの余地はない。

特別な関係

「視点を上げれば、政治と戦略の違いはなくなる。頂点から見下ろせば、政治と戦略は一つとなる(10)」

第一次大戦回想録の中で、チャーチルはこう喝破したが、前節でも述べたとおり、第二次大戦においては政治と戦略の一体化を自らが体現することとなる。そして、この点が最も特徴的に現れるのが、首脳外交への取り組みである。

英国の国力の限界が顕在化する中で、軍事力を補完したのが外交力であり、その最も強力な武器がチャーチルであった。彼自身も自らの役割を熟知し、これを最大限利用しようとした。

首脳外交の主要な相手となったルーズベルト、スターリンとの関係においても、中立国で開かれた会議を除き、首脳会談は常にチャーチルが相手側を訪れる形で行われた。このことが彼に課した精神的、肉体的負担には過酷なものがあった。

例えば、四二年八月の初めてのモスクワ訪問に際し、チャーチルはカイロ、テヘラン経由の長旅をB24爆撃機の改造機で飛行するという、拷問に近い体験を余儀なくされる。この飛行機には、ベッドの代わりに棚が設けられただけで、暖房もなく、高度一万二千フィートを越えると酸素マスクを使用する必要があった。チャーチルの酸素マスクは、好物の葉巻が吸える特別製であったという伝説があるが、真偽のほどは定かではない。

第二次大戦中、彼が体調を崩すのは、多くの場合旅先であった。四一年十二月、ワシントン訪問中には、軽度の心臓発作を起こしているし、四三年のテヘラン会談の後は重い肺炎に罹り、三週間近くマラケッシュで療養する羽目に陥った。こうした事情もあり、チャーチルの外遊には、健康管理のため主治医のチャールズ・モランと家族の誰かが同行することが必須となる。

第三十二代米国大統領フランクリン・ルーズベルトは、チャーチルが大戦中最も濃密につきあった外国の首脳である。

二人の最初の出会いは、ルーズベルトが海軍次官時代にロンドンを訪問した一九一九年に遡るが、チャーチルが（後にそう主張したように）この出会いを覚えていたかどうか定かではない。

第二次大戦中、両者の間では二千通もの電報・書簡のやり取りが行われるが、最初に連絡を試みたのはルーズベルトの方であった。三九年十一月、チャーチルがまだ海軍大臣の頃、ルーズベルトは書簡を送り、緊密な連絡を維持するよう呼びかける。彼が本来のカウンターパートである首相ではなく、チャーチルに接近した理由は明らかではないが、宥和政策に一貫して反対してきた彼に信頼感を感じていたためと解釈するのが素直であろう。

最初の首脳会談は、米国が参戦する前の四一年八月、ニューファンドランド島のプラセンティア湾で開かれる。大西洋憲章を発出したこの会談以降、両者はさらに八回の首脳会談に臨む。大戦中に二人が一緒に過ごした時間は百二十日間と言われるから、両者の交遊が如何に緊密であったかが判る。

チャーチルがホワイト・ハウスに宿泊中、風呂上りのまま素っ裸でいたところに、ルーズベルトが誤って部屋に入ってくる「事件」があった。このとき、チャーチルは「英国の首相は米国大統領に隠し立てすることは何もない」と述べたとされるが、会談を重ねるにつれ、二人の関係は真に忌憚のないものへと発展していく。今日でも「特別の関係」と形容される英米関係の基礎はここにある。

一方、チャーチルとルーズベルトとの個人的関係が連合国の勝利にどれだけ貢献したかについては、評価は様々である。確かに、英米両国が文化、歴史、基本的価値を共有する兄弟国であることを考えれば、首脳が誰であったかに拘らず、連合国として協力する運命にあったという見方には一理ある。

しかしながら、筆者は、少なくとも二つの局面において、二人の個人的関係は戦局を大きく左右するインパクトを与えたと考える。

第一は、四〇年末の「レンド・リース（武器貸与）計画」策定に至るプロセスである。

第二次大戦の開戦当時、米国国内には孤立主義を志向する強い世論が存在しており、欧州の戦争に巻き込まれることに極端な警戒感があった。ルーズベルトは、当初から英国の立場に同情的ではあったが、交戦国への武器の提供を禁じる中立法の下ではドイツはもとより、英国に対しても軍事支援を行うことは不可能であった。

こうした状況の下、ルーズベルトは、世論が戦争の現実を受け入れるよう腐心するが、一気に国内の雰囲気を変えることは困難であり、既成事実を少しずつ積み重ねていく、慎重なアプローチを余儀なくされる。例えば、議会から武器禁輸の撤廃を勝ち取ったのは良いが、「キャッシユ・アンド・キャリー」の条件——外国政府は、現金決済で、しかも自前の輸送手段を用意しないと武器が買えない——を呑まざるを得ない、といった具合である。

一方、英国においては、軍需物資のニーズが日毎に増大する一方で、開戦後の早い段階から国家財政は危機的な状況に陥っていた。四〇年九月には、米国がニューファンドランド、バミューダ、バハマなどの英海外領土に海空軍基地を設立するのと引き換えに、中古の駆逐艦、魚雷艇を提供する取り決めが行われたが、こうした特殊な取り決めに頼らずに米国から軍事支援を得る仕組みを作ることが喫緊の課題となっていた。

四〇年十一月の大統領選挙でルーズベルトが三選を果たした後、チャーチルは長文の手紙を書く。彼は、後にこの手紙を自分が書いた最も重要な手紙の一つと回想しているが、書き直しを繰り返しながら、完成には二週間以上かかっている。手紙の大半は戦局の分析に費やされているが、ポイントは末尾に付け加えられた外貨危機に関する言及で、この点は駐米大使ロシアン卿の示唆によるとされる(11)。

チャーチルの手紙は、カリブ海で休暇中のルーズベルトに海軍機で届けられる。大統領の側近ハリー・ホプキンスの回想によれば、ルーズベルトはチャーチルの手紙を前に二日間の思考に耽った後、提供した軍需物資を現物や役務で返済させるという、「レンド・リース」の基本的概念を思いつく(12)。

四一年三月に法制化された「レンド・リース計画」は決して使い勝手の良い仕組みではなく、実際にどの程度英国の戦争努力に貢献したかについては諸説がある。しかし、この計画が、米国が孤立主義の殻から踏み出る大きな一歩となったことは異論のないところであり、その裏で首脳間のコミュニケーションが果たした役割は大きい。

チャーチル・ルーズベルト間の個人的関係が戦局に大きな影響を与えた二つ目の例は、「第二戦線」の開設問題であり、この点は既に触れた。

四二年夏、ジョージ・マーシャル陸軍参謀総長を始めとする米軍指導部が欧州本土への早期上陸を主張し、「地中海戦略」を提案する英国側との間で一歩も譲らぬ激論となった時、事態の膠着を破ったのは、「トーチ作戦」を支持するルーズベルトの決断であった。彼が軍指導部の提言を覆すのは異例のことであり、チャーチルの個人的説得が大きな意味を持ったことは間違いない。

もっとも、ルーズベルトがチャーチルを支持した最大の動機は、内政上の考慮であり、四二年中、より正確には同年十一月の中間選挙までには、ドイツ軍との戦闘を始めることが政治的に不可欠であったためという見方もある。彼が当時軍の指導部に示唆した攻撃地点には、アルジェ、モロッコのみならず、エジプト、イラン、ノルウェー、コーカサスといった北アフリカ以外の地点も含まれており、彼の頭の中では、それぞれの戦略的重要性は二の次で、とにかくどこかで戦争を始めることが必要だ、という意識が強かったことをうかがわせる。(13)

政治指導者が自らの政治的利害に基づき行動することは当然のことであり、チャーチルとルーズベルトの関係もこの大枠の中で発展して行くのであるが、英米関係に関するチャーチルの見方は相当にロマンチックな部分を残している。

彼は、戦間期に英国を母国とする英語圏の国々の歴史の執筆に着手する。全四巻からなる『英語を話す人々の歴史』は、結局戦後一九五八年になって完結するのであるが、チャーチルにとって、「英語を話す人々（English-speaking peoples）」は、歴史的な運命を共有する重要なアイデンティティーであった。

かくして、四〇年夏、駆逐艦取り決めが策定されたのを受け、チャーチルは、英米間の協力は「私が止めようと思っても止まるものではないし、誰にも止められない。それは、ミシシッピ川のように流れ続けるのだ」と言い切る。(14)

しかし、大西洋の反対側から見た典型的な英国観にはこうしたロマンティシズムは乏しく、むしろ帝国権益にすがりついて生き延びようとする腐敗した国というイメージすらあった。米国国内の孤立主義的傾向は、正に欧州の「旧秩序」に対する不信感に根ざす部分が大きい。さらに、政策的な利害においても、自由貿易を信奉する米国政府の目から見ると、英連邦の関税障壁は目の上のこぶであった。

従って、チャーチルとルーズベルトの関係にも当初から歴史観や国家利害の違いに起因する緊張があった。四一年八月の最初の首脳会談で採択された大西洋憲章は、戦争目的として民族自決(第三項)や自由貿易(第四項)を謳っているが、これらの諸点は気まずい交渉の末に同床異夢の形で合意されたものであった。

さらに軍事的には、米国が欧州と太平洋の二方面で戦わざるを得ない立場にあったことは、英米間の戦略的利害が衝突する今ひとつの要因となった。

二人の首脳の個人的関係は、大戦の前半においてこうした立場の相違を乗り越えて、緊密な連携を実現する原動力となった。しかし、大戦後半、特にノルマンディー上陸作戦後は、この関係をもってしても彼我の立場の相違を糊塗することは難しくなる。

この変化をチャーチル、ルーズベルト、スターリン三者の関係に引き直してみると、当初はチャーチルとルーズベルトの間に最も太い線が通っていたのが、次第にルーズベルトとスターリンの間の線が強化され、最後は英国の外交官が「最早ビッグ・スリーではなく、ビッグ・ツーと半分だ（Big Two and Half）」と自嘲する状況に至る。

ルーズベルトがスターリンとの関係を重視し始めるのは、言うまでもなくソ連が激戦の末にドイツの攻撃を撃退し、連合国内での比重を高めていったためである。そうなって見ると、ドイツを屈服させた後の対日戦においてソ連の協力を得ることは極めて重要になる。また、大戦の後半には、戦後の国際秩序の構築に向けた準備が本格化していくが、国際連合の設立を含め、米国の思い描く新秩序を実現するためには、スターリンの協力が不可欠であった。

加えてルーズベルトには、同じ現実主義者としてスターリンを手なずける自信があった。

「極めて率直に言っても気にしないと思うが、僕は、あなた方の外務省や国務省よりもスターリンを上手く扱えると思う。（中略）スターリンは、あなた方の指導者すべての性根を嫌っており、僕の方が好きなのだ[15]」

ルーズベルトはチャーチルにこう述べたが、かつてチェンバレンがヒットラーを「上手く扱う」ことに自信を示していたことを想起させる。

チャーチルもまた、反共主義者としての信条を投げ捨て、スターリンとの間で現実主義的な関係を造ろうとした。「ヒットラーが地獄を侵略すれば、悪魔にだって好意的な言葉をかけるさ」、ヒットラーが対ソ戦を開始した際、チャーチルはこう言ってソ連への全面的な協力を誓った。

チャーチルも、ルーズベルトも現実主義者であったことは間違いないが、二人が直面した「現実」は大きく異なった。チャーチルが大戦末期において直面したそれは、欧州の大半が廃墟と化す中でただ一人ソ連の脅威に立ち向かわなければならなくなるかもしれないという危険であった。この危険を回避するために与えられた選択肢は、首相就任当時と同様限られていた。

まず、ヒットラーとの関係とは異なり、「宥和政策」が重要な選択肢となった。

左からチャーチル、ルーズベルト、スターリン

大戦末期の一、二年の間、チャーチルを最も悩ませたのはポーランド問題であった。スターリンとの間では、ドイツの降伏後、ポーランドの東部国境をどこに引くか、さらには、ロンドンを根拠とする亡命政権とソ連の傀儡組織であるルブリン委員会が対立する中で、どのように代表政府を樹立するか、といった問題を巡って際限のない議論が続けられる。

ポーランドは英国がドイツに宣戦布告を行った直接の事由であり、忠義に篤いチャーチルは亡命政権の立場に立って粘り強い交渉を続けるが、ルーズベルトから有効な支援が得られないまま、最終的には妥協に応じざるを得なくなる。

四四年十月のモスクワ訪問の際、チャーチルはスターリンとの間で、東欧・バルカン諸国のそれぞれで両国がどの程度影響力を行使するか、「パーセンテージ取引」

を試みる。このときの「取引」がどれほど真剣なものであったか議論の余地はあるが、スターリンを「宥和」しようとする試みは総じて成功したとは言えない。

ソ連の脅威に対抗する上では、フランスの梃入れも重要な課題であった。チャーチルと亡命政権を率いるド・ゴールとの関係は、大戦中幾多の危機を迎えるが、彼は誇り高いこの将軍を辛抱強く支持し続ける。そして、欧州の戦争が大詰めに近付くと、ソ連に対するカウンターバランスとして、フランスの役割を一層重視するようになり、新設の国際連合の安全保障理事会やドイツの占領機構において然るべき地位が確保されるよう腐心する。

このようにスターリンを「宥和」し、ド・ゴールに梃入れを行うことはそれなりに重要な意味を持つとしても、戦後の欧州の安定を確保する上で、チャーチルが最も頼りとしたのが米国のコミットメントであったことは言うまでもない。

しかし、この時点の米国の姿勢は、先に述べたような理由でソ連との協力に重きを置く一方、チャーチルが示す勢力均衡的発想については、時代遅れのものとして忌避する傾向があった。財務長官モーゲンソーの提案のように、ドイツ経済を徹底的に解体し、工業力を持たない「田園国家」にするといったアイデアが一時的ではあっても大統領の支持を得ることから見ても、大西洋をはさんだ戦略観に大きな懸隔が生じつつあったことは明らかである。

こうした状況の中でも、チャーチルは引き続きルーズベルトに対する個人的働きかけを続ける。しかしながら、イタリア戦線の作戦方針にしても、ワルシャワ蜂起に対する支援問題にしても、こうした努力の限界効用は急激に逓減していく。

大戦末に顕在化する英米間の対立は、対ソ政策を巡る立場の相違のみに起因するわけではない。

それは、むしろ第一次大戦以降徐々に進んできた、国際社会における主役交替の最終段階を象徴するものであり、チャーチルの個人的魅力と説得力をもってしてもこの流れを逆転させることはできなかった。

四五年四月、ルーズベルトの死去に際し、チャーチルは葬儀に出席することを見合わせ、米国を訪問中のイーデンを名代として差し向けた。ジョージ六世に宛てた手紙の中で、彼は、葬儀のために国を離れ、議会に十分な注意を払わないことは、首相としての義務の過怠に当たると判断したと説明しているが、形式的な言い訳としか思えない。

対米関係における失望の連続が欠席の理由と考えるのは穿ちすぎかもしれないが、人情を重んじるチャーチルが、「我々が今まで知る中で、最も偉大なアメリカの友人(16)」と呼んだ同僚の葬儀に姿を見せなかったことは不可解としか言いようがない。

輝ける弁舌

エド・マローは、大戦中アメリカCBS放送のロンドン特派員として活躍した著名なジャーナリストである。「こちらロンドン」で始まり、「おやすみなさい。そして幸運を(Good Night, and Good Luck)」で終わる彼のラジオ放送は、欧州の戦局を米国の家庭に生々しく伝えた。

そのマローは、チャーチルの戦争への貢献を評して、「(彼は)英語を動員して、戦場に送り出した」と述べたが、彼が戦時中に行った幾多の演説が人々の記憶に残る最も印象深い貢献であったことは間違いない。

「獅子の心を持っていたのは、地球上の国民と民族であります。私は、おたけびをあげる幸運に恵まれただけであります[17]」

一九五四年、八十歳の誕生日を記念して開かれた会合での演説で、チャーチルは戦時中の自らの役割についてこう述べた。この言葉に続き「たまには獅子に対してどこに爪を立てれば良いのか助言を与えることができたかと思います」と付け加えたところを見ると、演説だけが貢献と見られることにはやや不満の様子も見える。しかし、言葉に生きた政治家として、戦後年月を経ても演説が語り継がれ、愛され続けていることには大きな満足を感じていたはずである。

一定の年齢以上の英国人にとって、チャーチルの演説は戦時の記憶と共に特別の意味を持っている。それは最早歴史の一部と言って良い。また、「最も輝ける時（finest hour）」、「血と努力と涙と汗（blood, toil, tears, and sweat）」、「かくも少なき人々（the few）」、といった最も有名なフレーズは、今日も日常的に使われる慣用句となっている。そうした意味で、チャーチルの演説は言語文化の一部ともなっている。

さらに、これらの演説の多くは、英国の国民的、歴史的文脈をこえた普遍的なアピールを持っている。戦後生まれの日本人である筆者も、当時の状況を想像しながら演説を読み返すと目頭が熱くなる。

第五章でも述べた通り、彼のノーベル文学賞は、著述活動のみならず、「崇高な人間的価値を擁護する輝かしい弁舌」を顕彰して授与されたものであり、弁論（oratory）に対してこのような価値が認められることは空前であり、絶後であろう。

戦火を経験した英国人が記憶するチャーチルの演説は、ラジオ放送である。独特のしわがれ声やSの発音が聞き取りにくいところは、一度聞くと忘れがたい語り口である。実際、当時から現在に至るまで、彼の演説は実際には声優が演じていたものという噂が絶えないのも、余りにも特徴的な語り口であるからだろう。

チャーチルは、ルーズベルトと並んでラジオを世論形成の道具として本格的に活用した最初の政治家の一人である。彼が最初にラジオ演説を行ったのは、一九二四年のことであったが、戦間期には希望してもなかなか出演の機会が与えられなかった。というのも、当時のBBCは厳格な政治的中立の編集方針を堅持しており、チャーチルのような「反政府分子」の出演を好まなかったからである。特に、三八年四月から三九年九月の開戦まで、ナチスの脅威がクライマックスを迎える中、彼のラジオ出演の機会は全く途絶えてしまうのであるが、この裏には当時の政府の圧力があった。

第二次大戦が勃発し、政府に復帰すると、当然のことながらラジオ出演の機会も増える。大戦中、チャーチルが首相として行ったラジオ演説は計四十九回で、そのうち約半分が四一年まで、言い換えれば英国が単独の闘いを余儀なくされていた期間に集中している(18)。

ラジオ演説と共に大衆心理に影響を与えたのがニュース映画である。人々は、画像を通じて、チャーチルが空襲の被害を視察し、外国首脳と会談する様子に接し、彼への親近感を深めていく。

もっとも弁論は、大衆メディアが発達する前から、常に彼の政治への係わりの本質的な部分を占めてきた。そして、チャーチルにとっての真の弁論の場は、ラジオでもなく、映画館でもなく、常に議会であった。大戦中も、彼の主要な演説は下院で行われ、ラジオ演説はそのごく一部に過ぎない。また、いくつかのラジオ演説は、下院における演説を繰り返したものである。

チャーチルの政治家としてのエトスは、グラッドストーンやディズレイリといった巨人が議会で論戦を闘わせることが政治であった時代のそれを色濃く残している。実際のところ、彼は、「弁論の時代」の最後の生き残りと言っても良い。

チャーチルの弁論にかける思いは、議会での演説に費やした労力の大きさから見ても明らかである。

彼は下院議員となって間もない頃、議会で発言中に突如言葉を失い、着席を余儀なくされるという屈辱を味わった。父ランドルフの凋落の兆候がまず現れたのは、議会でのパフォーマンスであっただけに、この経験は彼に大きなショックを与えた。

それ以来彼は、議会での演説は事前に原稿を用意し、それを手にしながら発言することを常とした。原稿は、最初は手書きであったが、戦間期になると秘書に口述し、タイプ打ちさせるようになる。

原稿の準備に費やす時間と手間は尋常なものではない。彼自身、このプロセスについて、「私は、さっさと作文をしたりしない。文章のスタイルと構文には最大限の手間をかける。(中略)私は、(文章が)光り出すまで磨きをかける」と述べていることを見ても、その苦労が偲ばれる。[19]

原稿の用意ができると、それを徹底的に暗記し、何回もリハーサルを行う。

ある時、新米の召使いが入浴中のチャーチルが何かぶつぶつと言っているのを訝って、「私に何かお話になりましたか」と聞くと、「今、僕は下院の議場で話しているのだ」と答えたとされるが、演説の直前には四六時中予行演習を行っていたらしい。

四〇年五月、首相に就任した際、チャーチルは、ほぼ四十年に亘り磨き上げてきた弁論術を遺憾なく発揮する立場に立った。しかし、数々の演説があれほどまでに国民の共感を生んだ理由を単なる演説技術の問題に帰することは適当ではない。内容面で二つの点を指摘しておく必要があろう。

第一は、目的意識の明確さである。

チャーチルの演説は、何故闘うのか、そして正義はどちらの側にあるのかを疑問の余地なく明示する。

「我々の目前には最も深刻な試練が待ち受けている。また、戦いと受難の長い、長い月日が我々を待ち受けている。皆さんは我々の政策が何か質《ただ》すであろう。私はこう答える。それは、海で、陸で、空で、我々の力のすべて（中略）をもって戦争を遂行すること、暗く、嘆くべき人類の罪悪の歴史の中にあっても類のない、途方もない暴政に対して、戦争を遂行すること、それが我々の政策である。皆さんは、また、我々の目的が何であるか質すであろう。私は一言で答えられる。それは勝利である。（中略）というのは、勝利なしには生存がないからである。よく自覚しよう。（勝利なしには）大英帝国の生存はない。大英帝国が体現してきたものの生存もない。人類がその目的に向けて前進するため、幾時代にも亘って示してきた衝動や欲求も生き残ることはないのだ[20]」

四〇年五月、首相就任演説において、チャーチルはこう述べるが、様々な考慮から戦争目的の明確化を意図的に避けていたチェンバレンとの差は明らかであろう。こうした明快さは、「いんちき戦争」のもやもやを振り払い、勝利に向けて国民の意思を統一し、高揚させていく上で極めて重要であった。

第二は、チャーチルの演説が生み出す歴史的共感である。

彼の演説を聞くとき、国民は自らが歴史の一部となったことを自覚せざるを得ない。この点は、大戦中の演説に現れるいくつかの名文句を見ると明らかである。

「決意を持ってそれぞれの務めに取り組もう。大英帝国と英連邦が千年間続くとしても、後世の人々が『これが彼らの最も輝ける時だった』と振り返るように。(Let us therefore brace ourselves to our duties, and so bear ourselves that, if the British Empire and its Commonwealth last for a thousand years, men will still say: 'This was their finest hour.')」

(四〇年六月。フランス降伏後の下院演説[21])

「人類の紛争において、かくも多数の人々が、かくも多くのことを、かくも少なき人々に負ったことはなかった。(Never in the field of human conflict was so much owed by so many to so few)」

(四〇年八月の下院演説で「バトル・オブ・ブリテン」で活躍する空軍兵士を讃えて[22])

こうした表現は、平時においては大時代的に聞こえたであろうが、国家存亡の危機に直面した国民は違和感なく受け止めた。のみならず、彼らは自分自身がチャーチルと一緒に歴史を創造しているような感覚を覚えるのであった。

戦後労働党左派の大立者となった、アナイアリン・ベヴァンは、チャーチルがむきだしの敵意を持って接した数少ない政敵の一人であった。そのベヴァンがチャーチル死去の際書いた追悼文は、当然のことながら相当辛口の内容となっているのであるが、曇りのない目で書いた論評だけに示唆に富む部分が多い。

その中でベヴァンは、チャーチルを「歴史の興行師」と呼ぶ。そして、「チャーチルの最大の貢献は人々に現実を直視しないよう説得したことにある。この国の人々がダンケルクの冷酷な現実によって意気消沈しているときに、彼はエリザベス女王とアルマダの戦いを考えるよう説得したのだ。彼の貢献は、五台の戦車の上に英国旗を覆いかけ、国民に対してそれが十五台であるかのように振舞うように仕向けたことである」と述べているのであるが、本質を突いた指摘と言えよう(23)。

戦後設計への取り組み

チャーチルが議会における演説を重視した理由は、単に彼が半生を議会人として過ごしてきたからだけではない。戦火の中にあっても議会が機能し続けることは、彼が描くところの自由と圧政の戦いにおいて象徴的な意義を持つ。彼が議会に出席し、自由な討議に身を晒すことは、全体主義への一種の挑戦状と言っても良い。

もっとも現実には議会も戦争の物理的な影響を免れることはできなかった。四〇年十月の空襲で下院の建物は大きな損害を受け、十一月からはウェストミンスター寺院の裏にあるチャーチ・ハウスに仮設の議場が設けられる。この建物は音響が悪く、チャーチル屈指の名演説である、チェンバレンの追悼演説なども、聴衆は聞き取るのに苦労したと言われる。

四一年二月までに、下院定員六百十五人の内、約二百名は何らかの形で政府の仕事に従事し、百十六名は軍務に就いていたと言われるから、専ら議員として活動していたメンバーは過半数に満たなかった。

平時には夜間に至る議会の審議時間も日中に限定され、開会日も週三日に減る。立法活動の面でも、それまで一会期で百八十本ほど策定されていた法案の数は、三分の一以下に減少する。最後に総選挙が行われてから五年を経過した四〇年十一月には、現議員は憲法上の任期満了を迎えたが、特別法により任期が延長されたため、結局十年近く議席を維持することとなる。補欠選挙についても、保守党、労働党、自由党の三党の間で、空席になる前に当該議席を保有していた党以外の政党は候補者を立てないという紳士協定が結ばれる。挙国一致内閣の下で、政党政治は基本的には「封印」された状況に至る。

こうした状況の中、チャーチルは議会内で広範な支持を享受するが、決して批判から解放されたわけではない。先に触れたアナイアリン・ベヴァンを筆頭に一握りの議員は、チャーチルを攻撃することを躊躇しなかったし、圧倒的多数で否決はされたものの、彼に対する問責決議も一度ならず提出されている。

さらに重要なことは、政党間の政治休戦によって「今」に関する政治が封印される一方で、

「将来」に関する政治は日増しに活発なものとなっていったことである。

この点は、英国の戦時体制の特異性に深く関わっている。

まず、英国は、交戦国の中にあって戦前、戦中、戦後を通して政治体制の継続性が確保された数少ない国の一つである。このため、英国には大戦中においても戦後のあり方について広範な政治的議論を行う環境が存在した。

さらに、英国では、生産能力や賦存資源の限界から、戦時の動員体制は国民生活のあらゆる面に及んだ。安定した政治社会体制の下で、労働力の動員、国家による基幹産業の管理、価格統制、物資の配給などの政策は、他の交戦国に見られないほどの成功を収め、平時の社会・経済体制を一変させた。

その際注目すべきは、階級性が強く、経済格差の大きい英国社会においては、戦時体制が雇用機会、賃金、物資の充足度などの面で「平準化」効果をもたらしたことである。言い換えれば、労働者階級に属する多くの貧困層にとっては、戦時体制は生活水準の実質的な向上をもたらしたのである。

こうした進展の重要な帰結は、戦時の動員体制が構築されるや否や、戦争終結の暁に如何なる体制に移行すべきかについて政治的議論が始まったことである。そして、多くの人にとって、大量失業と生活苦に苛まれた戦前の体制には戻らないことがこの議論の出発点になった。「人民の戦争」は「人民の平和」につながらなくてはならないのである。

「戦後」に関する政治的議論の節目となったのは、四二年十二月のベヴァリッジ報告である。ウィリアム・ベヴァリッジは、チャーチルが三十数年前の商務長官時代、労働者保護行政に関するアドバイザーとして活動したことは第二章で触れた。

ベヴァリッジ報告は、完全雇用、家族手当、包括的保健サービスの三つの柱からなる、社会保障制度の青写真を描いたもので、「ゆりかごから墓場まで」という言葉は、世界的にも福祉国家(ベヴァリッジ自身はこの言葉を嫌っていたとされるが)建設に向けた共通のスローガンとなる。

この報告が発表されたタイミングは、軍事的には、対独戦の反撃の狼煙であるエル・アラメイン戦と符合している。戦争の勝利への展望が明るくなるにつれ、戦後への関心が高まるのは当然の成り行きであり、ベヴァリッジ報告自体も、統計を満載した無味乾燥の政府白書であるにも拘らず、発表後数週間で六十数万部が売れる大ベストセラーとなる。

こうした戦後の国家設計に対するチャーチルの態度はどうであったか。

一般的な見方は、チャーチルが戦争指導に熱心な余り、戦後の問題に十分な関心を払わなかったため、四五年の総選挙で大敗を喫するというものであるが、これは一面的な見方であろう。

実際、戦争に勝利した暁に達成すべき経済・社会的目標を明確にすべきとの考え方は、早くから英国政府内部に存在していた。このため、四〇年八月には、チャーチルが主宰した戦時閣議で、戦後の欧州・世界システムと国内の社会・経済構造を検討するための委員会の設置が決定される。

四一年八月の大西洋憲章の第五項は、「(英米両国は)改善された労働条件、経済的進歩及び社会保障をすべての者に確保するため、すべての国の間の、経済的分野における完全な協力を作り出すことを希望する」旨謳っているが、このくだりも英国側の戦後に対する関心を反映したものである。

他方で、戦争の前半期においては、チャーチルは確かに戦後設計の問題について慎重な姿勢をとった。その背景には、こうした議論が国内の団結に与える影響や社会主義への警戒感があった。とは言え、ベヴァリッジ報告の発表を受け、国民の戦後に対する期待感が高まると、チャーチルの立場にも変化が現れる。

四三年三月、チャーチルは戦後復興についてラジオ演説を行うが、彼が戦後の社会・経済体制のあり方についてまとまった考え方を示すのはこれが初めてであった。

その中で、彼は、戦後復興に要する財政需要が不透明な中で、大きな財政的コミットメントを伴う政策決定を行うことに慎重な姿勢を示す一方で、平和体制への移行に向けた具体的検討において進捗を図るため「四ヶ年計画」を策定することを確約する。

その上で、チャーチルは、「自分と同僚を、ゆりかごから墓場までのすべての目的に資する、すべての階級を対象とした国民強制保険の強力な推進者と位置付けて」欲しいと訴えると共に、教育改革や国民健康保険制度への支持、さらには、一部産業の国有化の容認を表明する。(24)

この演説を契機に、戦時内閣の下での戦後設計作業は徐々に本格化し、終戦までに、教育改革法、児童手当法、産業再配置法などが策定されると共に、国民健康保険制度の骨格も固まる。

このようにチャーチルが戦後設計に積極的な姿勢に転じるのは、国民の団結を取り巻く状況の変化によるところが大きい。

戦争の前半期では、彼は戦後に関する議論が国論を二分するのを恐れた。しかし、ベヴァリッジ報告に対する国民の広範な支持が明らかになると、むしろ戦後に関する議論を進めることが国民の統一を維持するために必要となる。

また、このことは、政治的には労働党との連立関係をどうするかという問題に深く関わっている。

「私は、この国が戦争から回復し、一つの大家族として前進を始めるため、復興と社会的進歩に係わる一部の措置について国民的統一が生まれることを希望する。もしこの希望が実現せず、政党間で戦後政策について共通の土台が見つからなければ、不幸な事態に至ろう。何となれば、こうした状況の下では、我々は懸案について民意を問うことが必要となり、その結果として政党政治が生まれることになるからである(25)」

四〇年十二月、保守党の中央評議会における演説で、チャーチルはこう述べたが、「政治休戦」の風潮の中であっても、一党の党首が党員に対して政党政治への回帰が「不幸な事態」であると述べることは尋常ではない。

チャーチルは、同年十月、チェンバレンの引退に伴い、保守党党首の座に就く。しかし、この判断は多分に議会対策上の考慮に基づくもので、彼自身は自らを国民の指導者と見なし、政党の党首という意識は希薄であった。

四五年三月、戦時連立内閣の末期、彼は議会秘書官を務めていたジョージ・ハーヴィー＝ワットに対して「(政党政治が復活すれば)僕を愛するようになった人々が僕を嫌うようになるだろう。そうしたら傷つくだろうな」と述べたが、戦争後も党派を超えた指導者であり続けることに執着があった(26)。

さらに、第二章で述べた通り、右であれ、左であれ、極端な勢力を切り捨て、中道勢力を結集することは、彼が理想とする政治の形であった。戦後の政治が極端に左傾化し、社会主義に傾斜することを避けるためには、戦後設計に関する共同作業を進めることを通じて労働党の穏健派を取り込み、連立体制を維持していくことが望ましいとの判断があった。

アトリー、ベヴィンといった労働党の指導部の立場から見ても、戦争の終結に伴う次期総選挙においてチャーチルが勝利することはほぼ確実と見られたため、連立政権が継続している間に出来る限り多くの進歩的政策を実現することが得策と考えられた。このため、戦争の後半期においては、チャーチルと労働党指導部との間に戦後設計の推進について利害の一致が見られ、これが政策を実現するための各種の作業の進捗につながる。

しかし、こうした利害の一致も所詮は「便宜上の結婚」であり、戦争の終結が時間の問題となると、政党政治への回帰の傾向が徐々に強まっていく。

労働党側においては、四四年後半に至ると、党員層から連立政権からの離脱を求める動きが強まり、指導部もこれを抑えることが段々難しくなる。同年十月の労働党中央執行委員会は、次期総選挙に際しては、社会主義の原則に基づき独自の闘いを進めることを議決し、連立継続のチャーチルの夢は実質的に潰えることとなる。

一方、チャーチルが国民全体の指導者を自任し、労働党との連立の維持に腐心している間に、保守党には大きな危機が忍び寄っていた。

もともと国民の間には、戦前の大恐慌とミュンヘンの失敗の責任を保守党の失政に帰する見方が強かった。『罪深きものたち』の出版に見られるような、反宥和主義キャンペーンは、こうした国民の怨念の深さを物語っている。

保守党にとって幸いであったのは、チャーチルという切り札を持っていたことで、反宥和政策のチャンピオンを首相に担ぐことで政権を維持することに成功する。しかし、チャーチルが戦争指導者として広範な国民的人気を博したことは、保守党に対する国民の反感や不信を覆い隠しはしたものの、拭い去ることは出来なかった。

保守党内部では、戦後予想される労働党との対決を念頭に、戦時中の早い段階から戦後復興の問題についても党として独自の貢献をすべきとの動きがあった。四一年には、ラブ・バトラーを中心に一種の党内シンクタンクを設立し、検討を進める体制が整う。しかし、こうした動きも、党首チャーチルの支持が得られないままモメンタムを失っていく。

チャーチルは、戦時の国民的指導者として国家的課題の検討に党利党略を持ち込むことを忌避した。のみならず、戦後復興の問題については、連立政権を維持する手だてとして、特に積極的に労働党との協調を追求した。この結果、連立政権の下で打ち出された数々の措置は、労働党の主導によるものという印象を生み、保守党が失地を回復する機会は失われることとなる。

さらに、チャーチルが党務を徹底的に無視した結果、地方支部を含めた保守党の組織力は大幅に弱体化する。

「全国津々浦々で保守党は安っぽい冗談になりつつある。自業自得とは言え、プレスやBBCは我々を軽蔑の念をもって扱っている。首相が伝統的な保守党の残党についてどう思っているかは、あなたも御承知の通りである。彼自身は口に出しては言わないが、（取り巻きたちは）そんなに言葉に気を使ったりしない。議会においても、国全体においても、効果的な言論の集団としての保守党がもはや存在しなくなったことについては、あなたも同意せざるを得ないであろう[27]」

四二年十月、ある保守党議員は、院内幹事長に宛てた手紙の中でこう述べているが、こうした嘆きが必ずしも誇張でないことは、三年後に劇的な形で明らかとなる。

勝利の中の挫折

三五年十一月以来ほぼ十年ぶりの総選挙は、四五年七月五日に投票日を迎える。チャーチルは、対日戦の終結まで総選挙を延期することを提案するが、労働党がこれを拒否したため、この時点ではまだ太平洋では砲声は止んでいない。

海外で従軍中の兵士の投票を集計するため、この選挙では投票日から結果の発表まで約三週間がかかった。この間、チャーチルはポツダム会談に出席するのであるが、政権交代の可能性に備えて、アトリーに会議に同行するよう求める。

しかし、これは一種のジェスチャーであり、チャーチルを含め実際に保守党が選挙に負けることを予想した者は少なかった。アトリー自身も、この会議に首相として戻ってくるとは予想していなかったはずである。

実際のところ、チャーチルが実感する限り、選挙戦の手ごたえは十分であった。遊説会場はどこも満員で、チャーチルは映画スター並みの歓迎を受ける。戦争指導者としての彼の人気のおかげで、保守党の勝利は確実と見られた。

他方で、現代政治の「選挙のプロ」が見れば、危険信号と解釈したはずの兆候がいくつかあった。

例えば、四二年から四五年の間に実施された補欠選挙において、保守党は、前述の紳士協定に基づき主要政党が対立候補を立てなかったにも拘らず、左派の独立候補に八回もの敗北を喫している。また、ギャロップ社の世論調査では、四二年以降、労働党が常に保守党をリードしていたが、現在とは異なり、この時代、誰も世論調査の数字には余り注意を払っていなかった。

選挙戦術の面でも、チャーチルは国民のムードを読み違えた。

彼は、戦争が終結した際、国民が求めるものは、戦時下の統制から解放され、自由を享受することと考えた。このため、彼は、労働党政権の下で国家による統制や監視が強まる可能性に警鐘を鳴らすことで、保守党への支持を拡大しようとした。チャーチルは、選挙運動中の政見放送で、労働党が「ゲシュタポ」的手法に訴える危険に言及し、物議をかもしたが、こうした「ショック戦術」の狙いもそこにある。

しかし、現実には、多くの国民にとって、自由への回帰は戦前の弱肉強食の世界へ戻ることを意味した。国家が介入して構築された戦時体制の下で、彼らは職に就き、子供のためのミルクの配給を受けた。彼らにとって、国家による介入が「自由」への挑戦であるというチャーチルの議論は、戦前の無慈悲な階級社会に戻る口実としか思えなかった。結局この選挙の結果は、戦前には戻りたくないという、国民の集団的意思の表明であって、誰が党首であっても、どんな戦術をとったとしても、異なる結果が出たとは考えにくい。

七月二十六日に判明した選挙結果は、英国の近代政治史上最も劇的なものの一つである。保守党は、改選前の議席を約百九十議席減らし、逆に労働党の議席増は二百四十二に達した。

同日午後七時、チャーチルは、運転手付のロールス・ロイスでバッキンガム宮殿に赴き、国王ジョージ六世に辞表を提出する。その三十分後、クレメント・アトリーを乗せた小型大衆車「スタンダード・テン」が宮殿に入る。運転していたのは、彼の妻であった。一国の政治の変化をこれほど雄弁に語る光景は珍しい。

国民は、戦争指導者であるチャーチルに喝采を送る一方で、政党の指導者であるチャーチルには退場通告を与えた。

選挙の結果をもって、戦争指導者としてのチャーチルの任務は終了する。しかし、それが「伝説」として蘇るまでにはさほどの時間は要しなかった。

最終章　指導者とは

最後の内閣

一九五一年十月の総選挙は、戦後の選挙の中でも最も激しく戦われたものの一つである。労働党は全国的な得票数でも、得票率でも保守党を上回ったが、小選挙区制度の「不具合」のせいで議席数では保守党・国民自由党の連立会派に二十六議席差及ばず、野に下った。

六年ぶりで、チャーチルにとって最後の内閣は、お世辞にも新鮮とは言えなかった。ジェンキンスは、この内閣をやや意地悪に「常習犯（Recidivist）内閣」と呼んだが、顔ぶれを見ると無理もない。

イーデン、ラブ・バトラーが入閣するのは当然として、外務省に戻っていたジョン・コルヴィルは再び首席秘書官として呼び返されたし、戦時中合同参謀会議事務局長としてチャーチルを支えたヘイスティングズ・イズメイは英連邦担当大臣を押し付けられた。中東方面軍司令官であったアレキサンダー元帥は、カナダ総督として優雅な余生を送っていたが、チャーチルの執拗な要請に折れ、国防大臣に就任するため帰国する。

第二次内閣の全体的評価は、恐らくは「中の上」とするのが至当であろう。英国の国内情勢は、戦後の混乱を脱し、安定期に入りつつあった。「常習犯」のすべてが閣僚として成功したわけではないが、外務大臣のイーデンと大蔵大臣のバトラーが両輪となった内閣には安定感があった。

チャーチル自身は、七十代後半に入っていたこともあり、さすがに第一次内閣で示したエネルギーを復活させることはできなかった。政権後半になると、「君臨すれども統治せず」の状況に至り、第二章で述べた脳卒中による長期療養も政府の機能には大きな影響は与えなかった。
最後の内閣で彼が個人的関心を払った最大のテーマは、世界を核戦争の脅威から救うための米ソ間の緊張緩和であった。戦時中の首脳外交を再現させ、超大国間の仲介を図ろうとしたが、その努力はドン・キホーテ的なものに終わった。英国にも、チャーチルにも国際秩序を変える力は最早残っていなかった。彼の遺産は、一九五五年三月、核軍縮の必要性を訴えるために行った下院演説で、往年の名演説を髣髴とさせる「白鳥の歌」となった。

政権末期になると、党内ではチャーチルの勇退を求める雰囲気が徐々に高まっていったが、「国宝級」の政治家に引導を渡すことは当然のことながら容易ではなかった。特に、十年近く「万年後継者」の立場に甘んじていたイーデンの焦燥には痛ましさすら感じられた。

結局閣内の殆どが引退を望んでいることを悟ったチャーチルは、五五年の三月末までに辞任を決意する。

四月四日、辞表提出の前夜、首相官邸ではエリザベス女王を招いた晩餐会が開催された。コルヴィルの回想によると、晩餐会を恙《つつが》なく終え、寝室に戻ったチャーチルは、正装のままベッドに腰掛け、しばらく物思いに耽ると、突然コルヴィルに向かって吐き捨てるように「僕は、アンソニー（イーデン）には（首相が）務まらないと思うよ」と言った。[1]

危機の指導者像——三つの資質

「序にかえて」で述べた通り、政治には平時の政治と危機の政治とがある。

一九四〇年五月、英国が直面したのは危機の政治であり、客観的に見てチャーチル以外にこの任に堪える人物はいなかった。既に述べた通り、当時の政治状況において彼が首相に就任することは必然ではなかった。しかし、最終的にはジョージ六世、チェンバレン、ハリファックスといった国家指導者は、チャーチルしかいないという結論で一致した。

一方で、五一年内閣が取り組んだのは、明らかに平時の政治であり、チャーチルが首相である必要はなかった。イーデンには政府を率いる十分すぎるほどの資格はあったし、妻のクレメンティーンを含め、彼の周辺のほとんどの人はそう望んでいた。

それだけにチャーチルが引退の前夜、イーデンについて述べた言葉は、いかにも往生際の悪い老政治家の捨て台詞のように聞こえるが、ある意味でリーダーシップの本質を示している。リチャード・ニクソンは、指導者論の中で、他の誰よりもうまくやれるという確信を持つことを、指導者にとって不可欠な資質としている。チャーチルの驚くべきところは、青年時代からこの確信を抱き続け、政界の第一線から引退する八十歳になってもそれを捨て去ることがなかった点である。

勿論この確信がもたらす危険は、傲慢や独善に陥ることであり、チャーチルもこうした欠陥を完全に免れたわけではないが、優れた指導者としての均衡を守る他の資質を備えていた。政治家を志す人の中には、チャーチルを手本としたいという向きもあると思うが、筆者は助言を求められれば、「おやめなさい」と言うであろう。単純に自信過剰な人は別として、半世紀以上もこうした確信を持ち続けることは、常人には不可能に近い。

言うまでもなく指導者が自己への確信を示すことは、危機においてとりわけ重要である。人は、危機的状況において自らの能力に疑問を持つ指導者に運命を委ねる気にはならないからである。

しかし、チャーチルを真に偉大な危機の指導者たらしめたのは、単なる自己確信だけではない。筆者は、チャーチルから危機の指導者に求められる資質を学ぶとすれば、特に次の三つが大事だと考える。

（一）コミュニケーション能力

指導者が危機に際して最初に取り組むべき課題は、目的意識の明確化である。戦争にしろ、天災にしろ、本来危機において国家が目指すべき目的は明らかなはずである。しかし、実際には様々な事情によって国民の間に迷いが生じることがある。自らがおかれた境遇が受け入れられずに不満をぶつけたり、現実逃避に陥ったりすることもあろう。

第二次大戦当初の英国が正にその例であり、いかなるコストを払ってでも戦争に勝利する、という目的を明確化したチャーチルの演説は、国民の迷いを払拭し、その総力を結集する上で計り知れない意味を持った。のみならず、彼の雄弁は、ドイツとの闘いを、自由民主主義と暴政、善と悪、という対照の中で捉えることで、国民に戦争の大義を信じ込ませることにも成功した。

グラッドストンやディズレイリを手本とする彼の演説術は、大戦前の段階で既に時代遅れとなりつつあった。戦間期の聴衆は、大時代的なチャーチルのレトリックより、ボールドウィンやチェンバレンのような平明な語り口を選好した。未曾有の国難によって彼の言葉が再び国民の心の琴線を揺さぶるようになったことは、彼にとって幸運であった。

さらに重要なことは、チャーチルにとっては言葉のみならず、自らの存在自体がコミュニケーションの手段であった点である。

ったチャーチルは、第二次大戦中の戦争指導者の中では、疑いなく最もヴィジブルなリーダーであった。議会での討議、空襲後の被害の視察、前線での部隊の激励、首脳外交といった、ありとあらゆる場面で行動する姿を見せることで、リーダーシップがどこにあるかを国民に示し続けた。

このことは、国民に対して安心感を与えるばかりでなく、指導者と国民の一体感を強化する助けとなった。大戦中、チャーチルがロンドン市内を視察する際、彼と出自、境遇を全く異にするスラムの住民からも「ウィニー爺さん」と声がかかるようになったこともこのことを裏付ける。

（二）行動志向の実務主義

チャーチルは国民に対する演説において荘重なレトリックを駆使する一方で、実際の戦争指導においては徹底的な実務主義を貫いた。

危機における指導者の最も重要な役割は、大きな戦略的判断を下すことにある。

しかし、実際の危機においては、小さなものから大きなものまで、数十、数百の課題が毎日のように指導者の決断を求めて生起する。瑣事にとらわれ、機能不全に陥ることは、指導者として戒めるべきことであるが、現実には連日生起する夥しい数の課題を処理する能力がない指導者に、大きな戦略的判断を下すことを期待することは難しい。

しかも、危機においては、不作為のリスクは作為のリスクを圧倒的に上回る。指導者による決定の停滞は国家組織全体のモラールの低下にもつながるからである。「即日実行」のモットーは、正にこうしたリスクを意識している。

本論でも触れた通り、チャーチルは目の前にある問題をすべて解決しなければ気がすまない性分で、政治家としては随分損もしたが、こうした性格は、長年の行政経験とも相まって高度の実務能力を約束した。

また、彼がダーダネルスの失敗から学んだ教訓は、危機において国家を指導するためには、指導者が能力を有するだけでは不十分であり、こうした能力を最大限発揮するための仕組みを作っていく必要があるという点である。第二次大戦に際し、彼はこの教訓を踏まえ、体制、人事、情報など戦争指導のあらゆる側面に目を配り、自分を活かしきる仕組みを構築した。

その上で、チャーチルが直面した課題は、徹底した実務主義を、戦争指導体制に関与するすべての関係者の間に浸透、貫徹させることにあった。彼が自分と部下に課した義務は、困難な中にあっても、常に問題解決のために現実的で、行動志向の姿勢で臨むことであったが、このことは、当然のように見えてなかなか難しい。人は、問題が難しければ難しいほど、なぜ解決策が見つからないか、口実を探すことに時間を浪費しがちだからである。

コルヴィルが回想するとおり、彼の首相就任は、公僕をして廊下を走らせ、定時の勤務時間が消えてなくなるような、インパクトを与えた。しかし、こうしたエネルギーを危機克服の力となるよう方向付けていく努力は、彼の戦争指導において重要な位置を占め続けた。結果的に彼が構築した体制が、独裁や独善に陥らなかったことは、彼がこの点において成功したことを意味する。

筆者は、第二次大戦中、英国における戦争指導で最大の貢献を果たしたのがチャーチルであれば、米国における最大の功労者は、ルーズベルトでもなく、アイゼンハワーでもなく、陸軍参謀総長のジョージ・マーシャルであったと考える。そのマーシャルが執務室の机の上に置いたプレートには、「問題と闘うな。決断しろ（Don't fight the problem. Decide it）」と書かれていたと言う。

一方、チャーチルが戦時中部下に宛てたメモランダムの中に、「最良の解決策を示してくれ。問題の難しさを議論する必要はない。難しさは最初から判りきっている」という言葉がある。同時期に大西洋をはさんで軍を指揮した米英両国の戦争指導者が、ほぼ同じ言葉で問題解決のための現実的姿勢を慫慂《しょうよう》していたことは、きわめて示唆に富む。

（三）歴史観

危機は、夥しい数の現実的課題を提示すると共に、時として指導者の国家観そのものを試す。ミュンヘン危機がそうであったし、一九四〇年五月の戦時閣議の場合もそうであった。危機において歴史観を持つことは、前例を墨守することや変革を忌避することを意味しない。それはむしろ、指導者が国家の存亡を左右する選択を迫られた時に、国家のあり方と国民についてどれだけの理解を持ちながら決断を下すか、という問題である。

国家存亡の危機においてぎりぎりの政治的決断を迫られた時、チャーチルの思考は、現実的解決策を懸命に模索する一方で、歴史にも啓示を求める。チェンバレンが宥和政策を進め、ハリファックスがヒットラーとの講和の糸口を模索しようとする時、彼らの念頭に浮かぶのは第一次大戦の悪夢と大恐慌の窮状に倦んだ国民の顔であった。しかし、チャーチルの脳裏には、ドレーク、ジョン・チャーチル、ネルソン、ウェリントンらと共に大英帝国の栄光を築いた先人の姿が映し出されるのである。

本論でも触れた通り、チャーチルの歴史観とチェンバレン、ハリファックスの現実主義のいずれが正しかったかは、結局のところ結果論でしか判断できない。しかし、歴史学者のリンダ・コリーが、英国人のアイデンティティーの形成過程を描いた名著『英国人（*Britons*）』（邦訳のタイトルは、《イギリス国民の誕生》）の中で行う次の指摘は、チャーチルの歴史観が単なる過去への憧憬でないことを示唆する。

すなわち、彼女によれば、英国人の愛国心の起源は、大陸から迫り来る旧教勢力の脅威に対抗して信仰を守り抜こうとする決意に求められる。そして、彼らの心の中にはそうした戦いを通じ、自らが選ばれた民族であるという、心の平安が芽生えたとする。

逆境を理解し、たとえ苦しい状況下にあっても、みずからを慰めるこのやり方は、二〇世紀になっても消えることなく、潜在的な意識として根強く生き残っている。たとえば、第一次世界大戦中、塹壕に身を横たえたイギリスの兵士は、つねに『天路歴程』に心のよりどころを求めていたものである。手紙や日記のなかで自分自身を〔『天路歴程』の主人公〕クリスチャンになぞらえる者さえいた。この理由のひとつとしては、バニヤンが描きだした英雄のように、彼らが重荷――兵士の場合はナップザック――に苦しめられていたことが挙げられる。しかし、自分たちをクリスチャンと同一視することで、危険と苦しみに対する感覚を麻痺させ、さらに自分たちの戦う理由は正しいという確信を新たにすることができた。イギリス人は、第二次世界大戦のあいだもまったく同じプロテスタント的な文化に依存していた。一九四〇年、ドイツ軍によりイギリスの遠征軍は、フランス中を追撃され、その一部だけが勇敢な民間人が組んだ小船隊によって偶然、辛うじて救出された。

対独戦勝日、群集の歓呼に応えるチャーチル

> しかし、一歩間違えば大惨事であったこの出来事は、イギリス人自身によって即座に、幸先の良い神の御加護と読みかえられた。緊迫した事態に立ちいたるなかで、彼らは本能的にこの事件をプロテスタント的な歴史解釈のなかに取り込み、おなじみの教訓を引き出したのである。すなわち、無名な人びとの寄せ集めにすぎないイギリス人市民が、神の御加護のおかげで、強大で邪悪な敵に打ち勝つ、というわけである。(2)

チャーチルは、同世代の多くの政治家とは異なり、こうした歴史を理解し、信頼していた。ミュンヘン危機の時、そして第二次大戦初期の暗黒の日々にチャーチルが頼りにしたのは、こうした歴史に裏打ちされた英国人の強靱さであろう。

彼の歴史への信頼は、究極的には国民への信頼であった。一九四五年五月八日、ドイツ降伏の日、ホワイトホールの保健省のバルコニーに立ったチャーチルは、集まった群集に向かって、開口一番「神の祝福を。これはあなた方の勝利です」と叫んだ。

そうしたチャーチルの信頼に、国民もよく応えた。一九六五年の国葬において、英国国民が示した圧倒的な愛情は、自分たちを信頼してくれたことに対する感謝の現れであった。両者の間でこうした信頼関係が構築されたことが、チャーチルのリーダーシップを成功させる決定的要因となった。

人治の国で

本書においては、英国の政治制度について詳述する紙幅がない。最も重要なことは、この国の制度は、権力の濫用に対して様々な歯止めを設けつつも、結局は政治は人が行うということを正面から受け止める仕組みを形作っていることである。

成典憲法を持たない英国においては、他国同様、法に社会を規律する役割が与えられているものの、議会での議論を経て正統性を得た政治的意思が法を超越する柔軟性が認められている。議会制民主主義の母国、英国は法治主義の母国でもあるが、本質的には「人治」主義の国なのである。

人治の国において、政治指導者は極めて広範な権力を揮う。議会に確かな基盤を有する首相が行使する権力には、ほとんど制約がないと言っても過言ではない。トニー・ブレアは、イラク戦争参戦に当たり下院討議を行ったが、これは参戦に政治的な正統性を与えるためのプロセスであり、首相の権限を法的に制約する性格のものではない。

チャーチル自身も、「権力は、威張り散らしたり、虚栄のためだけに用いられるとすれば、卑しいものと判断されてしかるべきであるが、国家の危機に際し、指導者がいかなる指示を出すべきか理解している場合には、天恵である」と述べていることから判る通り、危機において指導者が自ら適切と考える権力を揮うことを当然視している。

それだけに英国において権力の座に上り詰め、そこに留まるためには厳しい試練が待ち受けている。党内に信望を築き、的確な行政手腕を示し、成熟した世論の精査に堪え、議会での論戦に勝ち抜き、選挙に勝利する——指導者の地位は、これらのことをすべて成し遂げた者だけに約束される。

チャーチルは政治家としての半生をかけてこの試練に立ち向かったが、一九三〇年代半ばまでに夢は潰えたかと思われた。その理由は様々ではあるが、常に身の丈以上に振舞おうとする彼の言動が保守党内で幅広い支持基盤を築くことを妨げたことが大きかった。

諸外国においてチャーチルは、英国の国民性（ジョンブル魂）を体現する人物と受け止められるが、英国国内、特にエリート層の間では、言動における「控えめさ（understatement）」を旨とする英国人の美徳にそぐわない人物という定評があった。アメリカ人との「雑種」という、口さがない言い方をされたこともあった。

にも拘らず、危機に際し、英国はチャーチルを指導者として選んだ。それは、嵐の中で寄り添う大樹を求めるように、彼の人間としての大きさを認めたことに他ならない。そして同じ国が、戦争指導者であるチャーチルに深い敬意を覚えつつも、四五年の総選挙においては、新たな指導者を選ぶことを躊躇しなかった。筆者は、右の二つの事例に、等しくこの人治の国の懐の深さを見る。

指導者を選ぶのは、国であり、政治であり、国民である。チャーチルの一生は、この単純ではあるが、重要な真理を物語っている。

あとがき

本書は、二〇〇六年から〇九年まで、筆者がロンドンの日本大使館に勤務していた間に書きためた素材を基にしている。しかし、チャーチルに対しては、一九八〇年代前半の最初の英国勤務時代から関心を抱き続けてきたので、筆者にとっては二十数年越しのプロジェクトと言える。

こうした経緯から、東日本大震災や福島第一原発を取り巻く状況が当初から筆者の念頭にあったわけではない。しかし、本書の出版を準備する過程においては、こうした現実にどう向き合うべきかという思いが強く胸に迫った。

本書は、現在日本が直面する困難を克服するための処方箋を提示するものではないが、危機に立ち向かうチャーチルの姿を描くことで、読者にいくばくかの勇気を与えることができれば望外の幸せである。筆者も与えられた立場において日本の再生に貢献すべく微力を尽くす決意を新たにしている。

本書の出版に際しては、多くの関係者の方のご協力を頂いた。特に、慶應義塾大学の細谷雄一教授と関東学院大学の君塚直隆教授から親身なご支援を賜った。深く感謝したい。もとより文責が筆者に帰することは言うまでもない。

また、私事にわたるが、一九八二年に筆者と共に外務省の在外研修員として英国に派遣された四人の同僚のうち、二人がすでにこの世を去った。本書は、志半ばで斃れた同僚の想い出に捧げたい。

最後に筆をおく際に、筆者が感じることは、好悪善悪を超えたチャーチルの大きさである。近年において出色の伝記を書いたロイ・ジェンキンズは、その最後に以下の感想を記している。筆者も全く同感である。

「私は、この本を書き始めたとき、人間的により驚くべき標本と見なされるグラッドストンの方が、少しの差ではあるが、(チャーチルより) 偉大であると考えていた。この本を書いている間に私は考えを変えた。偏屈さ、放埒なところ、時として子供としか思えないところはあっても、その才覚や決してあきらめないところ、そして、正しいか間違いか、成功したか失敗したかは別として、常に等身大以上の人物であり続けた能力に照らし、私は今やチャーチルを首相官邸に居を構えた最も偉大な人間と考えている」(1)

註

序にかえて

（1）葬儀の様子については次の文献に詳しい。Mary Soames, *Clementine Churchill* (London: Doubleday, 2002), pp. 535-545. Geoffrey Best, *Churchill, A Study in Greatness* (London: Penguin, 2002), pp. 325-327

第一章

（1）ランドルフの死因は伝統的に梅毒と考えられ、チャーチル自身もそう信じていた。しかし、近年の研究では脳腫瘍の可能性もあるとの指摘も行われ、真相は不明である。

（2）Winston Churchill, *My Early Life* (London: Eland, 2002), p. 62.

（3）Roy Jenkins, *Churchill* (London: Pan Macmillan, 2002), p. 10.

（4）*Ibid.*, p. 18.

（5）William Manchester, *Winston Spencer Churchill, the Last Lion, Visions of Glory* (New York: Dell, 1989), p. 220.

（6）彼の卒業席次については諸説があるが、ここではジェンキンズによった。Jenkins, *Churchill*, p. 21.

（7）Churchill, *My Early Life*, p. 44.

(8) Manchester, *Winston Spencer Churchill*, p. 252.

(9) 英国における十九世紀と今日の貨幣価値の違いについて、ジェンキンズは後者は前者の五十倍というフォーミュラを用いており、本書もこれにならった。

(10) Churchill, *My Early Life*, p. 76.

(11) Manchester, *Winston Spencer Churchill*, p. 258.

(12) Churchill, *My Early Life*, p. 162.

(13) Manchester, *Winston Spencer Churchill*, p. 278.

(14) *Ibid.*, p. 233-234.

(15) *Ibid.*, p. 228.

(16) Lord Attlee, "The Churchill I Knew," in: *Churchill by His Contemporaries* (London: Hodder and Stoughton, 1965), p. 35.

(17) Churchill, *My Early Life*, p. 308.

(18) Louis Fischer, *The life of Mahatma Gandhi* (London: HarperCollins, 1997), pp. 74-76.

第二章

(1) 代表的著作として次を参照。John Charmly, *Churchill, the End of Glory* (London: Sceptre, 1995)

(2) Jenkins, *Churchill*, p. 132.

(3) *Ibid.*, pp. 841-842.

(4) Martin Gilbert, *Churchill's Political Philosophy* (Oxford: Oxford University Press, 1981), p. 15.

(5) *Ibid.*, p. 6.

(6) Winston S. Churchill, *Winston Churchill's Speeches, Never Give In!* (London: Pimlico, 2006), p. 23.

(7) *Ibid.*, p. 24.

(8) 英語では、National Government：「挙国一致内閣」と訳される場合が多いが、実体的には主要野党の労働党はマクドナルドを除名した上で政権への参加を拒否しており、「挙国一致」と呼ぶことが適切か疑問なしとしない。このため本書であえて「国民政権」という訳語をあてることとした。

(9) Churchill, *Winston Churchill's Speeches*, p. 343.

(10) Niall Ferguson, *Empire* (London: Penguin, 2004), xxvii.

(11) Churchill, *Winston Churchill's Speeches*, p. 188.

(12) Gilbert, *Churchill's Political Philosophy*, p. 85.

(13) Churchill, *Winston Churchill's Speeches*, p. 98.

(14) Winston S. Churchill, *Great Contemporaries* (Safety Harbor: Simon Publications, 2001), v.

(15) Winston S. Churchill, *Thoughts and Adventures* (London: Mandarin, 1990), p. 8.; Jenkins, *Churchill*, p. 251.

(16) Gilbert, *Churchill's Political Philosophy*, p. 4.

(17) Churchill, *Winston Churchill's Speeches*, p. 429.

(18) Gilbert, *Churchill's Political Philosophy*, pp. 104–105.

(19) *Ibid.*, p. 82.

(20) Peter Hennessy, "Churchill and the Premiership," in: David Cannadine and Roland Quinault ed., *Winston Churchill in the Twenty-First Century* (Cambridge: Cambridge University Press, 2004), p. 218.

第三章

（1）Soames, *Clementine Churchill*, pp. 113-114.

（2）チャーチルの愛称は当初はパグ犬（Pug）であったが、その後引用した手紙のように（Pig）に変わっている。クレメンティーンの愛称も、「Cat」、「Kat」、「Kit」などのバリエーションが見られる。

（3）David Cannadine, "Churchill and the Pitfalls of Family Piety," in: Robert Blake and Wm. Roger Louis ed., *Churchill* (Oxford: Oxford University Press, 2002), p. 11.

（4）第九代モールバラ公のケースを含め当時の英米間の結婚の実情については、英グレシャム大学バーク教授による公開講義を参照した。Kathleen Burk, "Anglo-American Marital Relations 1870-1945." (http://www.gresham.ac.uk/lectures-and-events)

（5）Soames, *Clementine Churchill*, p. 239.

（6）コモド島への調査団に参加した時、クレメンティーンは五十歳になっていたが、旅行中調査団のメンバーで、七歳年下の男性とつかの間のロマンスがあったとされる。メアリー・ソームズは、後に聞いた話によればこの男性は同性愛者であったとしており、クレメンティーンとの関係もプラトニックなものであったことを示唆しているが、真相は不明である。

（7）Soames, *Clementine Churchill*, pp. 141-142.

（8）*Ibid.*, p. 325.

（9）*Ibid.*, pp. 266-267.

（10）*Ibid.*, p. 429.

（11）Jenkins, *Churchill*, p. 890. なお、ジェンキンズの伝記にはこの肖像画のスケッチが掲載されている。

(12) Soames, *Clementine Churchill*, p. 526.
(13) *Ibid.*, p. 539.
(14) *Ibid.*, p. 530.
(15) *Ibid.*, p. 573.

第四章

(1) Alex Danchev and Daniel Todman ed., *War Diaries, 1939–1945, Field Marshal Lord Alambrooke* (London: Orion, 2002), p. 590.
(2) Winston S. Churchill, "Reflections at Century's End: Man of the Millennium?" The Churchill Centre. http://www.winstonchurchill.org/i4a/pages/index.cfm?pageid=818
(3) Jenkins, *Churchill*, p. 203
(4) *Ibid.*, p. 286.
(5) Winston S. Churchill, *The World Crisis, 1911–1918* (London: Penguin, 2005), pp. 39–41.
(6) Mathew Hughes and William J. Philpott, *The Palgrave Concise Historical Atlas of the First World War* (New York: Palgrave Macmillan, 2005), Map 17.
(7) Jenkins, *Churchill*, p. 255.
(8) Churchill, *The World Crisis*, p. 322.
(9) *Ibid.*, p. 323.
(10) Michael Howard, "Churchill and the First World War" in: Blake and Louis ed., *Churchill*, p. 137.
(11) Churchill, *The World Crisis*, p. 327.

(12) Violet Bonham Carter, *Winston Churchill as I Knew Him* (London: Weidenfeld & Nicolson, 1995), p. 357.
(13) Philip J. Haythornthwaite, *Gallipoli 1915, Frontal Assault on Turkey* (New York: Osprey, 1991), p. 28.
(14) John Keegan, *The First World War* (London: Pimlico, 1999), p. 261.
(15) Churchill, *Thoughts and Adventures*, pp. 8–9.
(16) Michael Carver, "Churchill and the Defence Chiefs," in: Blake and Louis ed., *Churchill*, p. 353.
(17) Churchill, *The World Crisis*, p. 293.
(18) Lord Attlee, "The Churchill I Knew," p. 15.
(19) Churchill, *The World Crisis*, pp. 293–294.
(20) Jenkins, *Churchill*, pp. 322–323.
(21) Bonham Carter, *Winston Churchill as I Knew Him*, pp. 361–362.

第五章

(1) ノーベル賞指名演説は以下のサイトで閲覧できる。
http://nobelprize.org/nobel_prizes/literature/laureates/1953/press.html.
(2) David Reynolds, *In Command of History* (London: Penguin, 2005), p. 6.
(3) *Ibid.*, p. 112.
(4) *Ibid.*, pp. 533–534.
(5) *Ibid.*, p. 8.
(6) *Ibid.*, p. 70.
(7) Churchill, *Winston Churchill's Speeches*, pp. 142–154.

(8) Reynolds, *In Command of History*, p. 100.

(9) Graham Stewart, *Burying Caesar, Churchill, Chamberlain and the Battle for the Tory Party* (London: Phoenix, 2000), p. 316.

(10) Donald Cameron Watt, "Churchill and the Appeasement," in: Blake and Louis ed., *Churchill,* p. 204.

(11) Winston Churchill, *The Gathering Storm* (London: Penguin, 2005), p. 304.

(12) Watt, "Churchill and the Appeasement," p. 200.

(13) R. A. C. Parker, *Churchill and Appeasement* (London: Macmillan, 2001), p. 89.

(14) Manchester, *Winston Spencer Churchill,* p. 815.

(15) Robert O'Neill, "Churchill, Japan, and British Security in the Pacific: 1904–1942," in: Blake and Louis ed., *Churchill,* p. 278.

(16) Reynolds, *In Command of History,* p. 101.

(17) Gordon A. Craig, "Churchill and Germany," in: Blake and Louis ed., *Churchill,* p. 31.

(18) Peter Neville, *Hitler and Appeasement* (New York: Hambledon Continuum, 2006), p. 27.

(19) Craig, "Churchill and Germany," p. 35.

(20) Churchill, *The Gathering Storm,* p. 325.

(21) Churchill, *Winston Churchill's Speeches,* p. 176.

(22) Churchill, *The Gathering Storm,* p. 286.

(23) Neville, *Hitler and Appeasement,* p. 86.

(24) Churchill, *Winston Churchill's Speeches,* p. 173.

(25) Neville, *Hitler and Appeasement*, p. 113.

(26) Stewart, *Burying Caesar*, p. 387.

(27) Parker, *Churchill and Appeasement*, p. 245.
(28) Richard Overy, *The Road to War* (London: Penguin, 1999), p. 93.
(29) Andrew Roberts, *The Holy Fox, the Life of Lord Halifax* (London: Phoenix, 1997), p. 72.
(30) Neville, *Hitler and Appeasement*, p. 105.
(31) David Cannadine, ed., *The Speeches of Winston Churchill* (London: Penguin, 1989), pp. 194–195.

第六章

(1) 代表的な研究としては次の文献がある。Andrew Roberts, *Eminent Churchillians* (London: Phoenix, 1995)
(2) John Lukacs, *Five Days in London, May 1940* (New Haven: Yale University Press, 2001), p. 1.
(3) Roberts, *The Holy Fox*, p. 179.
(4) John Colville, *The Fringes of Power, Downing Street Diaries 1939–1955* (London: Phoenix, 2005), pp. 22–23. 邦訳版は、ジョン・コルヴィル、都築忠七、見市雅俊、光永雅明訳『ダウニング街日記——首相チャーチルのかたわらで』上下、平凡社、一九九〇年。なお、邦訳版は原典の旧版に基づくもので、筆者が本文で引用した部分の一部は含まれていない。このため引用部分の翻訳はすべて筆者自身が行った。
(5) Roberts, *Eminent Churchillians*, p. 6.
(6) Colville, *The Fringes of Power*, p. 12.
(7) *Ibid.*, p. 22.
(8) *Ibid.*, p. 33.
(9) *Ibid.*, p. 43.

(10) Ian Kershaw, *Hitler, 1936-1945, Nemesis* (London: Penguin, 2001), p. 284.
(11) 以下の戦局の解説は、主として次の文献による。Douglas C. Dildy, *Denmark and Norway 1940, Hitler's Boldest Operation* (New York: Osprey, 2007)
(12) Roberts, *The Holy Fox*, p. 123.
(13) Jenkins, *Churchill*, p. 579.
(14) *Ibid.*, p. 580.
(15) Churchill, *The Gathering Storm*, p. 597.
(16) 同様の問題は、一九二三年ボナー＝ロー首相が退陣した時にも生じた。その際は、ジョージ五世の調整によって上院議員のカーゾン侯爵（当時）ではなく、ボールドウィン蔵相が首相となることで解決した。君塚直隆『ジョージ五世』、日本経済新聞出版社、二〇一一年、pp. 147–152を参照。
(17) Roberts, *The Holy Fox*, p. 7.
(18) Robert Blake, "How Churchill Became Prime Minister," in: Blake and Louis ed., *Churchill*, p. 266.
(19) *Ibid.*, p. 269.
(20) *Ibid.*, p. 271.
(21) Colville, *The Fringes of Power*, p. 97.
(22) Lukacs, *Five Days in London*, pp. 75–76.
(23) Churchill, *Winston Churchill's Speeches*, p. 218.
(24) Winston Churchill, *Their Finest Hour* (London: Penguin, 2005), p. 157.
(25) Reynolds, *In Command of History*, p. 171.
(26) 以下の経緯については、主として次の文献を参考にした。
Lukacs, *Five Days in London*.

Roberts, *The Holy Fox*.
Ian Kershaw, *Fateful Choices, Ten Decisions that Changed the World 1940-1941* (London: Allen Lane, 2007).

(27) Churchill, *Their Finest Hour*, pp. 78-79.

(28) *Ibid*., pp. 87-89.

(29) Kershaw, *Fateful Choices*, p. 44.

(30) Roberts, *The Holy Fox*, p. 222.

(31) Churchill, *The Gathering Storm*, p. 601.

(32) Colville, *The Fringes of Power*, p. 119.

第七章

(1) Martin Gilbert, *Continue to Pester, Nag and Bite* (London: Pimlico, 2004).

(2) Churchill, *Their Finest Hour*, p. 15.

(3) Geoffrey Best, *Churchill and War* (London: Hambledon and London, 2005), pp. 167-168.

(4) Jenkins, *Churchill*, pp. 775-777.

(5) F. H. Hinsley, "Churchill and the Use of Special Intelligence," in: Blake and Louis ed., *Churchill*, p. 409.

(6) Churchill, *Their Finest Hour*, pp. 561-565.

(7) John Keegan, "Churchill's Strategy," in: Blake and Louis ed., *Churchill*, p. 328.

(8) 一九四〇年六月、フランスの降伏後、英国海軍はアルジェリアのオランに停泊中の仏地中海艦隊に投降を呼びかけたが、仏側がこれに応じなかったために攻撃を実施した。この攻撃によって仏側の軍艦が三隻沈没、千二百名の人命が失われた。

(9) Winston Churchill, *The Grand Alliance* (London: Penguin, 2005), p. 539.

(10) Churchill, *The World Crisis* pp. 293–294.

(11) Churchill, *Their Finest Hour,* pp. 493–501.

(12) Kershaw, *Fateful Choices,* p. 226.

(13) Jonathan Fenby, *Alliance* (London: Pocket Book, 2008), p. 134.

(14) Churchill, *Winston Churchill's Speeches,* p. 248.

(15) Fenby, *Alliance,* p. 111.

(16) Churchill, *Winston Churchill's Speeches,* p. 386.

(17) *Ibid.,* p. 490.

(18) D. F. Wenden, "Churchill, Radio, and Cinema," in: Blake and Louis ed., *Churchill,* p. 216.

(19) Thomas Montalbo, "Seven Lessons in Speechmaking from One of the Greatest Orators of All Time," The Churchill Center. http://www.winstonchurchill.org/images/finesthour/Vol.01%20No.69.pdf

(20) Churchill, *Winston Churchill's Speeches,* p. 206.

(21) *Ibid.,* p. 229.

(22) *Ibid.,* p. 245.

(23) Aneurin Bevan, "History's Impresario," in: *Churchill by His Contemporaries,* p. 61.

(24) Paul Addison, *Churchill on the Home Front 1900–1955* (London: Pimlico, 1995), p. 369.

(25) *Ibid.,* p. 361.

(26) *Ibid.,* p. 381.

(27) *Ibid.,* p. 362.

最終章

（1） Jenkins, *Churchill*, p. 896.

（2） リンダ・コリー、川北稔監訳、『イギリス国民の誕生』、名古屋大学出版会、二〇〇〇年、p. 32.

あとがき

（1） Jenkins, *Churchill*, p. 912.

1938年	ミュンヘン危機に際し、チェンバレン首相を批判
1939年	第二次大戦勃発に伴い、海軍大臣に就任
1940年	ノルウェー作戦を指導
	チェンバレン辞任に伴い、首相就任、国防大臣を兼任
	対独防空戦（バトル・オブ・ブリテン）を指導
1941年	ルーズベルトとの初の首脳会談に臨み、大西洋憲章発出
	真珠湾攻撃後、日本と交戦状態に
1942年	シンガポール陥落
	北アフリカ、エル・アラメインの戦車戦で勝利
	『ベヴァリッジ報告』発表
1943年	カイロ会談、テヘラン会談で首脳外交を推進
1944年	ノルマンディー上陸作戦
1945年	対独戦勝利
	ポツダム会談
	総選挙に敗北、下野
1946年	「鉄のカーテン」演説
1948年	第二次大戦回想録出版開始
1951年	総選挙で勝利、第二次内閣を組閣
1953年	ノーベル文学賞受賞
1955年	首相辞任
1959年	最後の総選挙で当選
1964年	政界引退
1965年	90歳で死去

チャーチル年表

1874年	ブレナム宮で生誕
1893年	陸軍士官学校入学
1895年	第4軽騎兵連隊に入隊
1897年	インド西北部国境における暴動鎮圧作戦に従軍
1898年	スーダンでのマフディ軍掃討作戦に従軍
1899年	初の下院選挙で落選
	第二次ボーア戦争に従軍、敵中逃避行
1900年	下院初当選（保守党）
1904年	自由党に鞍替え
1905年	植民地省次官（キャンベル＝バナマン内閣）
1908年	商務長官（アスキス内閣）
	クレメンティーンと結婚
1910年	内務大臣（同上）
1911年	海軍大臣（同上）
1915年	ダーダネルス作戦の失敗後、海軍大臣を更迭
	軍人として西部戦線に出征
1917年	軍需大臣として政府に復帰（ロイド＝ジョージ内閣）
1919年	陸軍大臣（同上）
1921年	植民地大臣（同上）
1922年	総選挙で落選、議席を失う
1924年	総選挙で勝利し、下院に復帰
	保守党に復党し、大蔵大臣に就任（ボールドウィン内閣）
1929年	労働党政権発足に伴い、大蔵大臣を辞任
1931年	対インド政策を巡り保守党「影の内閣」を辞任、「荒野の時代」に

新潮選書

危機《きき》の指導者《しどうしゃ》 チャーチル

著　者………………冨田浩司《とみたこうじ》

発　行………………2011年 9 月 20 日
4　刷………………2021年 11 月 30 日

発行者………………佐藤隆信
発行所………………株式会社新潮社
〒162-8711 東京都新宿区矢来町 71
電話　編集部 03-3266-5411
　　　読者係 03-3266-5111
http://www.shinchosha.co.jp
印刷所………………株式会社三秀舎
製本所………………株式会社大進堂

乱丁・落丁本は、ご面倒ですが小社読者係宛お送り下さい。送料小社負担にてお取替えいたします。
価格はカバーに表示してあります。

ISBN978-4-10-603687-3 C0323

マーガレット・サッチャー
政治を変えた「鉄の女」
冨田浩司

英国初の女性首相の功績は、経済再生と冷戦勝利だけではない。メディア戦略・大統領型政治・選挙戦術……「鉄の女」が成し遂げた革命の全貌を分析する。

《新潮選書》

悪党たちの大英帝国
君塚直隆

辺境の島国を世界帝国へ押し上げたのは、七人の悪党たちだった。ヘンリ八世、クロムウェル、パーマストン、チャーチル……その驚くべき手練手管を描く。

《新潮選書》

立憲君主制の現在
日本人は「象徴天皇」を維持できるか
君塚直隆

各国の立憲君主制の歴史から、君主制が民主主義の欠点を補完するメカニズムを解き明かし、日本の天皇制が「国民統合の象徴」として機能する条件を問う。

《新潮選書》

戦後史の解放Ｉ
歴史認識とは何か
日露戦争からアジア太平洋戦争まで
細谷雄一

なぜ今も昔も日本の「正義」は世界で通用しないのか――世界史と日本史を融合させた視点から、日本と国際社会の「ずれ」の根源に迫る歴史シリーズ第一弾。

《新潮選書》

戦後史の解放Ⅱ
自主独立とは何か　前編
敗戦から日本国憲法制定まで
細谷雄一

なぜＧＨＱが憲法草案を書いたのか。「国のかたち」を守ろうとしたのは誰か。世界史と日本史を融合させた視点から、戦後史を書き換えるシリーズ第二弾。

《新潮選書》

戦後史の解放Ⅱ
自主独立とは何か　後編
冷戦開始から講和条約まで
細谷雄一

単独講和と日米安保――左右対立が深まる中、戦後日本の針路はいかに決められたのか。国内政治と国際情勢の両面から、日本の自主独立の意味を問い直す。
《新潮選書》